KB215503

우정이란 무엇인가

우정이란 무엇인가

자유롭고 평등한 사귐의 길을 찾아서

ⓒ 박홍규 2025

초판 1쇄	2025년 4월 10일		
지은이	박홍규		
출판책임	박성규	펴낸이	이정원
편집주간	선우미정	펴낸곳	도서출판 들녘
기획이사	이지윤	등록일자	1987년 12월 12일
편집진행	이수연	등록번호	10-156
편집	이동하·김혜민	주소	경기도 파주시 회동길 198
디자인	조예진	전화	031-955-7374 (대표)
마케팅	전병우		031-955-7381 (편집)
경영지원	김은주·나수정	팩스	031-955-7393
제작관리	구법모	이메일	dulnyouk@dulnyouk.co.kr
물류관리	엄철용		

ISBN   979-11-5925-939-5 (03100)

우정이란 무엇인가

박홍규의 사상사

**자유롭고 평등한
사귐의 길을 찾아서**

박홍규 지음

들녘

머리말

어느덧 칠십여 년을 살아 삶의 마지막을 바라보는 나이가 되었습니다. 이제 나에게 단 한 가지 소원이 있다면, 모든 사람이 친구인 세상을 만들기 위해 조금이라도 노력하다 죽는 것입니다. 모든 사람이 친구인 세상, 그런 세상이 오면 얼마나 좋을까요? 나는 내가 아는 모든 사람과 친구이기를 바랐습니다. 친구 같은 남편, 친구 같은 아버지, 친구 같은 아들, 친구 같은 형제, 친구 같은 선생, 친구 같은 동료, 친구 같은 이웃, 친구 같은 시민 등이기를 바랐습니다. 또 비록 직접 알지는 못할지라도, 이 사회에서 소외된 비주류 사람들의 친구이기를 바랐습니다. 차별받는 사람들과 가난한 사람들, 장애인, 성소수자, 외국인 등의 친구이고 싶었습니다.

기억을 되짚어보자면, 나에게는 아버지를 비롯한 어른들이 친구처럼 여겨지기는커녕 너무나 무섭기만 했습니다. 그들은 무서운 남편, 무서운 형제, 무서운 선생, 무서운 이웃, 무서운 경찰, 무서운 공무원, 무서운 대통령이었습니다. 어린 시절을 돌아보면 떠오르는 것은 온통 무서웠던 기억뿐입니다. 교원노조를 했다는 이유로 경찰에 끌려가 감옥 앞에서 수갑을 차고 머리를 깎이는 아버지를 멀리서 바라보며 울고, 하루 세끼 도시락을 경찰서로 나르면서 울고, 경찰들에게 깍듯이 절을 하며 울던 기억이 아직도 생생합니다. 얼마 안 되어 나 자신 또한 그런 경험을 몇 번이나 했습니다. 신문에 쓴 손바닥보다 작은 칼럼 하나로 인해 새파랗게 어린 제자뻘 검사는 쉰이 넘은 나에게 고함을 질러댔습니다. 열 시간이 넘도록 몇 번이나 취조를 당했다는 창피함은 충분히 자살을 생각하게 했습니다. 그래서 나는 항상 심리적으로 무서워하고 주눅 든 채 살았습니다. '이런 글을 쓰면 잡혀가지 않을까' 심지어 '이런 생각을 하면 잡혀가지 않을까' 두려워하며 평생을 살았습니다. 나는 '생각하는 사람'이 아니라 '무서워하는 사람'이었습니다.

나는 국민의 공복이라는 공무원들은 물론 대통령도 친구이기를 바라지만, 여전히 그들은 나에게 공포의 대상입니다. 그야말로 관존민비(官尊民卑)라는 관념이 내 안에는 아직도 건재한 것입니다. 나에게는 군사부일체(君師父一體)란 말이 공포스럽기만 합니다. 내가 여성이라면 여기에 남편까지 첨가되어 군사부부일체(君師父夫一體)가 되었겠지요. 그것은 군주[君]와 스승[師]과 아버지[父]와 남편[夫]의 은혜는 하늘과 같고, 그들에게 똑같이 큰 은혜를 입었으니 마찬가지로 똑같이 충성을 다해야 한다는 것입니다. 거기에 연장자 내지 노인까지 포함되어야 할지도 모르겠습니다. 그것이 삼강오륜(三綱五倫)입니다. 수천 년간 우리를 지배해온 삼강오륜의 영향력은 지금도 여전히 강력합니다. 나는 그것이 우리의 정치·경제·사회·문화 등에 가장 치명적인 저해 요인이라고 생각합니다.

이때 삼강오륜 가운데 다른 건 다 불평등한 수직관계인데, 붕우유신의 '붕우', 즉 친구만큼은 평등한 수평적 관계라고 합니다. 그러나 정말 그런가요? 어릴 적 친구들도 커서는 출세하는 정도에 따라 관계가 달라지지 않던가요? 출세욕이 강한 소위 일류학교에서일수록 이러한 경향은 더 심해집니다. 처음부터 끝까지 오로지 출세를 위한 경쟁뿐입니다. 선의의 경쟁이 생산적이고 창조적이라는 말도 있지만, 어디까지나 참된 생산이나 창조를 향하는 경우에 한합니다. 경쟁에 이긴 사람들은 그들끼리 친구가 되어 '남들보다 우월한' 인맥을 형성합니다. 나는 그런 인맥이 싫습니다. 그러한 인맥은 단 하나도 만든 적이 없습니다.

무서운 인간이 아니라 누구에게나 친구로 살겠다는 것은 내 평생 단 하나의 결심이었습니다. 그러나 나는 정말 과연 그렇게 살았을까요? 의문입니다. 나의 아내나 아이들, 부모, 형제, 제자, 동료, 동창, 이웃 등도 나를 친구라 여길까요? 모르겠습니다. 지금 그걸 모두에게 확인할 수도 없으며, 사실 확인하기가 두렵습니다. 내가 그들을 그렇게 대하고자 했던 것처럼 그들도 나를 친구로 여겨주길 바랄 뿐입니다.

나에게 친구란 단순히 친한 사이가 아니라, 자유롭고 평등한 관계로 맺어진 공동의 상대입니다. 서로를 지배하거나 명령하거나 구속하거나 억압하지 않고, 서로 더 높거나 낮음도 없이 함께 생각하고 이야기하고 일하는 같은 자격의 상대입니다. 나에게는 혈연, 지연, 학연, 군대연 같은 각종 인연에 의한 친구가 없습니다. 그런 모임에 나가지 않은 지 오래입니다. 등산이니 골프니 테니스니 하는 취미 동호회 같은 데에 간 적도 없습니다. 그냥 먹고 마시며 킬킬거리는 친구도, 늙어서 건강이나 손주 타령만 하는 친구도 없습니다.

불행인지 다행인지 나는 평생 책을 친구 삼아 살았습니다. 그 책들 중에는 당연히 우정에 대한 책들도 있습니다. 이 책은 내가 읽은 우정에 대한 생각들을 정리한 책입니다. 세상 사람들이 모두 친구처럼 살기를 바란 사람들이 많았습니다. 그들은 모두 열심히 우정을 고민하고 우정에 대해 글을 썼습니다. 그중 역사상 가장 빨랐고 가장 오래 기억된 우정론을 쓴 아리스토텔레스(Aristotle, 기원전 384~322)는 죽어가면서 말했다고 합니다.

오, 나의 친구여, 친구는 없다네(o philoi, oudeis philos)!

몽테뉴, 칸트, 니체, 데리다 등도 이 말을 즐겨 인용했습니다. 그들의 인용을 보고 또 많은 사람이 국내외 문헌에서 따라 인용합니다. 그러나 아무리 찾아봐도 아리스토텔레스는 그런 말을 한 적이 없습니다. 책을 제대로 읽지도 않고 누가 정신없이 인용한 걸 답습하는 꼴이지요. 황당하기 짝이 없습니다.

정말 그런 말을 한 사람은 연암 박지원입니다. 그는 이미 사십 대 초반에 이 깨달음을 얻었는데, 유일무이한 평생 친구 홍대용에게 다음과 같이 편지를 쓴 것입니다.

소위 친구란 한 사람도 없습니다(所謂友者 蓋無一人焉).

홍대용이야말로 박지원의 '절친'인데, 그런 그에게 대고 친구란 한 사람도 없다고 말했다니 황당하기는 마찬가지입니다. 박지원은 누구보다도 많은 친구를, 그것도 조선인뿐 아니라 중국인 친구까지 사귄, 그야말로 우정의 '대가'이자 '달인'입니다. 당쟁으로 찢어진 세상을 우정으로 극복하려고 했던 그가 절친에게 친구란 없다고 말한 것입니다. 아리스토텔레스가 같은 말을 했다고 할 때 그는 그렇게 말한 이유를 밝히지 않지만, 박지원은 조선이라는 나라가 좁고 당쟁이 심하기 때문이라고 하며 중국에서 참된 친구를 구했습니다.

그런 박지원이 지금 이 땅에 되살아 온다면 무슨 말을 할지 궁금합니다. 지금은 그가 살았을 때보다 나라가 더 좁아졌습니다. 그러잖아도 좁은 반도가 다시 반으로 갈라진 반반도(半半島)인데다가, 그 반쪽 땅마저도 박지원 때보다 인구가 몇 배나 많아져 세계적으로 가장 높은 편에 속하는 인구밀도를 자랑합니다. 남북이 서로 원수가 되었고, 남한 안에서도 좌우파 등의 당쟁뿐 아니라 지역 갈등이니 세대 갈등이니 학벌 갈등이니 하는 등의 각종 갈등들로 더욱 심하게 나뉘어 반반반반도가 되었습니다. 박지원이 우정을 주장한 사색당쟁의 조선보다도 심합니다. 21세기 대한민국은 수십 가지 색의 당쟁으로 갈라져 있습니다. 조선을 당파싸움의 나라라 칭하는 것은 조선을 식민 지배하기 위한 일본인의 식민사관 오리엔탈리즘에 불과하다는 비판이 있지만, 정말 그럴까요? 이 책을 쓰는 동안 2022년 대선과 2024년 총선을 지났습니다. 그사이에 벌어진 정치적 갈등은 조선 시대의 어떤 당쟁 사화보다 더 심한 것이 아닌가 하는 생각이 들었습니다.

박지원은 중국에서 한두 번 만난 사람들을 참된 친구라 여겼지만, 그들은 모두 중국에서 잘나가는 선비들이었습니다. 홍대용을 비롯한 국내의 다른 친구들도 선비들이었습니다. 박지원은 우리가 당대의 위대한 선비로 잘 알고 있는 정약용을 비롯한 이들과는 친구가 되기는커녕 단 한 번도 만나지 않았습니다. 당파가 달라서였는지도 모르겠습니다. 또한 박지원은 자기 집의 노비는 물론 하인이나 하녀들의 친구도 아니었습니다.

박지원보다 한 세기 정도 뒤의 사람인 중국의 담사동*은 충결망라(衝決網羅), 즉 '세상의 모든 덫을 깨뜨릴 것'을 촉구하면서 중국과 서구 문명의 현실을 훨씬 뛰어넘는 세계주의적 평등의 이상을 상상했습니다. 그러한 평등을 얻기 위해서는 모든 계급적 사회관계를 폐지하고 오직 우정만을 보존해야 한다고 주장했지요. 중국 전통을 신랄하게 비판하며 중국을 개혁해야 한다고 주장한 그에게, 우정은 중국의 새로운 정치와 문명의 원칙을 구성하는 평등·자유·자치의 정신을 의미했습니다. 그로부터 5·4혁명** 시대까지 우정을 다른 사회적 관계보다 높이고 중국의 전통적인 가족제도와 효도를 신랄하게 비판하는 것이 중국 개혁 담론의 주류가 되었습니다. 그 기본 정신은 지금도 중국에서 변함이 없건만, 과연 중국에 그런 우정 공화국이 만들어진 적이 있는지, 세계가 그런 우정 세상이 된 적이 있는지 의문입니다. 한국에서는 그런 논의조차 있었는지 모르겠습니다.

---

* 중국 청나라 말의 개혁가(1865~1898). 자는 복생(復生). 평등주의, 박애주의에 의한 신학(新學)을 제창하였으며, 캉유웨이(康有爲)의 변법자강 운동에 참여하였으나 무술정변으로 체포되어 처형되었습니다.
** 1919년 5월 4일 중국 베이징[北京]의 학생들이 일으킨 항일운동이자 반제국주의·반봉건주의 혁명운동.

박지원은 물론 누구도 그런 주장을 하지 않았습니다. 중국에서도 담사동 이전에는 없었습니다. 공자, 맹자, 주자는 물론 왕양명도 그런 주장을 하지 않았습니다.

개인들 사이의 우정은 당연한 것입니다. 우리에게는 지역이나 나라의 주민이나 시민들의 우정도 필요하고, 나아가 세계 인류의 우정도 필요합니다. 그래서 나는 주장합니다. 모두가 친구가 되는 우정의 세상을 만듭시다. 평등·자유·자치의 우정이 꽃피는 세상을 만듭시다! 그런 우정을 막는 모든 껍데기는 가라! 그것이 사상이든, 종교든, 이데올로기든 뭐든 없어져라! 세상에 오로지 우정의 강물만이 도도히 흐르게 하라! 내 주변, 내 마을, 내 나라만이 아니라, 온 세상과 세계를 친구의 땅으로 만듭시다! 세상 모든 가난하고 차별받는 사람들, 노동자, 성소수자, 장애인 등의 친구가 됩시다! 나라나 민족을 따지지 말고 인류애로 친구가 되는 세상을 꿈꾸어봅니다.

4·19혁명 65주년에

박홍규 씀

차례

머리말   4

제1부 근대 이전의 우정론

1. 사랑과 우정   15
2. 고대 동양의 우정론   37
3. 고대 그리스의 우정론   69
4. 소크라테스와 플라톤의 우정론   92
5. 아리스토텔레스의 우정론   110
6. 에피쿠로스의 우정론   129
7. 스토아학파와 키케로의 우정론   152
8. 기독교의 우정론   181
9. 근대 이전 동아시아의 우정론   198

제2부 근대 이후의 우정론

10. 몽테뉴의 우정론   224
11. 계몽주의와 루소의 우정론   243
12. 레싱과 칸트의 우정론   266
13. 조선 후기의 우정론   279
14. 담사동의 우정론   296
15. 현대의 우정론   315
16. 요약과 전망   332

맺음말   348

일러두기

1. 이 책에 나오는 모든 고전의 인용은 인터넷이나 도서관에서 찾을 수 있는 원전을 대상으로 하여 저자가 직접 번역한 것입니다. 따라서 국내에 나와 있는 기존의 번역과는 무관합니다. 국내의 번역서는 특별히 인용해야 하는 경우 외에는 인용하지 않고, 예외적으로 인용하는 경우에만 책 제목과 쪽수를 기재합니다. 국내 논저의 인용도 마찬가지입니다. 고전 인용의 방법은 고유한 방식이 있는 경우(가령 『파이드로스』는 227a로 시작합니다)에는 그것에 따르고, 그것이 없는 경우에는 장이나 절을 밝히되 쪽수는 밝히지 않는 것으로 합니다. 책 제목은 국내 번역 출간본이 없는 경우에만 원제를 병기하였습니다.

2. 이 책에 나오는 고유명사는 학자들에 따라 다양하게 표기하지만, 이 책에서는 인터넷 상에서 보편적인 표기에 따릅니다. 필요한 경우 독자들이 찾아보기 쉽게 하기 위해서입니다. 단 중국인명은 본래의 한자어를 표기하고 그 발음은 중국어가 아니라 우리말 발음으로 적었습니다. 가령 譚嗣同을 중국어 발음인 '탄시동'으로 적지 않고 우리말 한자읽기인 '담사동'으로 적었습니다. 이는 공자 전후부터의 중국 고유명사를 그렇게 적어왔기 때문입니다.

3. 책이나 학술지, 영화, 신문과 잡지는 『』, 논문이나 책 속의 장이나 절, 또는 신문 기사는 「」로 표시했습니다.

제1부
근대 이전의
우정론

1
사랑과 우정

우정이란 무엇인가?

얼마 전 한 아이로부터 친구*가 없어서 죽고 싶다는 말을 들었습니다. 친구를 사귀고 싶은데 아무도 자기를 친구로 삼아주지 않는다는 것이었습니다. 못생긴 데다 공부나 운동도 잘하지 못하는 탓이라고 자책하면서 정말 죽고 싶다며 엉엉 우는데, 엉겁결에 '그건 네 잘못이 아니라 세상 잘못'이라는 말이 튀어나왔습니다. 돈이 지배하는 자본주의 세상에서는 친구도 돈이나 힘, 용모를 보고 사귀게 되니 너같이 마음이 순수한 아이들은 힘들기 마련이라고요. 혼자서도 씩씩하게

---

* '친구'는 한자어이고 순우리말은 '동무'이지만, 이런저런 이유로 잘 쓰이지 않아서 이 책에서도 친구라고 합니다. '우정'에 해당하는 순우리말은 없어서 그대로 사용합니다. 우정과 유사한 말로 '우애'가 있습니다. 우애를 '형제 또는 친구 사이의 정과 사랑'이라고 하지만, 우정과 특별히 구별할 점은 없습니다. 중국에서는 우애라는 말이 늦어도 남북조시대(南北朝時代, 386~589)에 사용되었지만, 우정이라는 말은 근대에 와서 쓰였습니다. 그러나 지금 우리는 우애보다 우정이라는 말을 더 즐겨 사용합니다.

살 수 있는 힘을 키우다 보면 언젠가는 너처럼 혼자 씩씩하게 살아온 사람을 만나 좋은 친구가 될 수 있을 거라고 달래주었습니다. 그 아이는 물론 많은 사람이 좋은 친구를 사귀게 되기를 진심으로 바랍니다. 이 책은 그 아이와의 경험담을 줄기로 삼고 그 위에 이런저런 사상가들의 이야기로 가지를 더한 것입니다.

이 책을 쓰는 사람은 화려한 인맥을 자랑하는 정치인이나 사업가, 연예인 등이 과시하는 우정과는 무관합니다. (그런 것이 참된 우정인지도 의문입니다.) 시골에 파묻혀 평생을 거의 혼자서 살아온 사람이지요. 칠십여 년을 살면서 인맥이라는 것을 가져보기는커녕, 사람들을 만날 기회도 거의 없이 매일 혼자 지내다시피 하는 내가 우정에 대해 말할 자격이 있느냐 반문하실지도 모르겠습니다. 그렇다면 이 책에서 다루는 사상가들도 대부분 나와 비슷하다는 점을 들어 변명할 수밖에 없지요. 그중에서도 내가 특히 좋아하는 몽테뉴(Michel Eyquem de Montaigne, 1533~1592)는 젊어서 오 년간 사귀다 사별한 친구를 평생 그리워했습니다. 그의 글 대부분은 그 그리움 속에서 쓰였습니다. 우정에 대한 글도 포함하여서요. 그밖에 우정을 논한 사상가들은 자신들의 친구나 우정에 대해 거의 언급하지 않습니다. 그들의 전기를 살펴봐도 친구 이야기는 좀처럼 나오지 않습니다. 그들이 말하는 친구는 어릴 적 함께 뛰어놀던 '동무'보다는 뜻을 같이하는 '동지'에 가깝습니다.

젊어서는 물론이고 늙어서는 더더욱 친구가 많아야 한다고 주장하는 사람들도 있는 것 같지만, 젊어서나 지금이나 나는 서로 뜻이 통하는 동지가 아닌 친구라면 없어도 무방합니다. 아직은 내 곁에 동지 같은 아내가 있어서인지는 모르겠지만, 나이가 들면 혼자 사는 것이 더 좋다고 생각합니다. 뜻이 다른 사람들을 자주, 많이 만나는 것보다요. 사실 나이가 들면 좋은 점이 많은데, 무엇보다도 욕심이 적어지는 것이 좋습니다. 여러 가지 신체 기능이 변화한 탓이겠지만, 성욕은 물론 식욕과 물욕도 줄어들거나 아예 사라지니 좋습니다. 쓸데없는 욕심을 부리지 않고 자신에게 충실할 수 있어서 좋습니다. 그래서 요사이는 불편한 사람을 만나기보다는 책을 읽거나 음악을 듣고 그림을 그리거나 영화를 보는 일이 더 즐겁습니다. 물론 뜻이 맞는 친구를 만나 대화를 나눈다면 더 즐겁겠지만, 쉬운 일이 아닙니다. 자본주의를 벗어나기란 어려운 까닭입니다.

오늘날 우정이 없어진 것은 '돈 놓고 돈 먹는' 자본주의 탓이라고도 합니다. 그렇다면 돈을 비판하지 않는 고전 우정 찬양론이란 참으로 어이없는 일이고 '돈'과 같은 타락일 뿐입니다. 나는 자본주의를 완전히 부정할 생각은 없습니다. 자본주의 이전으로 돌아가는 것은 불가능하니까요. 그러나 오늘날 우리의 천민자본주의는 정상적인 자본주의도 아닐뿐더러 세상에 유례가 없이 타락한 것입니다. 적어도 이런 천민자본주의는 거부되어야 합니다. 그래야 우정이 가능해집니다.

이 책은 뜻이 맞는 친구와의 우정에 대한 사상가들의 이야기를 다룹니다. 최근 여성주의적 관점에서 '그들은 대부분 남성이기에 그들의 우정론 역시 이성적이고 남성 중심적인 우정론이고, 여성은 제외되었다'는 비판이 제기되었습니다. 일리 있는 비판이지만, 그렇다고 해서 전통적 우정론의 가치를 부정하기보다는 도리어 그것을 성별 구분과 무관한 모든 사람의 우정론으로 확대할 필요가 있다고 봅니다. 물론 이성적 우정론만으로는 안 되며 감성적 우정론도 필요합니다. 그러나 감성적 우정론이 여성만의 우정론일 수는 없습니다. 나는 남녀의 우정은 물론 애정이나 사랑을 부정할 생각은 추호도 없지만, 그것이 반드시 결혼이나 가족이라는 권위주의적 제도로 굳어져야 한다고는 생각하지 않습니다. 우정도, 애정도, 사랑도, 결혼도, 가족도 자유롭고 자발적인 선택이자 함께 자치하는 사이여야 하며, 나아가 우리는 자연과도 우정을 나누는 사이여야 합니다.

그 전에 우리는 사상가들의 우정론이 과연 참된지를 생각해보아야 합니다. 자신의 욕망을 숨기기 위해 우정이라는 아름다운 말로 장식하는 것이 아닌가 따져봐야 한다는 것입니다. 가령 아리스토텔레스가 친구를 '또 하나의 나'라고 하는 것을 들어 아름다운 우정이라고 찬양하는 인문학자가 많습니다. 하지만 친구와 나를 동일체로 여기는 것은 사실 대단히 위험한 발상입니다. 이는 뒤에 몽테뉴와 루소에게도 계승되는데, 혼자서 한 사람의 친구에게 평생 그런 찬사를 바친 몽테뉴는 차치하더라도, 그와 같은 루소의 발상은 프랑스혁명을 비롯하여 '나와 동일한 우리'인 '동무'나 '동지'로 변질되었고, 마침내 현대의 수많은 숙청이나 대학살로 이어졌습니다.

최초의 본격적인 우정론이라고 받들어지는 키케로(Marcus Tullius Cicero, 기원전 106~43)의 『우정에 관하여』(기원전 42)도 마찬가지입니다. 그는 고대 로마의 민주주의 개혁가 그라쿠스 형제 및 그들과 뜻을 같이한 친구들을 '로마의 배신자'라고 비난했습니다. 그들의 우정을 악하다 하며 그에 반하는 선한 우정을 이야기했지요. 그러나

　　　　　　　　　　　　　　　제1부 근대 이전의 우정론

이는 민주정에 반대한 소크라테스(Socrates, 기원전 470~399경)나 플라톤(Plato, 기원전 428경~348경), 아리스토텔레스와 똑같은 보수적 우정론이 아닙니까? 오늘날 독립운동가, 시민운동가, 노동운동가들처럼 조국이나 민주주의를 위해 독재나 전체주의에 대항해 싸운 이들을 향해 '친구를 잘못 사귀어서' 그렇다고, 잘못된 우정 때문이라고 비난하는 사람들과 무엇이 다른가요? 나는 아무리 민주정이 타락하였다 해도 왕정이나 귀족정으로 돌아갈 수는 없기에, 민주정을 살려야한다고 봅니다.

이하로는 이 책에서 우정의 사상사를 톺아봄에 앞서 우정에 대한 개념을 간단히 정리하고자 합니다.

우정은 자유다

'자유(freedom)'와 '친구(friend)'는 '사랑'을 의미하는 초기 인도유럽어의 동일 어근 fri- 또는 pri-를 공유합니다. 이 뿌리는 고딕어, 북유럽어, 켈트어, 힌디어, 러시아어, 독일어로 전파되었습니다.* 천 년 전, '친구'에 해당하는 게르만 단어는 '사랑하다'를 뜻하는 동사 freon의 현재분사였습니다. 게르만어에는 frija라는 형용사도 있었습니다. 그 것은 사랑하는 사람들과 함께 있을 수 있는, '노예가 아닌' 상태의 '자유'를 뜻했습니다. 즉 '사랑하는 친구와 가족의 집단에 속하는 것'을 의미했으며 그 전제는 '노예 상태가 아닌 자유'였지요. 자유가 없는

---

*   *Online Etymology Dictionary,* http://www.etymonline.com/index.php?term=free(accessed February. 2. 2024).

노예에게는 친구도, 가족도 없다는 것입니다.

그러나 노예에게도 친구는 있었습니다. 바로 함께 주인에게 저항하는 친구, 최소한 그 저항을 이해해주는 친구입니다. 영화 〈스파르타쿠스〉(1960)의 노예 반란에서 그러한 우정을 찾아볼 수 있습니다. 영화 속 노예 검투사들의 우정은 일상적인 것이 아니라 반란 상황 속에서 맺어진 것입니다. 그들의 반란은 결국 실패로 돌아가고, 로마군이 스파르타쿠스를 색출해내려 합니다. 그때 잔존한 노예 검투사들 중 누군가가 벌떡 일어서서 소리칩니다.

"내가 스파르타쿠스요!"

그 뒤에도 이어 한두 사람씩 나서기를 거듭하다가 마침내 모든 노예가 한 목소리로 자신이 스파르타쿠스라고 주장하는 장면은 그들 우정의 절정을 보여줍니다. 이는 스탠리 큐브릭 감독이 만든 허구이지만, 그 영화에서 가장 감동적인 부분이며 내가 본 모든 영화 속 우정의 표현 중에서 제일 인상 깊은 장면이었습니다. 아마 영원히 잊지 못할 것 같습니다.

그러나 노예와 주인이 친구가 될 수는 없었습니다. 앞서 본 영화 속 노예들에게도 주인은 반란을 일으켜 처단해야 할 적일 뿐이었습니다. 그러므로 불평등하에서 친구란 있을 수 없습니다. 부자유 속에서도 마찬가지입니다. 자유는 자기 결정, 즉 내가 스스로 결정하는 것입니다. 자신의 본성에 기초하여 생각하고 욕망하며 행동하는 것입니다. 자유의 반대는 속박과 지배와 억압, 즉 외부의 힘에 의해

　　　　　　　　제1부 근대 이전의 우정론

강요당하는 것입니다. 그러므로 우정은 반항이요, 투쟁입니다.

우정은 평등입니다. 우월감에 사로잡힌 교만한 상태로 자기보다 못한 사람을 친구라 일컬어서는 안 됩니다. 우정은 친밀하고 상호 의존적인 관계로 함께 더러운 세상에 맞서 싸우겠다는 헌신입니다. 근본적으로 우정의 자유에 제한이 없다는 것은 아닙니다. 우정은 상호 연결과 애착을 향한 능력이자, 상호 지원과 보살핌, 불확실한 세상에 대한 감사와 개방성의 공유이며, 함께 세상에 맞서 싸울 수 있는 새로운 투쟁 능력입니다. 자본주의하의 '자유'와는 의미하는 바가 전혀 다릅니다. 여기서 말하는 바는 '자본주의가 말하는 자유나 우정'과 싸울 자유이자 우정입니다.

싸워야 하는 대상은 자본주의만이 아닙니다. 자본주의 이전의 모든 계급사회도 우정의 적입니다. 양반이나 귀족들의 계급적 우정은 내가 이 책에서 '사랑'이나 '자유'로 말하는 우정이 아닙니다. 내가 말하는 우정은 도리어 그들과 싸우는 우정, 그들과 투쟁하는 우정입니다. 지금 친구가 없다고 하여 절망하지 마십시오. 여러분이 돈이나 힘, 자본이나 권력으로 우정을 죽이는 세상과 맞서 싸워야 할 때, 여러분과 함께할 친구가 반드시 있을 것입니다. 여러분이 세상에 맞서는 것이 옳다고 생각한다면, 생각을 같이하는 친구가 반드시 있을 것입니다. 단 두 사람이라도, 그중 한 사람이 죽는다고 해도 말입니다.

이 책은 자유이자 반항, 투쟁으로서의 우정을 모색하고자 합니다. 나는 자유로운 개인들이 서로 마음을 나누며 자치하고 자연과 조화롭게 사는 세상을 추구합니다. 이를 위해 필요한 것이 우정입니다.

따라서 우정은 사적인 것이자 공적인 것, 개인적인 것이자 공공적인 것입니다. 모든 개인이 그런 우정을 추구한다면, 저마다 우정의 주인공으로서 민주주의에 참여하고 자연과의 조화를 추구할 것입니다. 여기서 '자유로운 개인'이란 모든 기성의 관념이나 가치, 권력이나 관계 일체로부터 자유롭다고 전제하기 때문에 철저히 개인주의적인 개인입니다. 그러나 이기주의와는 다른 자율적 존재로서의 개인이지요. 따라서 나는 개인주의 때문에 우정이 없어졌다는 주장에 찬성하지 않습니다.

모든 개인이 자유롭고 평등해야 우정이 가능합니다. 억압되고 불평등한 관계에는 우정이 설 자리가 없습니다. 따라서 억압과 불평등에 대항하고 투쟁해야만 우정이 생겨납니다. 자유와 자치, 자연을 파괴하려는 권력과 자본에 함께 저항하는 가운데 우정이 발생하고 새로운 세상을 만들 수 있습니다.

루이스의 네 가지 사랑

유명한 판타지 소설 『나니아 연대기』(1950~1956)를 쓴 20세기 영국 작가 C. S. 루이스(Clive Staples Lewis, 1898~1963)는 신학자로도 유명합니다. 개신교 신자가 아니라면 잘 모를 수도 있겠지만, 그를 20세기 최고의 신학자라 평가하기도 합니다. 그러나 내가 신자가 아니기 때문일까요? 루이스는 육십여 권의 저서를 남겼지만 나는 그중에서도 신학의 색채가 덜하고, 그래서인지 신학계에서는 그다지 중요하게 여기지 않는 『네 가지 사랑』(1960)을 가장 좋아합니다.

루이스가 말하는 네 가지 사랑이란 애착(affection), 우정(friendship), 애정(eros), 자비(charity)입니다. 이 책의 한국어 번역판에는 내가 '애착'이라 말한 것을 '애정'이라 번역하고, 내가 '애정'이라 번역한 것을 '에로스'라고 영어 그대로 쓰는데, 이는 어색하다고 생각합니다. 왜냐하면 우리가 흔히 말하는 남녀의 '애정'이란 루이스가 말하는 '에로스'에 해당하고, 그가 말하는 애착은 부모의 자식 사랑이나 반려동물에 대한 사랑 같은 것이기 때문입니다. 루이스는 가장 낮은 단계의 사랑인 애착을 시작으로 점점 올라가서 가장 높은 단계이자 가장 완전한 사랑인 자비에 이른다고 합니다.

루이스는 사랑을 세 가지로 구분합니다. '바라는 사랑(Need-Love)'과 '주는 사랑(Gift-Love)' '고마워하는 사랑(Appreciative-Love)'입니다. 바라는 사랑은 '요구하는 사랑'이나 '필요로 하는 사랑', 주는 사랑은 '선물로 주는 사랑', 고마워하는 사랑은 '감사하는 사랑'이라고 번역할 수도 있습니다. 신의 사랑은 '주는 사랑'이고, 신은 '사랑'이지만* 사랑이 신은 아니라고 루이스는 말합니다.

---

* 하지만 성경에 등장하는 야훼라는 신이 과연 '주는 사랑'만 하는지는 의문입니다. 그는 이브가 선악과를 따먹었다는 이유로 아담에게 가시와 엉겅퀴로 가득한 밭에서 노동하는 벌을 내리고 죽어서는 그를 만든 흙으로 되돌아가게 합니다. 이브에게는 참을 수 없는 산고로 영원히 고통받는 벌을 내린 데다가 다시금 승리한 전사들의 짐꾼이나 성노예로 살게 한 뒤 아담과 같이 흙으로 되돌아가게 만들었습니다. 야훼는 그들을 에덴동산에서 추방하고 입구에 천사와 불칼을 세워 다시 돌아오지 못하게까지 했습니다. 나아가 노아의 방주 사건에서는 거의 모든 생명을 몰살하고, 생존자에게 생육하고 번성하라고 몇 번이나 명령하였으며 천사들에게는 갖고 싶은 만큼 아내를 갖게 했습니다. 그밖에도 노예를 때리는 방법이나 말 안 듣는 아들을 죽이는 방법, 시집 안 간 딸을 팔아치우는 방법, 간통, 첩, 일부다처제를 통해 수많은 자식 낳기, 살인, 고문, 노예제, 사형, 폭력 등의 이야기가 수

자연에 대한 사랑도 그렇습니다. 루이스는 워즈워스(William Wordsworth, 1770~1850)를 그 대표 격으로 보고 자연에 대한 사랑을 종교로 삼으면 신이 되는 동시에 악마가 되기 시작한다고 경고합니다. 최근의 에코파시즘(Ecofascism)이라고 하는 것도 마찬가지지요. 기후변화를 비롯한 환경 위기가 우리 시대의 가장 심각한 문제 중 하나임이 분명합니다. 하지만 그렇다고 해서 모든 문제를 그 하나만으로 돌리는 근본주의적 경향에는 찬성할 수 없습니다. 애국심도 마찬가지입니다. 애국심이 악마적이라면 통치자는 악한 행동을 하기 쉽습니다. 전체주의 국가에서 애국심이라는 명분으로 다른 민족을 대량 학살하는 경우가 그렇습니다. 루이스는 같은 영국인 작가 러디어드 키플링(Joseph Rudyard Kipling, 1865~1936)과 체스터턴(Gilbert Keith Chesterton, 1874~1936)을 비판적 예시로 언급합니다. "나는 내 제국의 적들을 사랑하지 않는다"라는 노벨문학상 수상 작가 키플링의 말은 참으로 어이가 없습니다. 나아가 그는 모든 나라의 역사는 시시하고 수치스러운 행위로 가득하다고 비판하지요. 영웅담 같은 과거의 이미지를 그저 하나의 이야기로서 보지 않고 진지하고 조직

없이 나옵니다. 구약에서 도덕적이라고 볼 만한 구절은 "너희는 나그네를 구박하거나 학대하지 마라. 너희도 이집트 땅에서 나그네였다(출애굽기 22장 21절)"뿐입니다. 그렇다면 신약성서의 예수는 구약성서의 야훼와 다른 사랑의 신일까요? 아닙니다. 그는 구약성서의 야훼보다 더 엄격합니다. 기독교 신학자들이나 신자들은 성경의 그런 부분은 모두 이천 년 또는 그 이전 시대의 것이라고 하면서 지금과는 다르다고 할지 모릅니다. 나는 또한 의문입니다. '그렇다면 성경을 부정할 것인가? 성경을 부정한다면 무엇이 남는가?'

적인 역사로 착각하거나 대체하면 위험합니다. 루이스는 특히 자국이 타국에 비해 월등히 우월하다는 쇼비니즘은 인종차별주의로 이어지므로 위험하다면서, 이는 기독교와 과학에 반하며 제국주의를 정당화하게 된다고 비판합니다. 키플링의 「백인의 책무*The White Man's Burden*」(1899)가 그 보기입니다. 그 시에서 키플링은 미개한 인종을 올바르게 이끄는 것이 백인이 져야 할 짐, 백인의 의무라고 역설하며 열등 민족의 씨를 말릴 수 있다는 식으로까지 나아갑니다.* 그래서 과거 대영제국주의가 저지른 아메리카 원주민과의 조약 파기, 호주 원주민 절멸, 인도의 암리차르 학살, 아일랜드인 학살, 나치의 가스실과 포로수용소, 남아연방의 아파르트헤이트 등을 루이스는 고발합니다. 여기서 그가 국가주의와 민족주의를 경멸하고 세계와 인류에 대한 사랑을 주장한다는 것을 알 수 있습니다. 그는 〈희망과 영광의 나라여!*Land of Hope and Glory*〉** 같은 영국 찬양가가 아니라, 〈영국의 병사여!〉와 같은 서민풍 노래를 좋아했습니다.

---

* 백인의 책무를 맡으라 / 너희가 기른 최고의 자들을 최전선에 보내라 / 네 포로들의 요구를 들어주기 위해 / 너희 아들들을 유배지로 보내라 / 동요하는 야만인들과 야생에 맞서 / 육중한 마구를 차려입으라 / 네가 갓 잡아들인 불만투성이 포로들, / 반은 악마요, 반은 아이인 자들에게
백인의 책무를 져라 / 끈기 있게 인내하며 / 공포의 위협을 덮고 / 자부심을 과시하지 마라 / 숨김없고 단순한 말로 / 수백 번이라도 반복하라 / 그들에게 이익을 주고 / 그들을 위해 일한다는 것을 (후략)
** 사랑하는 희망의 땅, 그대는 희망으로 가득 차고, / 하느님이 그대를 더 강하게 만들었도다! / 위엄에 찬 눈, 사랑스럽고 명성을 떨치도다 / 다시 한 번 그대의 왕위가 / 굳건히 서고 자유를 얻었기에, / 그대는 영원토록 선하게 통치하도다 / 자유를 얻고 진리가 유지되노니, / 그대의 제국은 굳건하리라 (후략)

루이스의 애국심 비판은 모든 집단애에 대한 비판으로 나아갑니다. 바로 '자기 가문' '자기 학급' '자기 학교' '자기 부대' '자기 교파' '자기 종단' 등에 대한 사랑입니다. 그런 그릇된 사랑을 찬양하기 위해 천상의 사랑이 악용되었다는 것이지요. 루이스는 인류가 행한 모든 잔학하고 배신적인 행위에 기독교 사회가 가담한 점에 대해 철저히 참회하는 책이 필요하다고 역설했습니다.

그렇다면 '집단'애가 아니라면 무방한 것일까요? 루이스는 사랑하는 두 연인이 서로만 있다면 다른 모든 것을 버릴 수 있다고 생각하는 경우도 마찬가지라고 비판합니다. 한 사람을 사랑하기 위해서 다른 모든 것을 파멸시킬 수 있는 것이 사랑입니다. 이런 식으로 사랑이 신이 되어버리면 그 사랑을 섬기는 사람은 자신의 모든 행동을 사랑이라 합리화할 수 있겠지만, 다른 사람에게는 당황스러운 일이 될 것입니다. 물론 애착이나 우정도 위험할 수 있지만, 제일 위험한 것은 애정입니다. 그것이 신이 되는 순간 주변의 모든 것을 빨아들여 파괴해버리는 블랙홀이 되는 것입니다. 이처럼 사랑은 무조건 좋은 것이 아니라, 얼마든지 나쁘게 변할 수 있는 위험성을 가지고 있습니다. 루이스 사랑론의 중요성은 바로 이러한 위험성을 지적했다는 점에 있습니다.

루이스의 우정사관

『네 가지 사랑』에서 특히 흥미로운 부분이 있습니다. 바로 우정은 근대 이전의 모든 사랑 가운데 가장 행복하고 인간미 넘치는 최고의 사랑이었으나, 1832년 빅토리아 여왕의 지배 이후 무시당하기 시작하여 현대 영국에는 우정을 경험한 사람이 거의 없다고 지적하는 점입니다. 루이스에 의하면 현대에 애정을 예찬하는 시나 소설은 넘쳐나지만, 우정을 예찬하는 경우는 쓰이지 않았습니다. 영국문학사에서 우정에 대한 소설로 유일하게 꼽히는 작품은 제인 오스틴(Jane Austen, 1775~1817)의 『엠마』(1815)입니다. 여성들의 우정을 다룬, 보기 드문 작품이지요. 하지만 루이스는 오스틴을 현대 작가라 보지 않습니다.

루이스는 현대에 우정은 주변적인 것이 되었다고 말합니다. 삶의 중심이 아니라 하나의 오락, 남는 시간을 채워주는 여가 활동 정도가 되었다는 것이지요. 우정은 다른 사랑에 비해 가장 덜 본능적이고, 덜 육체적이고, 덜 생물적이며, 덜 집단적이고, 덜 필수적이며, 덜 자극적입니다. 그럼에도 고대나 중세에는 중시되었던 우정이 현대에 와서는 무시당하고 있습니다. 우정은 몸을 자극하지 않고 신경과 무관합니다. 심장을 뛰게 하지도, 얼굴을 붉히거나 창백하게 만들지도 않습니다. 또한 철저히 개인적이어서 친구가 되는 순간 다른 무리에게서 떨어져 나오게 됩니다. 우리는 애정 없이는 태어날 수 없고 양육되지도 못하지만, 우정 없이도 얼마든지 살 수 있습니다. 즉 생존의 차원에서 우정은 반드시 필요하지 않을 뿐 아니라, 도리어 방해가 될 수도 있습니다. 특히 소위 지도자라는 사람들에게 미움을 받을 수 있습니다. 모든 단체의 우두머리는 아랫사람들의 우정을 증오하니까요.

금욕주의가 지배한 고대나 중세에는 자연이나 감정이나 몸이 영혼을 저해한다 여겨 우정을 중시했습니다. 우정은 자연에 대해 독립적이고 반항적이기도 하다는 것이었지요. 당시에 우정은 공동사회에 실질적으로 유용하다고 주장되었고, 모든 사랑 중에서도 인간을 신이나 천사의 수준으로 끌어올리는 것이라 여겨졌습니다. 반면 현대에 와서는 자연으로 돌아가라는 낭만주의적 구호와 함께 감성에 대한 예찬이 일어납니다. 사람들은 감정을 탐닉하며 본능과 핏속의 암흑 신을 예찬하게 되지요. 그러므로 현대에 우정이 무시되는 이유는 본능, 육체, 생물, 집단, 필수, 자극 등이 중시되는 시대이기 때문입니다. 점차 파편화되고 속도를 중시하는 문화, 각자가 누리는 쾌락과 물질적 부, 성공을 추구하는 데 초점이 맞추어진 환경에서는 참된 우정을 쌓을 수 있는 여지가 거의 없습니다. 참된 우정이 형성되려면 시간이 걸리는데, 파편화된 현대 세계에서는 그럴 만한 시간이 없지요.

또한 우정은 소수를 따로 선택하는 일인 만큼, 개인보다 집단을 중시하는 현대는 우정을 경시하게 만듭니다. 특히 집단이나 권력체는 우정을 미워하거나 불신할 수도 있습니다. 진실한 우정은 일종의 이탈, 심지어 모반이라고까지 말할 수 있을 것입니다. 그러므로 누구도 친구가 아닌 세상은 이탈의 위험이 없고, 완전한 예속만이 지배합니다. 그리고 19세기 후반의 진화론에 의해 동물적 기원과 생존 가치를 확증해주지 않는 우정은 더더욱 무시당하게 되었습니다.

루이스에 의하면 모든 문명화된 종교는 소규모 친구 모임에서 시작되었습니다. 예수와 열두 사도도 친구들이라고 할 수 있고, 그 뒤의 모든 종교 개혁 운동도 친구들 사이에서 비롯되었습니다. 고대의 학문도 친구들의 교류에서 시작되었지요. 당시 우정은 생존 가치(survival value)가 아니라 문명 가치(civilization value)였습니다. 아리

제1부 근대 이전의 우정론

스토텔레스가 말하듯이 우정, 즉 필리아(Philia)는 단순히 사회의 생존에 필요한 것이 아니라 잘 살도록 돕는 것이었습니다.* 그런데 루이스는 아리스토텔레스나 키케로와 달리 우정의 공공성에 대해서는 말하지 않습니다. 도리어 우정을 권력이나 소유로부터 개인을 지켜주는 방어막으로 보지요. 그런 점에서 루이스의 우정은 아리스토텔레스나 키케로의 우정과는 다릅니다.

루이스에 의하면 그래도 세상을 변화시키는 자들은 세상에 등을 돌린 소수의 친구들입니다. 르네상스도, 낭만주의 운동도, 사회주의 운동도, 노예제 폐지 운동도 모두 친구들 사이의 우정으로부터 시작되었습니다. 그것은 본질적으로 현대 자본주의나 민족주의 내지 국가주의에 대항하는 운동이었습니다.

루이스의 우정론

루이스는 우정은 아니지만 우정의 모체가 될 만한 것들로 동료의식, 공동 활동, 공동의 비전을 지적합니다. 우리가 흔히 '친구'라고 말하는 동료는 우정의 모체이지만 우정은 아닙니다. 동료가 친구가 되기

---

*   뒤에서 보겠지만, 나는 아리스토텔레스의 우정론 자체에 대해서는 매우 비판적입니다. 왜냐하면 그는 민주주의를 타락한 금권정체라고 비판하고 피치자보다 왕이 우월한 존재라고 하면서 그 왕의 시혜를 참된 우정이라고 부르고 있기 때문입니다. 아리스토텔레스는 동양의 공자와도 비슷한데, 그 둘을 참된 우정의 모범으로 보고 그들의 우정론을 교육하여 참된 우정이 없는 현대사회를 고쳐보자는 식의 주장이 우리 사회에 만연합니다. 내가 이 책을 쓰는 이유는 그런 식의 과거 숭배는 참으로 무의미한 것임을 주장하기 위해서이기도 합니다.

위해서는 동료 중 두 사람 이상이 다른 동료에게는 없는 공통의 본능이나 관심사, 취향이 있음을 서로 발견해야 합니다. 그럴 때에야 비로소 우정이 시작하지요. 따라서 서로의 신상에 대해서는 무심하고 각자 그저 자신일 뿐인 것이 우정입니다. 상대의 직업이나 계급, 수입, 인종, 과거사 등에 대해서는 전혀 신경 쓰지 않습니다. 우정은 그런 것들로부터 해방된 영혼의 만남이니까요. 각자 독립된 나라의 군주로서 서로의 배경을 떠나 중립적 입장에서 만나는 것입니다. 벌거벗은 몸이 만나는 것이 애정이라면, 우정은 벌거벗은 인격이 만나는 일입니다.

따라서 우정은 독단적이고 무책임하고, 의무와도 무관합니다. 나는 누구의 친구가 될 의무가 없고, 마찬가지로 이 세상 그 누구도 내 친구가 되어야 한다는 의무가 없습니다. 어떤 권리 주장도, 필연성도 없습니다. 우정은 생존에 도움이 되는 가치를 갖지 않습니다. 생존을 가치 있게 만들 뿐이지요. 서로에게 사랑과 지식이 존재할 수 있게 해주는 것이 우정입니다. 연인들은 얼굴을 마주 보며 서로에게 빠져드는 반면, 친구들은 나란히 앉아 공통의 관심사에 빠져듭니다. 연인들은 서로 구속하지만, 친구들은 모두 자유인입니다. 우정은 본능으로부터 자유롭습니다. 흔쾌히 떠맡는 것 외의 모든 의무로부터 자유롭고, 질투로부터도 거의 전적으로 자유롭습니다. 타인을 필요로 하는 것으로부터도 완전히 자유롭습니다.

친구들의 눈은 항상 앞을 향합니다. 따라서 단순히 '친구를 원하는' 한심한 사람들은 결코 친구를 사귀지 못합니다. 친구 외에 다른 원하는 바가 있을 때에 친구를 가질 수 있습니다. 서로 공통점이 드

러나면 같은 방향으로 걷는 동행자로서 친구가 되는 것입니다. 우정
은 보답을 바라지 않고 주어집니다. 진정한 친구는 옹호자나 동맹자
가 필요할 때 충실할 것이지만, 도움과 보살핌을 제공하는 것은 우
정에 있어 완전히 우연적인 일에 지나지 않습니다. 친구는 항상 신
실하지만, 신실함이 친구를 만드는 것은 아닙니다. 진정한 우정은
자기를 망각하는 것입니다. 우정은 애정의 필요성으로부터 완전히
자유롭습니다. 완벽한 우정의 표시는 어려움이 닥쳤을 때 도움을 주
는 것이 아니라, 도움을 준 후 아무것도 달라지지 않는 것입니다.

　진정한 우정은 사랑 중에서 질투가 가장 적습니다. 새로 온 사람
이 진정한 친구가 될 자격이 있다면, 두 친구는 세 번째 친구를, 세
친구는 네 번째 친구와 합류하는 것을 기뻐합니다. 친구들은 공통
점을 중심으로 뭉치면서 나머지 세계에 맞서 단결하기도 합니다. 초
기 그리스도인들이 작은 주머니를 가지고도 살아갈 수 있었던 것은
오로지 형제들의 사랑에만 관심을 갖고, 주변에 있는 이교도 사회의
의견에 귀 기울이지 않았기 때문입니다. 물론 한편으로는 외부 세계
의 의견에 귀를 닫음으로써 일종의 파벌이나 패거리를 이루거나 스
스로를 엘리트로 여기는 경향이 생길 수 있다는 위험이 있습니다.
패거리 안에는 참된 우정이 존재하지 않습니다. 거기 속하려는 자들
은 권력과 우월감을 추구할 뿐이고, 그런 집단은 교만을 낳습니다.

　따라서 우정만으로는 충분하지 않습니다. 고대인들은 형제애인
필리아를 모든 형태의 사랑 중에서 가장 칭찬할 만한 것으로, 미덕
발전의 초석으로 여겼습니다. 하지만 필리아는 결코 신성한 자비
(agapē, 아가페)의 수준에 도달하지 못합니다. 우정도 다른 자연적인

사랑과 마찬가지입니다. 자기 자신을 구원할 수 없습니다. 우정은 서로의 아름다움을 알아볼 수 있게 하려고 신이 사용하는 수단일 뿐입니다.

이러한 루이스의 우정론은 J. R. R. 톨킨(John Ronald Reuel Tolkien, 1892~1973)의 우정론이라고 해도 무방합니다. 톨킨의『호빗』(1937)이나『반지의 제왕』(1954)에 나타나는 우정은 루이스가 말한 우정의 보기들입니다. 루이스는 1935년 12월 편지에 다음과 같이 썼습니다.

우정은 세상의 가장 큰 재화입니다. 확실히 나에게는 그것이 인생의 가장 큰 행복입니다. 청년에게 살 곳을 조언해야 한다면 '친구들과 가까이 살기 위해 거의 모든 것을 희생하라'고 말해야 할 것 같습니다.

루이스 우정론 비판

현대에 우정이 사라지고 있다는 루이스의 지적은 옳습니다. 흔히 말하듯이 현대는 이기주의와 개인주의의 세상이기 때문입니다. 그러나 루이스 자신이 톨킨을 비롯하여 많은 친구를 사귀었듯이 현대에도 우정이 불가능한 것만은 아닙니다. 물론 현대가 아니라 고대나 중세의 심성을 갖는 사람들만이 그런 우정을 만들 수 있겠지만요.

루이스는 고대와 중세를 구별하지 않습니다. 그리스·로마의 이교도 시대와 기독교 시대를 거의 같이 봅니다. 물론 19세기 이후의 현대와 구별하는 차원에서 그렇게 강조하는 것이긴 합니다. 그러나 사랑과 우정에 관한 한 고대와 중세는 분명히 구별되고, 현대에는 중세보다 고대와 더 가깝게 보이는 측면도 있습니다. 19세기 이후에 기독교는 여전히 서양의 종교였지만 그리스·로마의 사상이 새롭게 대두했습니다. 그리스·로마의 부흥은 16~17세기의 르네상스에서 시작되었지만, 그것이 본격적으로 대두한 때는 19세기 제국주의 시대 이후입니다.

기독교는 그리스·로마에 대한 반역으로 출발했습니다. 가령 그리스·로마 사회의 기초인 결혼에 대한 거부, 그리스·로마인의 이상인 육체미에 대한 멸시, 특히 사회적 세계 지향에 대한 반동인 반사회성 같은 것이었지요. 물론 반역은 완전하지 못했고, 그리스·로마의 영향은 불가피했습니다. 특히 기독교가 국교가 된 뒤 기독교도는 로마인과 같은 옷을 입은 관료가 되었습니다. 또한 그리스·로마 시대의 예술이 4세기 이후 기독교 예술로 변했지요.

앞서도 말했듯 현대에 우정이 사라지고 있다는 루이스의 말은 옳지만, 그것이 무조건 부정적인 차원의 물질주의 탓이라고 비난하는 것이 옳은지는 의문입니다. 루이스가 말하는 네 가지 사랑 중에서 현대에 와서 가장 현저하게 된 것은 애정입니다. 그는 애착도 현대에 현저하다고 말하긴 했지만, 애정에 비할 바는 못 된다고 생각합니다. 대중적인 오락이나 소설, 영화나 드라마 등을 보면 분명히 알 수 있는 사실이지요. 그것들의 주제는 대부분 애정, 그중에서도 남녀의 사랑입니다. 그 사랑의 기본은 근대 이전의 타산적 사랑을 대체한 연애결혼이지요. 연애결혼은 산업혁명과 자본주의에 의해 노동시장과 임금제가 발달한 결과입니다. 그로써 사랑은 가족 구성의 유일한 원칙이 되었고, 그 결과 아이들에 대한 무한한 사랑인 애착이 나타났습니다. 이 책에서도 등장하는 루소는 아이들을 고아원에 버린 비정한 아버지로 유명합니다. 하지만 19세기 초에는 유기되는 아동이 전체 아동의 약 삼십 퍼센트에 이르렀습니다. 연애결혼은 이혼의 보편화도 낳았습니다. 그러나 그렇다고 해서 연애결혼이 실패했다는 이야기는 아닙니다. 앞으로 자본주의가 어떻게 변하든 간에 자유연애가 사라질 것 같지는 않습니다.

자본주의는 직장생활과 가정생활을 두 개의 축으로 합니다. 애착과 애정과 우정도 그 두 개의 축을 통해 이루어집니다. 그 세 가지 중에서 가장 약한 우정은 직장 동료로부터도 생겨날 수 있지만, 직장생활을 마치며 함께 사라질 수도 있습니다. 그 외에서 우정이 생겨날 가능성이 전혀 없는 것은 아니지만, 대체로 새로운 우정을 만들기는 쉽지 않지요. 따라서 자본주의하에서 우정을 보기란 어렵습니다. 그 점에서 루이스의 분석은 옳습니다. 그렇다면 자본주의가 없어진다면 우정이 쉽게 생겨날 수 있을까요? 그럴 것 같지도 않습니다. 자본주의를 부정하는 사회주의 내지 공산주의 사회를 보면 알 수 있습니다. 그곳에서 말하는 우정은 이념적 '동무'일 뿐이기 때문입니다. 어쩌면 루이스가 말하는 우정의 나라를 세우기 위해서는 다른 세상이 필요할지도 모르겠습니다.

에리히 프롬의 『사랑의 기술』

사랑에 대해 말하는 책 중 또 하나 인기 많고 유명한 것으로 에리히 프롬(Erich Fromm, 1900~1980)의 『사랑의 기술』(1956)이 있습니다. 이는 루이스의 『네 가지 사랑』과 같은 맥락의 책이라 볼 수 있습니다. 자본주의사회에서는 궁극적으로 사랑이 불가능하다는 것이 프롬의 핵심 주장이기 때문입니다. 따라서 우리는 자본주의를 바꾸어야 사랑할 수 있습니다. 물론 프롬은 공산주의에서도 사랑이 불가능하다고 봅니다. 따라서 우리는 공산주의도 바꾸어야 합니다. 루이스 식으로 말하자면 고대나 중세의 정신으로 돌아가야 합니다.

루이스는 유독 우정에 대해 비판적으로 보고, 우정에 비해 애정이나 애착, 자비에 대해서는 현대에도 관련 작품이 많이 쓰일 정도로 많은 사람과 관련된다고 합니다. 프롬은 그 모든 것을 포함하는 '사랑'이라는 것이 현대사회에서 붕괴하고 있다고 보는 점에서 루이스와 견해를 달리합니다. 나는 루이스보다 프롬이 더 근본적으로 고찰하였다고 봅니다.

프롬은 다섯 가지 상이한 유형의 사랑을 고찰합니다. 즉 형제애, 모성애, 이성애, 자기애, 신에 대한 사랑입니다. 형제애는 모든 사랑의 기본으로, 우정도 여기에 속합니다. 프롬에 의하면 유대 기독교의 전통에 뿌리박은 '너 자신을 사랑하듯이 너의 이웃을 사랑하라'는 신의 명령은 모든 사랑의 존재 형태에 대한 원심력이 됩니다. 흥미로운 것은 프롬이 동양에서 그토록 강조되는 육친에의 사랑을 그다지 훌륭한 일이라 평가하지 않는다는 점입니다. 새끼를 사랑하여 보호하는 것은 짐승도 하는 일이고, 어린아이가 어버이를 사랑하는 것은 어버이가 필요하기 때문이라는 이유에서입니다.

프롬은 현대 서양 사회에 나타나는 사랑의 붕괴를 '소외'라는 개념을 중심으로 설명합니다. 소외된 노동과 이어지는 인간 감정의 위축으로 개인은 사랑을 할 수 없는 자동인형으로 전락합니다. 그 대신 '포장된 개성'이 적정한 시장가치로 교환되지요. 사랑은 성적인 만족의 결과로 간주되고, 성적 행복이 사랑 관계의 결과로 간주됩니다. 대체로 현대 서양 사회는 사랑의 '사회적으로 구조화된 병리'를 보여주므로 모든 사랑의 성숙한 형태를 형성하기 어렵습니다. 매혹적으로 포장된 사랑은 자기기만에 의해 성립하므로 비참한 사랑의 대용품이 될 뿐이라는 것이 프롬의 비판입니다.

그에 의하면 자본주의사회의 기초를 이루는 원리와 사랑의 원리는 서로 맞지 않습니다. 그러나 보다 실천적인 관점에서는 조화를 이룰 수 있습니다. 물론 그곳에서 사랑은 예외적이고, 소외의 속박에서 인간성과 사랑을 해방하는 사실상 근원적인 변화를 포함한, 지속적인 사회변혁이라는 희망이 존재해야 한다는 것이 프롬의 결론입니다.

2

고대 동양의 우정론

고대인의 우정론

최근 이스라엘의 역사학자 유발 하라리(Yuval Noah Harari, 1976~)는
『사피엔스: 인류의 짧은 역사』(2011)에서 농업이 출현한 후 지배자와
엘리트가 어디에서나 소작농의 잉여 식량으로 생계를 유지하고, 소
작농들에게는 최소한의 생계만 남겨두었다고 썼습니다. 이는 18세기
프랑스 철학자 장-자크 루소(Jean-Jacques Rousseau, 1712~1778)가 『인간
불평등기원론』(1755)에서 최초에 수렵 채집인이었던 인류는 서로 고
립되어 물질적 필요가 단순했기 때문에 어린아이와 같은 순진한 상
태로 평등하게 살았는데, 농업 혁명과 도시의 부상 이후 인간 생활의
거의 모든 것이 나빠졌다고 한 것의 복사판에 불과했습니다. 그런데
세계적인 베스트셀러가 되었지요.

   하지만 최근 그런 견해에 반하는 연구 결과가 나왔습니다. 놀라
운 수의 세계 최초의 도시들이 강력하게 평등주의적인 노선을 따라
조직되었다고 보는 견해입니다. 수만 명의 사람들이 거주하는 정착
지가 처음 등장한 것은 지금으로부터 약 육천 년 전의 일입니다. 기

존의 견해는 도시가 크게 기술 발전에 의해 번성했으며, 농업혁명의 결과로 한 곳에서 많은 사람이 살 수 있게 되었다고 보았습니다. 그러나 가장 인구가 많은 초기 도시 중 하나가 기술 및 물류 측면에서 이점이 많은 유라시아가 아니라, 바퀴 달린 차량이나 범선, 동물 동력 운송 수단, 야금 방식, 유능한 관료주의가 훨씬 부족한 메소아메리카에 나타났다는 새로운 견해가 나온 것이지요.

지금까지 발굴된 고대 역사의 유물 중 가장 빠른 고대 메소포타미아의 것을 보면, 일종의 계획을 명확하게 반영하는 조화롭고 아름다운 패턴으로 건축된 공간의 배열, 시민 통합에 대한 웅장하고 자의식적인 서술, 신이나 영웅, 시민 기반 시설 및 의식 달력을 발견할 수 있습니다. 지금의 시리아와 이라크 땅에 해당하는 메소포타미아의 도시는 처음에 사원 주변에서 형성되었고 나중에 왕궁도 세워졌지만, 선사시대 도시인 우크라이나와 몰도바에서는 분산된 도시화에 대한 놀라운 실험이 이루어지고 있었습니다. 중국의 산둥성에도 가장 초기에 알려진 왕조보다 천 년 이상 빠른 도시 정착지가 존재했으며, 마야 저지대에도 비슷한 정착지가 발견되었습니다.

이는 주민들이 숲과 대초원의 변방에 살면서 곡물을 재배하고 목축을 했을 뿐만 아니라, 사슴과 멧돼지를 사냥하고, 소금·부싯돌·구리를 수입하고, 도시 경계 내에 정원을 유지하며 사과·배·체리·도토리·개암 및 살구를 소비하고, 음식을 도자기에 담아 먹었음을 보여줍니다. 생산물 중에는 확실히 잉여가 발생했고, 그들 중 일부 엘리트는 주식과 공급품을 장악하고 다른 사람들보다 우위를 점했습니다. 전리품을 얻기 위해 싸울 수 있는 기회도 충분했지만, 8세기 동안 전쟁이나 부상의 증거는 거의 없었습니다. 도시 거주자들은 중앙 집중식 통제나 하향식 행정 없이 지역의 의사결정 과정을 통해 자유롭고 평등하게 살았습니다. 이는 어슐러 르 귄(Ursula K. Le Guin, 1929~2018)의 단편소설 「오멜라스를 떠나는 사람들」(1973)에 나오는 상상의 도시를 생각하게 합니다. 그곳 주민들은 왕, 전쟁, 노예 또는 비밀경찰 없이도 우정으로써 자유롭고 평등하게 살아가지요.

그러나 언제부터인가 왕을 비롯한 지배계급이 나타났습니다. 전쟁이 발발하고 노예가 생겨났습니다. 모든 사람의 자유롭고 평등한 우정은 역사에서 사라지고 지배계급의 제한된 우정만이 전면에 대두했지요. 하지만 그것이 피지배계급에게는 우정이 없었다는 뜻은 아닙니다. 당연히 그들에게도 우정이 있었습니다. 인간 세상에 우정이 없을 리 있겠습니까? 다만 피지배계급의 우정은 애정을 비롯한 그들의 모든 삶이 그렇듯이 제대로 기록되지 않았을 뿐입니다. 그래서 오늘날 우리는 고대 지배계급들만의 우정을 접하게 되는 것이지요. 그들은 그들 지배계급만이 인간으로서 우정을 갖는다고 주장했습니다. 이쯤에서 다시 강조하지만, 우정은 모든 인간의 가장 기본적인 인간관계로서 누구에게나 가능하다고 인정되는 것입니다. 따라서 고대 문헌으로 접할 수 있는 특수한 지배계급들의 우정만을 우정이라 보아서는 안 될 것입니다. 그러한 계급적 우정은 우정의 참된 모습이 아닙니다.

우정론 중에서도 동양의 유교나 서양의 소크라테스-플라톤-아리스토텔레스의 이론은 계급적이지만, 동양의 묵가나 서양의 에피쿠로스 및 스토아학파의 우정론은 계급을 뛰어넘는 보편적인 우정을 보여줍니다. 이러한 구분은 현대에까지 이어집니다.

『길가메시 서사시』

고대 메소포타미아의 『길가메시 서사시』는 기원전 2812년부터 126년 동안 수메르 남부의 도시 국가 우루크를 지배한 전설적인 왕 길가메시(Gilgaméš)를 노래합니다. 고대 그리스의 호메로스가 썼다는 『오디세이아』보다 1700년이나 앞서 쓰였다고 합니다. 『길가메시 서사시』는 우정의 이야기라는 점에서, 우리가 주목하는 최초의 우정론이 될 것입니다.

우루크의 지배자 길가메시는 지상에서 가장 강력한 왕이었습니다. 그는 삼분의 이는 신, 삼분의 일은 인간인 존재로서 백성들을 억압합니다. 천신(天神) 아누(Anu)와 모신(母神) 아루루(Aruru)는 그의 힘을 억누르기 위해 엔키두(Enkidu)라는 힘센 야만인을 만듭니다. 길가메시와 엔키두는 싸움을 벌이지만 예상외로 길가메시가 이기게 되고, 둘은 친구가 되지요. 길가메시와 엔키두는 삼나무 숲의 괴물 파수꾼 훔바바(Humbaba)를 정벌하러 모험을 떠납니다. 그들이 훔바바를 쓰러뜨리고 우루크로 돌아왔을 때, 여신 이슈타르(Ishtar)가 길가메시를 유혹합니다. 길가메시가 그 유혹을 뿌리치자, 이슈타르는 아버지인 아누에게 하늘의 황소를 내려 길가메시를 징벌해달라고 부탁합니다.

길가메시와 엔키두는 힘을 합하여 하늘에서 내려온 황소를 물리칩니다. 신들은 엔키두가 훔바바와 하늘의 황소를 죽여버린 데 분노하여 그의 목숨을 앗아갑니다. 길가메시는 친구의 죽음을 목격하고서 죽음에 대한 공포와 생의 유한 앞에서 절망합니다. 이어 영생의 길을 찾기 위해 영생자인 우트나피시팀(Utnapishtim)과 그의 아내를 찾아 나서지요. 고생 끝에 우트나피시팀을 만나 대홍수에 대해 전해 듣고 영원히 살 수 있는 기회를 두 번이나 얻지만, 모두 실패하고 우루크로 돌아옵니다.

이 서사시에서 친구 엔키두에 대한 길가메시의 우정은 죽음과 영생불멸의 비밀을 캐고자 하는 욕망의 원동력이 됩니다. 뒤에서 보겠지만, 이는 고대 그리스 철학에서 우정이 초월적인 진리를 탐구하려는 욕망의 원동력이 되는 것과 유사합니다. 인류 최초의 신화가 '우정이 우주의 궁극적 진리를 파헤치는 욕망의 원동력이 된다'고 말했다는 점은 인류 사상의 출발로서는 대단히 시사적이라고 할 수 있지요. 더하여 비록 여신의 유혹으로 왜곡되어 있긴 하나, 애정이 우정보다 못한 것으로 나타난다는 점도 주목해보아야 합니다. 『길가메시 서사시』는 탁월한 남성들의 우정이라는 점에서 한계가 있다는 비판도 제기되지만, 우리는 그것이 사천 년 전에 쓰인 고대 신화라는 점을 감안해야 할 것입니다.

끝으로 이 신화에서 한 가지 더 눈여겨보아야 하는 것은 우정이 권력의 기반으로 강조된다는 점입니다. 길가메시는 왕이고 엔키두는 그의 경쟁자이자 친구입니다. 엔키두는 원래 신들이 길가메시의 권력을 제한하고자 만들어낸 존재지만, 도리어 왕을 돕고 결국은 죽음을 맞습니다. 이처럼 우정은 고대와 중세에서 지배계급의 지배를 결속하기 위한 최고의 미덕으로 여겨졌습니다.

다시 『길가메시 서사시』로 돌아가 엔키두의 죽음 이후 길가메시는 삶의 진리를 찾는 구도자로 나섭니다. 심지어 지배계급이 권력을 떠나 인생의 허무를 느끼고 구도자로 나서는 계기조차 우정의 비극적인 종말이라는 것이지요.

불교의 우정론

나는 승려들과 이런저런 일을 함께해볼 기회가 있었지만, 그들을 친구라고 여긴 적은 없습니다. 만사에 도통한 듯 말을 잘하는 승려들도 있지만 역시 친구라 생각해본 적은 단 한 번도 없습니다. 하지만 사제나 목사 중에는 친구처럼 지낸 사람들이 많습니다. 문득 궁금해졌습니다. 왜 나는 승려에 대해서는 그처럼 거리감을 느끼는 것일까?

불경이나 성경 또는 유교 경전을 읽다가 별안간 생각해보곤 했습니다. 부처나 예수, 공자에게 친구가 있었을까? 제자들이나 이웃들이야 당연히 있었겠지만, 그들에게 절친이라 부를 만큼 깊은 우정을 나눈 친구들이 있었다는 이야기를 듣거나 읽은 적은 없습니다. 그렇다면 그들은 고독하게 살았던 것이 아닐까요? 특히 부처나 공자는 결혼을 했고 아들도 두었다지만, 예수는 결혼한 적이 없고 여인을 사랑한 적도 없습니다. 그리고 공자와 달리 부처와 예수는 모두 집을 버리고 나서서 진리를 깨닫고 제자들과 함께 살았습니다.

그들에게는 제자들이 친구였습니다. 단순히 친밀했다는 점뿐 아니라, 항상 자유롭고 평등하게 토론하고 대화했다는 점에서 진정한 친구 관계였다고 보는 것입니다. 스승이 친구라는 사우론(師友論)을 뒤에서 살펴볼 것입니다. 이는 16세기 중국에서 나온 양명학의 우정론이지만, 공자는 물론 부처나 예수도 스승이자 친구였습니다. 군사부일체라는 말이 아직까지 존재하는 우리 사회에서는 스승을 친구로 여긴다고 하면 불경하다 비난받을지 모르지만, 항상 자유롭고 평등하게 토론하고 대화를 통하여 친밀한 우정을 쌓는다면 가장 좋은 친구이자 훌륭한 스승일 것입니다.

불교는 기독교나 유교보다도 더욱 철두철미한 평등주의에 기반한 종교였습니다. 부처는 인도의 계급주의 카스트(Caste)를 거부하고 일체중생(一切衆生)의 평등을 주장했습니다. 아무리 지체 높은 자라도 일단 교단에 들어오면 다른 사람들과 똑같은 대우를 받았고, 아무리 신분이 낮은 자라도 먼저 출가했다면 자기보다 신분 높은 자에게 선배로서 존경받을 수 있었습니다.

이러한 평등주의에 근거한 불교공동체 승가의 운영 원리는 화합갈마(和合羯磨, samaggakamma), 즉 구성원들이 전원 출석한 자리에서 올바른 진행 절차에 따라 만장일치로 결론을 내는 것이었습니다. 그렇게 내린 결론은 승가 운영에 있어 최고의 권위를 가졌습니다. 평등주의는 또한 의식주의 공평한 분배로도 나타났습니다. 보시된 음식이나 옷감은 구성원에게 평등하게 분배되고, 승원이나 토지와 같은 부동산 역시 모든 구성원이 평등하게 사용할 수 있도록 했습니다. 그러나 그 물질을 확보하는 방법은 지역마다 차이가 있었습니다. 가령 인도에서는 노동으로 인해 다른 생물을 죽이게 될 것을 우려하여 탁발이나 시주만으로 생활하게 하였으나, 중국에서는 승려의 노동을 수행의 하나로 강조했으며 승려들이 시주의 공양물을 함부로 축내고 바라는 그릇된 타성을 경계했습니다.

불교는 사랑과 우정을 결여한 초세속적인 목표를 가진 종교가 아닙니다. 『대장경』에 의하면 부처는 분쟁 없는 조화와 우정의 삶을 사랑에 기초한 중요한 인간관계로 보았습니다. 메타(Metta)라고 하는 사랑의 친절은 단순한 사랑 그 이상의 우정을 뜻합니다. 불교에서 우정은 비할 수 없는 힘이지요. 사람에게 좋은 자질을 길러주는 데에 좋은 사람과의 우정만 한 것은 없습니다. 특정 나이를 넘기면 아이들은 부모를 모방하기를 멈추고 친구를 따라 하기 시작하기 때문입니다.

그렇다면 좋은 친구는 어떤 사람일까요? 유쾌하고 사랑스럽고, 공손하고, 본받을 만한 사람이어야 합니다. 기꺼이 유용한 대화에 참여하고 말을 용납하며, 심오한 대화에 참여해야 하고, 결코 근거 없는 권면을 하지 않습니다. 『담마파다Dhammapada』는 말합니다.

당신의 잘못과 약점을 지적하고 정죄하는 사람을 당신에게 보물을 보여주는 사람으로 생각하라. 그런 성격의 현명한 사람들과 어울려라.

친구가 항상 다정하고 부드러운 말만 해야 한다는 법은 없습니다. 우리는 친구의 건설적인 비판에 의지할 수 있습니다. 관대함으로써 반드시 친구를 얻을 수 있고, 예의 바르고 자비로워도 친구를 얻을 수 있다고 말하는 부처는 친구의 선함, 친절함, 위대함 등에 대해 계속 이야기한다면 그를 속이려는 것이라고 말합니다. 친구를 대할 때는 말과 행동이 깨끗해야 합니다. 친구를 너무 자주 방문하거나 너무 오랫동안 환영받아서는 안 됩니다. 그러면 친구가 적으로 변합니

제1부 근대 이전의 우정론

다. 친구는 영적인 이익을 가져다주고, 닥칠 수 있는 악으로부터 보호해주고, 복지를 지향하는 사람입니다.

불교는 이러한 방식으로 마찰과 불만을 최소화하고, 선의와 건전한 우정을 증진하며, 궁극적으로 개인의 복지와 함께 열반의 지고한 지복을 실현하는 영적 진보를 가져올 수 있다고 말합니다. 그 기본 요소는 우정이지요. 그러나 한국 불교가 과연 그러한 우정의 평등 정신 위에 있는지는 의문입니다. 불교도 유교의 불평등 정신에 오염된 것은 아닐까요?

유교의 우정론

초등학교에 들어가기 전부터 아버지와 친지에게 삼강오륜*에 대해 배웠습니다. 학교에 들어가서는 교사들로부터 배웠지요. 내가 보수적인 한국에서도 가장 보수적이라는 경북 출신이어서인지, 아니면 내 집안이나 동네가 유독 그랬는지는 잘 모르겠습니다. 우리 집안은 가난했고, 친척 중에 면서기 한 사람 없는 무권력층이었기에 항상 남

---

* 삼강(三綱)이란 군위신강(君爲臣綱, 신하는 임금을 섬기는 것이 근본이다), 부위자강(父爲子綱, 자식은 부모를 섬기는 것이 근본이다), 부위부강(夫爲婦綱, 아내는 남편을 섬기는 것이 근본이다)을 이르는 것이고, 오륜(五倫)은 부자유친(父子有親, 부모와 자식 사이에는 친함이 있어야 한다), 군신유의(君臣有義, 임금과 신하 사이에는 의로움이 있어야 한다), 부부유별(夫婦有別, 부부 사이에는 구별(분별)이 있어야 한다), 장유유서(長幼有序, 어른과 아이 사이에는 차례와 질서가 있어야 한다), 붕우유신(朋友有信, 벗 사이에는 믿음이 있어야 한다)입니다. 공자의 가르침을 따르는 정통 유교의 근본은 오륜이고, 후에 정치적 목적으로 마련된 것이 삼강이어서 군위신강과 군신유의, 그리고 부위부강과 부부유별의 덕목은 서로 그 근본 뜻이 다릅니다.

들 눈치를 보았던 것 같습니다. 그래서 더욱 보수적인 '정신승리주의
자'가 되었고, 그 '정신 승리'의 핵심으로 삼강오륜을 숭상하며, 그것
의 외적 표현인 옷차림이나 제사, 족보와 집안 행사 등에 과도하게 신
경 썼던 것이 아닌가 싶습니다. 어쩌면 그것이 무소유·무권력 상태에
있던 한국인 대부분의 삶이었는지 모르지요.

그 심리를 자극한 것이 박정희의 유교자본주의였습니다. 지금도
그 뿌리가 남아 한국의 우파로 존재합니다. 그 권력에 대항하는 좌
파가 '민주주의'라는 이름으로 존재하지만, 유교자본주의라는 뿌리
는 같습니다. 여전히 삼강오륜은 한국인의 정신 구조를 이룹니다.
한국인은 지금도 삼강오륜을 지지합니다. 서양, 심지어 유교의 본산
지인 중국에서 비판하더라도 말입니다. 진보적이라고 자처하는 자
들도 마찬가지인 모습을 보면, '한국인은 유교를 영원히 벗어날 수
없는 것이 아닌가' 하는 생각도 듭니다.

삼강오륜은 자유도, 평등도, 사랑도, 우정도, 정의도 아닙니다. 신
하는 임금을, 자식은 부모를, 아내는 남편을 섬기는 것이 삼강이고,*
부모와 자식 사이에는 친함이 있고, 임금과 신하 사이에는 의로움이
있고, 부부 사이에는 구별이 있고, 어른과 아이 사이에는 차례가 있
고, 친구 사이에는 믿음이 있어야 한다는 것이 오륜입니다. 하지만

---

*   삼강은 중국 고대 한(漢)나라의 동중서(董仲舒)가 당시 봉건제후국 군주의 전제권
력을 강화하기 위해 만든 것으로 오륜과 중복되는데, 오륜 중 삼강에 포함되지 않
은 장유유서(長幼有序)와 함께 붕우유신(朋友有信)은 삼강에 부차적인 것이 되었습
니다.

그것들은 나의 도덕이나 윤리가 아닙니다. 삼강오륜 중 친구 사이는 그나마 유일하게 수평적이라고 하지만, 그것도 사실은 비수평적입니다. 나는 가난한 집 아이나 공부 못하는 아이, 데모하는 아이와는 친구가 되지 말라는 말을 자주 들으며 자랐습니다. 공자도 잘난 사람과 사귀라고 했습니다. 지금도 그렇게 구별, 아니 차별하는 부모가 있어, 이제는 아이들까지 서로를 차별합니다. 외모가 못생겼다는 이유로, 한부모가정이나 다문화가정 출신이라는 이유로, 고아라는 이유로, 장애가 있다는 이유로. 능력 없고, 노력하지 않고, 부지런하지 않아도 차별합니다. 그래서 패거리끼리만 친구입니다. 혈연·지연·학연 등이 있을 때만 서로 만나고 모이고, 밀어주고 당겨주는 것이야말로 더러운 세상이 아니겠습니까?

이처럼 차별적인 사회구조하에서 자라기 때문에 한국인은 성인이 되어서도 자기보다 못한 사람을 차별하고, 반대로 자기보다 잘난 사람에게 차별당하면 수용하는 듯하면서도 마음속으로는 반발하며 정신 승리 비법인 삼강오륜을 되새깁니다. 현대판 삼강오륜은 권력 중심주의, 가족중심주의, 내 자식 최고주의로 변형되고, 자식 출세를 위한 교육열이나 성형수술을 포함한 외모지상주의 등으로 나타납니다.

내가 어려서부터 들은 동양의 대표적인 우정은 관포지교(管鮑之交)입니다. 이는 친구가 그의 능력 탓이 아닌 외부 요인 때문에 실패했을 때 온전히 이해하고 지지해주는 우정의 모범으로 이해되었습니다. 그러나 이야기 자체에는 포숙아가 관포를 무조건 믿는 것으로 나와서 그것이 과연 옳은지 의심스럽습니다.

동아시아에는 '친구'가 없다

최근 『시대와 장소의 우정 개념화*Conceptualizing Friendship in Time and Place*』(2017)라는 책에 실린 「한자권 세계의 '번역된' 우정의 효용: 과거와 현재*The utility of 'Translated' Friendship for the sinophone world: Past and present*」라는 글에서 타이완의 웨이 쳉 추(朱偉誠)는 전 세계 많은 사람에게 '친구'는 어디에나 있고 유익한 명칭이지만 '한자어 세계에서는 그런 경우가 거의 없다'고 말했습니다(169쪽). 나는 깜짝 놀라지 않을 수 없었습니다.

동아시아에서는 개인과 개인이 포함된 사회적 역할 및 기타 관계의 관점에서 개인 간의 관계를 이해하는 데 중점을 둡니다. 특히 가족(확장된 친족 관계를 포함하여 광범위하게 이해됨) 관계는 유교 사상에서 가장 중요하며, 우정이 이해되고 평가되는 방식에도 영향을 미칩니다. 우정은 사회생활을 구성하는 제도와 관습 외부에 존재하는 비계층적 관계이기 때문에 한자어권에서는 그 범위나 성격이 명확하지 않습니다.

우정을 의심하는 동아시아의 전통은 뿌리 깊습니다. 예를 들어볼까요? 가훈(家訓)은 그 유래가 진 왕조 건국(기원전 221년경) 이전으로 거슬러 올라가는 대중적인 문학 형식이었습니다. 오늘날 한국에서 가훈이란 '바르게 살자'느니 '화목'이니 하는 식의 한두 마디 좋은 말로 되어 있지만, 원래는 가족 구성원의 구체적인 행동 지침을 뜻했습니다. 가훈에서 가족 외부인으로 간주되는 친구는 일반적으로 위협적인 존재였지요. 가정의 화합을 위함에 있어 우정은 여러 가지 이유로 우려를 불러일으켰습니다. 잘못 선택한 우정은 자신과 가족에게 해를 끼칠 수 있기 때문입니다. 『논어』에서는 해로운 친구의 세 가지 유형을 '아첨하는 사람' '이중적인 사람' '교활한 말을 사용하는 사람'으로 들었습니다.*

게다가 우정의 잠재적인 해악이라는 것은 단순히 개인이나 가족의 차원에 머물지 않았습니다. 그것은 또한 사회적이고 정치적인 것이었고, 친족과 국가에도 영향을 미쳤습니다. 우정의 가치에 대한 태도는 전통 사상인 오륜에서 볼 수 있으며, 그 기록은 『맹자』 『중용』 『순자』에서 발견됩니다. 오륜이 정착된 것은 한나라 이후지만, 역대 유교 담론에서는 항상 국가와 가족 및 친족관계가 두드러졌습니다. 오륜 중 앞의 사륜은 부자관계, 군신관계, 부부관계, 친족관계이고 우정은 다섯 번째입니다. 처음 네 가지는 일반적으로 가족과 국가에 대한 정통 유교의 우선순위에 따라 계층적이고 통합적이었습니다. 그 각각의 관계에는 수반되는 의무와 함께 명확하게 구별되는 사회적 역할이 있고, 이것이 가족과 국가를 유지하는 데 기여했습니다. 이러한 사회구조 내에서 개인적인 우정의 위치는 불명확했지요.

그래서 동아시아에서 우정은 전통적으로 오륜 중 가장 덜 필수적이라 간주되었던 것입니다. 가족과 국가가 가장 중요했으며, 또 서로 얽혀 있었습니다. 군주는 대개 친척을 가신으로 삼거나 결혼을 통해 통제권을 유지했습니다. 그로써 친족관계로 유지되는 충

---

*　「계씨(季氏)」, 友便辟 友善柔 友便佞 損矣.

성스러운 통치 체제를 만들었지요. 진(秦)나라의 중국 통일(기원전 221~206)부터 20세기 청나라 멸망까지 이천 년 이상 지속된 왕조 체제에서 가문은 국가의 모델이었고, 이는 한반도에서도 마찬가지였습니다. 이를 위한 교리가 초기 유교 문헌에서부터 나타납니다. 무엇보다도 효행을 강조하는 『논어』에서는 "어버이에게 효도하고 형제와 벗하는 것만으로도 공의를 행하는 것이다"*라고 합니다. 이러한 가족-국가 역학이 현대에도 존재합니다. '국가(國家)'라는 말 자체가 '나라[國]'와 '가족[家]'이 밀접하게 연결되어 있음을 보여주지 않습니까?

이처럼 가족국가 내에서 근본적인 사회적 유대는 아버지와 아들 사이의 유대였으며, 이것이 오륜의 근본이 되었습니다. 이때 결정적인 것은 유교의 효(孝)라는 미덕입니다. 효는 『논어』뿐만 아니라 후기 제국 시대에서도 중요했습니다. 효는 다면적이지만 한 가지 중요한 점은 연장자, 특히 아버지에 대한 존중입니다. 형제나 선후배 사이에서도 마찬가지입니다. 부모에 대한 효도와 형제에 대한 우애를 통틀어 이르는 효제(孝悌)의 중요성은 유교의 중심으로서 개인 수양의 목표가 되었습니다. 『논어』에 의하면 "효와 우애는 모범적인 행위(仁)의 뿌리"입니다.** 군주와 신하의 관계는 정치적이기는 하지만, 아버지와 아들의 관계와 같습니다. 이러한 부계 가족 구조는 그후의 전체주의와 연결됩니다. 군주는 자기 가족을 잘 대우함으로써

---

* 「학이(學而)」, 孝弟也者 其爲仁之本與.

** 「학이」, 孝弟也者 其爲仁之本與.

제1부 근대 이전의 우정론

통치자로서 적합성을 입증하고, 대중 사이의 경쟁을 자극하는 본보기 역할을 했습니다.

반면 비가족관계로서의 우정은 가족 상태의 유지와는 거의 무관하고, 도리어 가족과 국가에 대한 의무를 방해할 수도 있는 것으로 여겨졌습니다. 우정은 국가에 대한 충성이나 부모에 대한 효도를 소홀히 하는 결과를 낳을 수 있습니다. 비가족적 관계가 가족 체계에 지배되면서 평등하고 방해받지 않는 개인들 사이의 자발적인 관계로서 우정이 형성되는 것을 저해했습니다. 그리고 우정의 성격을 일시적이고 순간적이며 강렬한 것이라 보거나, 부패나 나쁜 통치권에 저항하는 외부인 간의 유대로 보는 관점으로 이어졌습니다. 우정에 개입한 가족적 감성은 사회관계에서도 직계 친족 용어를 사용하게 했습니다. 사람들은 가족 간의 유대에 기대하는 것과 같은 감정 등을 활용하여 지인이나 친구와 친밀감을 형성합니다. 스승은 사부, 학교 친구는 학형, 선후배는 형과 아우, 또는 오빠 동생 등으로 부릅니다. 공적인 방송 등에서도 이러한 호칭을 자연스럽게 사용합니다. 공사의 구별 없이 가족적 분위기가 지배하여 무질서가 초래되기도 합니다.

그러나 공개 담론에서 우정을 위한 개념적 공간 자체가 완전히 제거되지는 않았습니다. 뒤에서 보겠지만, 예수회 선교사 마테오리치(Matteo Ricci, 1552~1610)의 『교우론』(1595)은 중국 문인들을 매료시켰습니다. 이후 제국주의 시대가 쇠퇴하면서 우정은 중요한 관심사가 되었습니다. 청나라 말기의 담사동(譚嗣同, 1865~1898)은 붕우관계를 새로운 사회 질서의 기초로 여겼음도 뒤에서 살필 것입니다.

중국 초기 문헌으로 보는 우정의 개념

중국의 초기 텍스트에서 우정의 개념과 관련된 몇 가지 용어나 문자를 찾아볼 수 있습니다. 그보다 훨씬 더 초기의 비문이나 청동 제례용 그릇에서도 볼 수 있지요. 그중 友, 朋, 舊 및 故가 있습니다. 우(友)는 우정과 가장 자주 연관되는 용어입니다. 상(尙) 왕조(기원전 1600~1050년경)의 갑골 비문과 서주(西周) 시대(기원전 1045~771)의 청동 비문에 새겨진 기록에서 찾아볼 수 있습니다. 왼손과 오른손을 합친 모양으로 협력이나 우호를 나타내지요. 그 초기 형태는 두 사람이 함께 행동하는 것을 암시합니다. 초기 중국, 특히 상 왕조와 주(周) 왕조에서는 씨족 기반의 사회 조직이 지배적이었습니다. 가부장적 씨족 혈통의 네트워크는 혈연관계와 친족관계를 결합한 질서를 특징으로 합니다. 유교에서 가족을 강조하는 것은 이러한 사회구조에 뿌리를 두고 있습니다. 서주 시대 의례용 청동기에 관한 기록은 일반적으로 친족에 관한 기록이었습니다.

서주 또는 춘추(春秋) 시대의 초기 문헌에는 친족이 아닌 친구와 남성 친척, 특히 형제나 사촌과 같은 동일 세대의 사람들이 모두 언급되었습니다. 일상적인 전원생활을 묘사하고 존경받는 통치자에 대한 찬사를 담은 노래 모음집 『시경(詩經)』에는 새가 짝[友]을 부르는 모습이 묘사되어 있습니다. 이는 함께 시간을 보내는 충실한 파트너를 연상시키지요(165, 벌목伐木). 한편 붕(朋)은 중국 초기의 의식 및 경제적 교환에 사용된 두 개의 껍질로, 광택이 나거나 함께 날아가는 새 떼로 결합되거나 그룹의 형성을 암시합니다. 『시경』에서 붕은 껍질의 유사성을 바탕으로 정체성이나 평등을 나타내거나, 우정

제1부 근대 이전의 우정론

을 형제간의 관계, 형제애의 경험과 헌신으로 묘사하는 것으로 나타납니다.

공자의 우정론

공자는 열다섯에 학문에 뜻을 두고, 서른에 뜻을 확고하게 하고, 마흔에 미혹되지 않고, 쉰에 하늘의 명을 깨달으며, 예순에 듣기만 해도 이치를 깨닫고, 일흔에 무엇이든 하고 싶은 대로 해도 법도에 어긋나지 않는다고 했습니다.* 이는 그야말로 성인군자의 삶이겠지만, 사실 나는 그 나이마다의 이룸을 도저히 이해할 수 없고, 이해하고 싶지도 않습니다.

성인군자와는 무관한 나는 공자의 말과 전혀 다르게 살았습니다. 다만 일흔이 되어서는 하고 싶은 것이 없어져 법도에 어긋날 것도 없게 되었다는 것이 결과적으로는 공자 말과 같아진 셈이지요. 이제 겨우 공자 앞에 부끄럽지 않게 되었다고나 할까요? 물론 공자의 일흔은 어떤 높은 경지를 말하는 것으로, 나 같은 속물이자 미물이 늙어서 욕망이 쇠잔해진 상태와는 전혀 다를 것입니다. 그래도 욕심이 없어진 것만은 다행입니다. 늙어서 더 욕심을 부리는 사람도 있는 것 같지만, 그야말로 정말 추태가 아닐까요?

공자의 말을 적은 『논어』에는 친구를 뜻하는 우(友)가 27회, 붕(朋)이 9회, 붕우(朋友)가 8회나 나옵니다. 공자는 『논어』에서 붕우라고

---

* 『논어』,「위정편(爲政編)」, 子曰 吾十有五而志于學 三十而立 四十而不惑 五十而知天命 六十而耳順 七十而從心所欲 不踰矩.

하여 붕과 우를 함께 사용하지만* 붕과 우를 구별하는 견해도 있습니다. 가령 『예기(禮記)』에서는 "같은 스승 밑에서 함께 수학한 친구를 붕(朋)이라 하고, 뜻을 같이하는 친구를 우(友)라 한다"**고 합니다. 마찬가지로 반고(班固)는 『백호총덕론(白虎通德倫)』에서 "'붕(朋)'이라는 것은 '당(黨)'이고 '우(友)'라는 것은 '유(有)'이다"***라고 하였습니다. 이러한 문헌들을 보면 우가 붕보다 더욱 깊은 감정과 높은 가치를 가지고 있는 것처럼 보이고, 붕의 뜻은 우보다 넓은 듯합니다. 붕은 동문의 학생들인 반면, 우는 뜻과 마음이 통하는 친구를 의미한다고 보는 것이지요.****

그렇다면 『논어』가 시작되는 「학이(學而)」 편의 "멀리서 친구가 찾아오면 또한 즐겁지 아니한가"*****에서 '친구'란 동문을 뜻하게 됩니다. 그런데 증자(曾子, 기원전 505~435)는 『논어』에서 "군자는 학문

---

* 　가령 子路曰 願聞子之志 子曰 … 朋友信之.
** 　同師曰朋, 同誌曰友. 당나라의 유학자 공영달(孔穎達, 574~648)도 같이 해석하는데, 이를 후대에 사제관계나 학파가 생긴 이후의 관행으로 풀이한 시대착오적이라고 보는 견해가 있습니다. 신정근, 「오륜 안의 군자지교와 우덕 교우론」, 『동양철학연구』, 제111집(2022), 69쪽.
*** 　「삼망륙기(三纲六纪)」, 朋者, 黨也, 友者, 有也.
**** 　중국 후한 말기의 정현(鄭玄, 127~200)이 『주례』, '대사도'의 주에서 '같은 스승을 둔 것을 붕이라고 하고, 뜻을 같이 하는 것을 우라고 한다(同師曰朋 同志曰友)'라고 본 이래 많은 사람이 따르고 있습니다. 四部叢刊初編本 周禮 권3 17쪽. 그러나 정현과 달리 포함(包咸, 기원전 6~65), 주희, 진사이, 정약용 등은 붕을 동지로 보았습니다. 정약용, 『논어고금주』, 전주대 호남학연구소 옮김, 『국역 여유당전서』 2권, 여강출판사, 1989, 7쪽.
***** 　有朋自遠方來, 不亦樂乎.

으로 친구를 모으고, 친구를 통해 인덕을 돕는다"*라고 하는 경우에 '붕'이 아니라 '우'를 사용합니다. 여기서 학문으로 친구를 모은다고 하는 것도 동문을 뜻하는 붕과 크게 다르지 않은 것으로 보입니다. 이는 『논어』에서 "선비 중에 인(仁, 어진)한 자를 친구로 사귀어라"** 라는 말과도 관련됩니다.

이 말을 인용하면서 세계 각국에 많은 친구를 두었음을 자랑하는 사람들도 있지만, 부러워할 필요가 없습니다. 그 말 앞에 공자는 "배우고 때때로 익히면 기쁘지 아니한가"***라고 말했기 때문입니다. 그 말 뒤에는 "사람들이 알아주지 않아도 성내지 않는다면 또한 군자가 아니겠는가"****라고 했지요. 친구보다 배움이 더 중요하고, 친구처럼 알아주는 이가 없어도 성낼 필요가 없다고 말하는 것인지도 모르겠습니다.

이 구절은 전통적으로 개인 수양에 대한 논평으로 간주됩니다. 세가지 진술은 세 가지 다른 종류의 즐거움 또는 수양의 세 가지 차원에 수반된 개인적 만족을 가리킵니다. 배운 것을 실천하는 것이 즐겁고, 배운 것을 친구들과 토론하고 수련 과정에서 공유하는 것이 즐거우면, 그 개인은 만족감을 유지하고 다른 사람의 태도에 흔들리지 않을 수 있다는 것입니다. 따라서 이 구절은 우정을 고전 유교 철

---

* 　「안연(顏淵)」, 君子以文會友 以友輔仁.
** 　友其士之仁者.
*** 　學而時習之 不亦說乎.
**** 　人不知而不慍 不亦君子乎.

학의 특징인 개인 및 도덕적 수양의 목표와 연결하는 것입니다. 『논어』는 수양이 어렵다는 점을 강조합니다. 그 수양의 목표는 군자가 되는 것입니다.

이처럼 『논어』를 비롯한 중국 고전은 항상 군자와 소인을 구별합니다. 붕이든 우든 동양의 친구는 '군자의 친구'를 말하는 것으로, 정치와 학문을 함께하는 사대부 무리를 뜻합니다. 이러한 유가의 계급적 우정론은 당연히 비판되어야 합니다만, 이를 비판하는 동양학자나 한국학자 또는 동양인이나 한국인은 본 적이 없습니다. 여성의 우정이 무시되었다는 여성주의자들의 비판을 간혹 볼 뿐입니다. 그러나 진정한 평등주의자라면 여성뿐만 아니라 대부분의 민중이 무시되고 제외되었다는 점을 지적해야 합니다.

심지어 『논어』에서는 군자라는 범주 안에서도 친구를 선별합니다. 즉 '군자는 자기보다 못한 사람을 친구로 사귀지 않는다'*고 하는데, 이는 자기보다 잘난 사람만을 친구로 사귀어야 한다는 말입니다. 그러나 이 말을 보편적으로 적용하게 되면 나보다 잘난 사람은 저보다 못난 나를 친구로 사귀지 않을 것이니 결국 친구 관계란 것이 있을 수가 없게 됩니다. 또한 여기서 '못난'이라는 비교의 내용이 무엇인가, 라는 문제가 발생합니다. 이를 능력의 차이가 아닌 지향점의 구별로 보아 '자기와 지향이 다른 사람을 친구로 사귀지 말라'로 해석하거나, 스승을 사귐의 대상으로 삼아야 한다고 해석하는 견

---

* 　無友不如己者.

해 등이 있으나 납득하기 쉽지 않습니다. 또한 뒤에서 볼 키케로의
『우정에 관하여』를 빌려 와 '나보다 못한 사람과의 관계를 포함해
친구와의 사귐 자체를 소중히 여기라'는 의도 등으로 해석하기도 하
지만, 이를 과연『논어』의 의도로 볼 수 있는지도 의문입니다. 그러
니 이런 식으로 억지 해석을 하기보다는『논어』의 선별적 우정론 자
체를 비판하는 것이 옳습니다.

　이로써 우리는 공자에게 우정은 반드시 평등한 것이 아님을 알게
됩니다. 실제로 공자는 자기보다 나은 자를 볼 수 없었기에 친구가
없었다는 주장도 나옵니다. 적어도 소인은 당연히 공자의 친구가 될
수 없었을 것입니다.『논어』에서 정직하고 성실하고 지식이 많은 유
익한 친구와 그렇지 못하고 손해가 되는 친구를 구별하는 것*도 군
자라는 범주 안의 것으로 보아야 합니다. 따라서 이를 신분이나 재
력과 같은 외부적 요소와 무관하다 보는 견해는 부당합니다.

　『논어』에서 우정은 믿음에 기초하고,** 이때 믿음이란 의(義)에 근
거한 것으로 해석됩니다. 공자의 제자 "자공이 친구에 대해 묻자, 공
자가 충으로 고하고 선으로 이끌되 듣지 않으면 그만두어 스스로
욕되게 해서는 안 된다고 했다"는 대목도 나옵니다.*** 한편『예기』
「유행(儒行)」에서는 친구란 "뜻을 합해 같은 방향으로 가고, 같은 방
법으로 도를 만들며, 벼슬자리에 나란히 나아가 즐거워하고, 서로

---

*　　益者三友, 損者三友.

**　　朋友信之.

***　　子貢問友 子曰 忠告以善道之 不可則止 無自辱焉.

낮추는 것을 싫어하지 않으며, 오래 보지 못한 사람의 소식을 들으면, 떠도는 말을 믿지 않고, 의가 같으면 함께 나아가고, 같지 않으면 물러난 것과 같은 사람이다"*라고 하여 함께 벼슬하는 것을 중시합니다.

『주역(周易)』에서 공자는 "두 사람이 한마음 한뜻이 되면 그 힘은 금속의 날카로운 날을 자르는 것처럼 강력해진다. 같은 생각을 가지고 있으면 그 말하는 것이 난초처럼 향기롭다"고 말합니다.** 같은 마음을 가진 사람만이 친구가 될 수 있고, 친구와의 사귐은 마음[心]의 작용이며, 같은 마음의 힘은 강력하다는 것이지요. 따라서 마음은 친구를 통해서 좋아질 수도 있고, 나빠질 수도 있습니다. 즉 친구에 따라 어떤 사람이 되는지가 결정됩니다.

맹자와 순자의 우정론

맹자는 "친구란 그 덕을 친구 삼는 것"***이라고 했습니다. 그의 우정론은 공자의 도덕주의적 우정론과 다르지 않지만, 공자의 우정론에서는 볼 수 없는 점이 몇 가지 있습니다. 첫째, 맹자는 "나이 많음을

---

*   儒有合志同方, 營道同術, 並立則樂, 相下不厭, 久別則聞, 流言不信, 義同而進, 不同而退, 其交有如此者. 이는 『공자가어』 55 유행해(儒行解)15에도 나옵니다. 이를 "뜻과 방향을 같이하고 도의와 학술을 연마하며 벼슬 자리에 나란히 나아가며 즐거워하고 서로 낮추며 싫어하지 않으며 오래 보지 못하고 유언비어를 믿지 않는다"고 해석하는 견해가 있습니다(신정근, 앞의 글, 72쪽).
**   二人同心, 其利斷金¹ 同心之言, 其臭如蘭.
***   『맹자』, 「만장하(萬章下)」, 友也者 友其德也.

고려하지 않고, 신분의 귀함을 고려하지 않으며, 잘나가는 형제의 유무를 고려하지 않고서 친구하는 것이니, 우정은 그 덕을 친구하는 것이다"*라고 하여 우정은 나이나 신분 등에 관계없이 덕으로 이루어져야 한다고 주장합니다. 그러나 여기서 말하는 바가 가령 사대부와 천민 또는 노예와 같은 계급까지 뛰어넘는 것인지는 의문입니다. 맹자는 신분을 무시해야 한다고 말하면서 왕과 선비 사이 같은 것을 예시로 들기 때문입니다.

둘째, 맹자는 『맹자』「이루하(離婁下)」에서 '선의 밝힘이 우정의 도리'**라고 합니다. 여기서 책선(責善)이란 '선을 행하기를 요구하는 것'을 뜻합니다. 맹자는 붕우를 함께 사용하는데, 공자든 맹자든 우정의 도리란 선으로 이끌거나 밝히는 것이라고 말합니다. 이는 가족 관계에서는 책선해서는 안 된다는 것과 구별됩니다. 맹자는 '친구에게 신뢰를 얻고자 하면 먼저 부모를 기쁘게 해야 한다'***고 하여 우정이 가족보다 우선시될 수 없다고 합니다.

셋째, 공자가 글로 친구를 삼는다고 했지만, 맹자는 친구란 최고의 글을 쓰기 위해 정진해야 한다고 주장합니다. 이를 맹자는 「만장하」편에서 다음과 같이 썼습니다.

어느 마을에서 뛰어난 자는 다른 마을에서 뛰어난 자를 친구로 삼

---

*   『맹자』,「만장하」, 不挾長, 不挾貴, 不挾兄弟而友 友也者, 友其德也.

**   責善 朋友之道也

***   事親弗悅, 弗信於友矣

는다. 어느 나라에서 뛰어난 자는 다른 나라에서 뛰어난 자를 친구로 삼는다. 천하에서 뛰어난 자는 천하에서 뛰어난 자를 친구로 삼는다.*

순자의 우정론도 공자나 맹자의 우정론과 다르지 않습니다. 즉 선별적인 우정 형성이나 책선 등이 같습니다. 그러나 맹자와 달리 순자는 "부모에게 간쟁하는 자식이 있으면 무례를 행하지 않"는다고 하여 부자간의 책선을 인정했습니다.**

이상 공자와 맹자 등에서 볼 수 있는 유가의 우정론은 사적인 우정보다는 공적인 우정을 다룹니다. 특히 당시의 지배층인 사대부 내지 군자의 공적인 우정이라고 볼 수 있지요. 당시에는 관직 취임을 위한 추천이 사대부 집안을 중심으로 이루어졌으며, 스승이나 친구도 중요한 추천 대상이 되었습니다. 가령 『여씨춘추(呂氏春秋)』는 관직 추천의 대상으로 "스승이나 친구는 공적이므로 괜찮지만, 친척이나 편애하는 자는 사사로움을 편하게 여긴 것으로서, 사사로움을 공적인 것보다 앞세움은 망해 가는 나라의 정치이다"라고 했습니다.***

중국의 전통적인 우정론이 공적 성격을 지녔다는 것은, 뒤에서 살

---

* 一鄕之善士, 斯友一鄕之善士, 一國之善士, 斯友一國之善士, 天下之善士, 斯友天下之善士.
** 父有爭子 不行無禮.
*** 「이속람 거난(離俗覽 擧難)」, 師友也者, 公可也; 戚愛也者, 私安也以私勝公, 衰國之政也°

퍼볼 고대 그리스·로마의 우정론과도 공통적이라 볼 수 있습니다. 그 공적인 성격은 지배층의 우정, 지배를 공고히 하기 위한 것입니다. 또 덕 있는 사람 간의 우정을 강조한다는 점도 지배 질서를 전제로 하는 것입니다.

유교 우정론의 특징

『논어』에서 공자는 이전의 가치와 사회 윤리에서 크게 벗어났고, 그의 우정론이 보다 개인주의적이고 친화성에 기초한 그리스·로마 철학자들의 우정론과 비슷하다는 주장도 있습니다. 하지만 『논어』는 여전히 기존 문화와 가치 체계에 뿌리를 두고 있습니다. 고대 그리스·로마의 우정론과 같은 점은 지극히 제한된 상류 계층에게만 우정을 인정했다는 점입니다.

현대의 자유주의 사회에서 계층 구분은 억압이나 지배에 대한 우려를 불러일으키지만, 유교 전통에서는 일반적으로 계층 구조를 해로운 것으로 보지 않았습니다. 자연적 차이와 불평등을 삶의 기본적 사실로 인식했으며, 가족은 인간 삶의 위계질서에 대한 온건한 존재와 필요성의 전형이었습니다. 많은 인간 발달은 다양한 형태의 계층적 관계를 통해 발생합니다. 부모는 자녀를 양육하고, 형은 동생을 돌보고, 교사는 학생을 교육하는 등입니다. 이러한 계층적 관계들을 포착하려고 노력한 것이 오류입니다. 다양한 자연적 계층성을 잘 기능하는 유기적 전체에 통합하기란 비록 실현하기 어렵지만 유교의 조화 이상으로 표현됩니다.

차이나 불평등의 맥락 속에서 친밀감을 인식하는 것은 유교의 우정 개념에 영향을 미쳤습니다. 이러한 틀 안에서 타인으로부터의 지속적인 배움이라는 유교적 이상은 우정을 이끄는 것으로서 이해될 수 있습니다. 유교는 대부분의 우정에서 발견되는 애정과 존중을 배제하지는 않지만, 우정에 평등이 필요하다고 보지 않습니다. 필요나 도구적 이익을 위해서가 아니라 상호 호감이나 존경을 바탕으로 선택에 따라 친구가 되는 자율적이고 평등한 두 개인 사이의 긴밀한 관계로서의 친숙한 우정의 이상이 유교에는 없습니다.

『논어』『맹자』『순자』와 같은 문헌에서 발견되는 우정에 대한 분산되고 이질적인 논평을 고려하면, 초기 유교인들이 자발적인 친화력에 대한 보편적이거나 일반적인 이상을 제시했다거나 우정을 가족관계와 동일하게 중요하다 취급했다고 생각하기는 어렵습니다. 앞에서 보았듯이 『맹자』에는 지위와 관계없이 미덕에 기초한 우정을 말하는 구절이 있으나, 그것 역시 같은 본문에 나오는 우정에 대한 다른 태도에 의해 제한됩니다. 그 다른 태도란 바로 '가족생활을 조건으로 하는 우정' '우정과 가족의 상충되는 요구' '우정의 가능성을 제한하는 공직' 등과 조화를 이루어야 한다는 것입니다.

대부분의 시대와 장소에서 그랬던 것처럼, 동아시아에서도 민간의 일상에서는 가족 간의 약속을 넘어서는 개인적인 우정이 흔했고, 또 중요했습니다. 그러나 초기 유교 전통에서는 그러한 견해가 명확하게 이론화되지 않았습니다. 가족은 계속해서 유교 사회생활을 지배했습니다. 예를 들어 부자관계가 우정 관계로 성숙해진다는 현대적 희망과는 대조적으로, 유교에서는 부모가 자녀와 친구가 되려고 노력하는 것을 막는 듯 보입니다. 부자 관계에 대한 맹자의 설명은 친밀감과 배려의 이상을 거의 강조하지 않고, 사회적 역할을 중심으로 구조화되어 있습니다. 아버지는 아들을 가르치지 않습니다.* 왜냐하면 분노로 이어지기 때문입니다(『맹자』「이루상(離婁上)」편).

장자의 우정론

유가에서 지배 질서를 공고히 하기 위한 공적 우정론이 대두한 반면, 장자는 지배 질서를 초월하는 차원에서 '덕이 있는 우정'을 주장합니다. 『장자』에 이런 장면이 나옵니다. 애공(哀公)이 공자에게 온전한 덕이 무엇이냐 묻자, 공자는 대답합니다. "평화롭고 즐거운 기운이 소통하게 하여 마음의 기쁨을 잃지 않고, 밤낮으로 쉬지 않고 만물과 더불어 봄기운 속에 놀게 되면 이것이 만물과 접하여 사는 것이며, 본래 마음의 상태로 사는 것이고, 이를 '온전한 도덕'이라고 말합니다."** 여기서 공자는 유가의 한계를 드러내주는 존재이자 장자 자신을 뜻합니다. 애공은 공자의 말을 들은 뒤 다른 사람에게 자신은 "공자와 군신(君臣)관계가 아니라, 덕으로 사귀는 친구라오"***라고 말합니다. 여기서 덕우(德友)라는 말이 나옵니다.

덕우를 막역지우(莫逆之友)라고도 합니다. 『장자』「대종사(大宗師)」편에 자사, 자여, 자려, 자래 네 사람이 이야기를 나누는 장면이 나옵

---

*　　古者 易子而教之.

**　　『장자』,「덕충부」, 使之和豫通 而不失於兌 而不失於兌 使日夜無郤 而與物爲春 是接而生 時於心者也 是之謂才全.

***　　吾與孔丘非君臣也 德友而已矣.

니다. "누가 능히 없는 것으로 머리를 삼고, 삶으로 척추를 삼고, 죽음으로 엉덩이를 삼겠는가. 누가 생사존망(生死存亡)이 일체임을 알겠는가. 내 이런 사람과 친구가 되리라." 네 사람이 서로 보며 웃고 마음에 거슬리는 게 없어서 마침내 서로 친구가 되었다고 합니다.*

자상호, 맹자반, 자금장 세 사람의 대화도 나옵니다. "누가 능히 서로 사귀는 게 아니면서도 서로 사귀고, 서로 돕는 것이 아니면서도 서로 도울 수 있을까. 누가 능히 하늘에 올라 안개 속에서 놀고 끝이 없는 곳(無極)에서 자유롭게 다니며, 서로 삶도 잊은 채 다함이 없을 수 있겠는가." 그들 세 사람 또한 서로 보며 웃고 마음에 거슬림이 없어 서로 친구가 되었다고 합니다.**

『장자』에는 장애인이 많이 나옵니다. 『장자』 속 인물들은 친구를 사귀며 외모, 장애 여부, 신분, 배경, 학력, 학벌 등을 가리지 않습니다. 『장자』 「덕충부(德充符)」 편에는 형벌을 받아 발이 잘린 신도가(申徒嘉)와 정나라의 재상 정자산(鄭子産)이 백혼무인(伯昏無人)이라는 스승 밑에서 함께 공부하는 이야기가 나옵니다. 정자산은 공자가 『논어』 「공야장」 편에서 "군자의 네 가지 도를 지니며, 행실이 공손하고 백성을 은혜롭게 기르며, 백성을 의로움으로 다스린다"고 칭찬할 만큼 훌륭한 사람이었습니다.*** 그런 그가 신도가에게 말합니

---

* 　子祀 子輿 子犁 子來 四人相與於曰, 孰能以無爲首, 以生爲脊, 以死爲尻, 孰知死生存亡之一體者, 吾與之友矣, 四人 相視而笑 莫逆於心 遂相與爲友.

** 　子桑戶 孟子反 子琴張 三人相與友, 孰能相與於無相與, 相爲於無相爲, 孰能登天遊霧, 撓挑無極, 相忘以生 無所終窮, 三人相視而笑, 莫逆於心 遂相與爲友.

*** 　子謂子産, "有君子之道四焉: 其行己也恭, 其事上也敬, 其養民也惠, 其使民也義.

다. "너 같은 자와 함께 있는 것조차 불쾌하고 창피한 일이다." 그러
자 신도가는 답하지요. "너와 나는 몸 안의 세계에서 노는 것을 배우
는데, 너는 아직도 몸 밖의 것을 찾고 있으니 잘못된 것이 아닌가?"
장자는 신도가의 말을 통해 외모와 신분을 넘어선 교우를 막역지우
라고 합니다.

오늘날에는 막역지우를 '거리낌 없이 편하고 가까운 사이' '서로
뜻이 잘 맞는 아주 친밀한 친구'를 가리키는 말로 사용하지만, 본래
는 천지의 참된 도를 깨달아 사물에 얽매이지 않는 마음을 가진 사
람 간의 교류를 뜻하는 말이었습니다. 이는 약수지교(若水之交)라는
말과도 같습니다. 『장자』 「산목(山木)」 편에서 공자는 말합니다. "군
자의 교우는 물같이 담백하지만 소인의 교우는 달콤해서 단술과 같
습니다. 군자의 교우는 담백하기 때문에 더욱 친해지고, 소인의 교
우는 달콤하기 때문에 끊어지게 되는 것입니다. 까닭 없이 맺어진
것은 까닭 없이 떨어져 나가게 됩니다."* 그리고 그 앞에는 "이익으
로 맺어진 관계는 급박하고 곤궁하며 재앙이 닥치면 서로 버리게 되
는데, 하늘이 맺어준 관계는 급박하고 곤궁하며 재앙이 닥치면 서로
거두어주니, 서로 거두어줌과 서로 버리는 것은 차이가 크다"라

---

*　　且君子之交淡若水, 小人之交甘若醴. 君子淡以親, 小人甘以絶 彼無故以合者, 則
　　無故以離. 이와 같은 뜻의 구절은 『예기』 「표기(表記)」 편에도 나옵니다. "군자의
　　사귐은 솔직담백하기가 물과 같으나, 소인의 사귐은 달콤하기가 단술과 같다. 군
　　자의 담백한 사귐은 마침내 큰 업적을 이룰 것이지만 소인의 이기적인 사귐은 끝
　　내 무너져버리고 말 것이다(君子之接如水 小人之接甘如醴 君子淡以成 小人甘以壞)."

고 했지요.* 인위적 목적에 의한 교우가 쉽게 끝나는 것과 달리, 참된 교우는 자연스럽게 유지되어야 한다는 말입니다. 따라서『장자』「천하」편에서는 "위로는 조물주와 노닐고, 아래로는 생사를 도외시하고, 끝도 시작도 없이 친구를 사귄다"고 합니다.** 장자에게 참된 것이란 자연적인 도이고 거짓된 것은 인위적인 허위입니다.

장자는 어부의 입을 통해 말합니다.

참이 마음속에 있는 사람은 정신이 밖으로 발동한다. 이것이 참을 중히 여기는 까닭이다. 이를 인간관계의 원리에 적용하면 부모를 섬김에 효성으로 하고, 임금을 섬김에 충성하고 곧게 하는 것이다.***

이는 오륜을 중시하자는 것이 아니라, 듣는 사람인 공자에게 오륜도 정성을 다해야 한다는 취지로 하는 말입니다. 붕우유신에 대한 언급은 없지만, 친구도 정성을 다해야 할 것입니다.

『장자』「양왕(讓王)」편에 "천자는 그를 신하로 삼지 못하고 제후도 그를 친구로 삼지 못했다"는 말이 나옵니다.**** 이는 유가에서 제후까지를 친구의 대상으로 본 것과 달리, 천자까지 친구가 될 수

---

*　夫以利合者, 迫窮禍患害相棄也, 以天屬者, 迫窮禍患害相收也.

**　上與造物者遊, 而下與外死生 無終始者為友.

***　『장자』,「어부(漁夫)」, 真在內者 , 神動於外 , 是所以貴真也, 其用於人理也, 事親則慈孝, 事君則忠貞.

****　天子不得臣 諸侯不得友.

있다는 의미입니다. 장자에게는 혜시(惠施, 기원전 370경~310경)라는 평생의 친구가 있었습니다. 장자는 그와 '무용지용(無用之用)'이나 '물고기의 즐거움을 알 수 있는가' 등에 대해 토론했는데, 그를 '맞수'라고 불렀습니다. 무용지용은『장자』「외물」편에 나오는 얘기로, 쓸모없는 것이 되레 크게 쓰인다는 뜻입니다. 장자 사상의 핵심 골격은 혜시의 이론에 근거합니다.

묵자의 우정론

지금 우리가 고대 동양 사상이라고 하면 공자나 맹자, 또는 노자나 장자를 떠올리지만, 그들만큼 유명했던 사람들이 묵자(墨子, 기원전 480~390)와 양자(楊子, 기원전 440~360) 같은 이들입니다.『맹자』에 그들이 거론된 것만 봐도 알 수 있지요. 그러나 그 후 유가가 득세하면서 묵자와 양자는 망각되었습니다. 특히 한반도에서 그러했지요.

유가나 장자에 비해 묵가는 우정을 그다지 중시하지 않았습니다. 소규모 공동체를 중심으로 모든 사람에 대한 사랑인 겸애(兼愛)를 실천하는 묵가에서는 모두가 친구였으므로 별도로 친구가 부각될 여지가 없었기 때문입니다. 묵가에는 유가나 장자처럼 특정 신분이나 유덕한 사람들에 한정하여 친구를 사귄다는 개념 자체가 있을 수 없었습니다. 묵자의 겸애는 넓은 의미의 우정입니다.

묵자는 세상이 혼란한 것은 서로 사랑하지 않기 때문이라고 보았습니다. 묵자에 의하면 자기만 사랑하고 다른 사람을 사랑하지 않는 것은 사랑이 아닙니다. 마찬가지로 자기 집안이나 자기 나라만 사랑하고 다른 집안이나 다른 나라를 사랑하지 않는 것도 사랑이 아닙니다. 그러므로 묵자가 지향하는 세계는 서로가 서로를 미워하고 시기하고 차별함이 없이 그저 사랑하는 세계입니다. 그러나 현실에서 묵자의 주장은 받아들여지지 않고 거부되는 경우가 많았습니다. 실현하기 힘들다는 이유였지요. 하지만 묵자는 어렵거나 불가능한 것이 아니라 하지 않는 것뿐이라고 보았습니다. 사람들은 겸애보다 훨씬더 어려운 일들도 얼마든지 한다는 것이지요. 목숨을 걸고 전투에나가며, 고통 가운데 살을 빼기도 하지 않습니까?

그러므로 묵자는 겸애가 단지 이상적인 이론이 아니라, 관습을 바꾸고 임금이 좋아하는 것을 바꾸면 백성들도 쉽게 행할 수 있는 것이라고 주장했습니다. 묵자의 주장은 오늘날 이 시대의 현실에도 해당합니다. 사랑하고 존중하며 평화롭게 사는 일 그 자체가 어려운게 아니라, 소유와 명예와 권력에 대한 사람들의 욕심이 더 강하기때문에 그렇게 살기가 어려워지는 것입니다. 사랑은 결코 더 어려운일이 아닙니다.

북송의 장재(張載, 1020~1077)는 유가의 윤리가 가족 질서를 넘어설수 있는 기반을 겸애에서 찾았습니다. 사람은 자신을 낳아준 부모의자식이기도 하지만, 세상의 모든 존재를 낳는 천지(자연)의 자식이기도 합니다. 따라서 천지의 입장에서 보면 사람은 모두 형제자매입니다. 이로써 차별의 논리를 벗어날 수 있습니다. 중국 청 말의 담사동이나 조선의 홍대용(洪大容, 1731~1783)도 범애(汎愛)의 논리를 묵자에서 찾았습니다.

3
고대 그리스의 우정론

에로스와 필리아

흔히 사랑은 국경을 넘는다고 합니다. 국적이 다른 사람들이 어려움을 이겨내고 숭고한 사랑의 결실을 맺는 이야기에 붙는 격언 같은 말이지요. 그러나 실제로 그런 경우는 많지 않습니다. 국적에 관계 없이 누구나 사랑을 한다는 뜻으로 "사랑은 만국 공통이다"라는 말도 있지만, 나라마다 시대마다 사랑의 방식은 다릅니다. 이 책에 자주 나오게 될 소크라테스(Socrates, 기원전 469~399)를 살펴볼까요? 그는 생전에 아내에게 구박만 당하고 살았지만, 임종 시에는 울고 있는 아내를 내보내고 남성 친구들과 마지막 시간을 보냈다고 합니다. 늙은 소크라테스만이 아니라 그리스의 젊은 남자들도 젊은 여성을 사랑하기보다는 동년배의 남성을 사랑했습니다. 사실 그리스에서는 남녀 간의 사랑을 보기가 대단히 어렵습니다.

그리스에서 가장 유명한 부부를 말하자면 호메로스의 『오디세이아』에 나오는 오디세우스와 페넬로페를 들 수 있을 것입니다. 그런데 그들은 오디세우스의 행방불명 이후 이십 년 만에 어렵게 만난 뒤에도 서로 보고 싶었다거나, 그리웠다거나, 사랑한다는 소리는 절대로 하지 않습니다. 실제로 오디세우스는 여러 여신들과 잠자리를 했지만, 이십 년 만에 만난 아내와는 잠자리를 했다는 묘사가 없습니다. 『일리아스』에서 트로이가 멸망한 것은 파리스가 헬레네에게 욕망을 느낀 탓이었습니다. 자식을 죽이는 메데이아부터 남편을 죽이는 클리타임네스트라까지 성적 욕망을 가진 여인들은 괴물로 변합니다. 그리스에는 로미오와 줄리엣의 사랑 같은 것이 있을 수 없습니다.

고대 그리스에서 남성은 여성을 사랑하지 않았습니다. 남편과 아내 사이에도 사랑은 없었습니다. 그저 가족을 유지하기 위한 의무와 책임, 존경의 관계였을 뿐이지요. 남편은 아내에게 욕망을 느끼지 않았습니다. 네로 황제의 스승이었던 유명한 스토아학파 철학자 세네카(Lucius Annaeus Seneca, 기원전 4~65)는 아내와 연인처럼 자는 것은 간통만큼이나 혐오스러운 짓이라고 말하기까지 했습니다. 세네카는 우정론의 대가로, 뒤에서도 살펴볼 것입니다. 네로는 기독교도에 대한 극심한 탄압, 어머니와 아내를 포함한 일가 직계 친족 살해, 선황이자 양부인 클라우디우스에 대한 능욕, 심각한 사치와 난잡한 사생활 등으로 오늘날까지도 동서고금을 막론하고 폭군의 대명사로 꼽힙니다. 물론 그가 그런 만행을 저지르게 된 것은 전적으로 세네카의 교육 때문이라고 말할 수는 없겠지만, 그의 영향을 받았을 것까지 부정할 수는 없겠지요. 네로와 쌍벽을 이루는 콤모두스(Commodus, 161~192)는 역시 스토아 철학자인 마르쿠스 아우렐리우스(Marcus Aurelius Antoninus, 121~180)의 아들입니다. 그들은 영화에도 자주 나오는데, 최근에도 『글래디에이터』(2000)에 등장했습니다.

그리스어 에로스를 흔히 '사랑'이라고 번역하지만, 에로스란 사람이나 도시, 음식이나 관념 등에 끌리는 것을 뜻하므로 '욕망'이라고 번역함이 옳습니다. 플라톤이 『심포시온』에서 말하는 에로스도 선에 대한 철학적 동경을 뜻합니다. 그러나 고대 그리스의 여러 희곡에서 에로스는 항상 부정적인 것으로 다뤄졌습니다. 신화에서도 에로스는 재난과 분쟁을 야기하고 그로 인해 희생된 이들은 조롱받습니다. 그리스인들은 에로스와 반대되는 자제심을 최고의 미덕으로 삼았습니다. 그 자제심이란 남성이 아내, 몸, 욕망, 가족을 통제함을 뜻합니다. 사실 연인들이 성적 욕망을 공유한다는 생각은 20세기 후반에 나타난 특이한 것입니다.

그리스인들은 우정을 뜻하는 필리아가 무엇인지 보여준 민족이라는 평가를 받습니다. 하지만 그렇다 하여 다른 민족에게는 우정을 뜻하는 말이 없었다는 식으로 오해해서는 안 됩니다. 그리스인들은 필리아를 다양한 의미로 사용했습니다. 필리아는 우리가 말하는 사적인 우정은 물론이고, 친족 관계, 정치적 우정과 당파심, 동맹, 충성, 애정 등을 포함하는 광범위한 의미를 지녔습니다. 어쩌면 당시에 좋은 것은 모두 필리아라고 했을지도 모르지요.

필리아도 에로스와 마찬가지로 욕망(epitymia)에 기인하므로, 에로스와 필리아를 엄밀히 구분하기란 쉽지 않습니다. 에로스는 '감각적 욕망과 갈망을 포함하는 열정적인 사랑과 매력'으로서 필리아보다 더 친밀한 사랑을 말하지만, 아름다움에 대한 감상이나 아름다움 자체를 말하기도 합니다. 반면 필리아는 친구, 가족 및 지역 사회에 대한 충성이 포함되며 미덕, 평등 및 친숙함을 필요로 하는 일반적인 사랑의 형태를 의미합니다. 연인 간의 사랑은 물론 친구나 가족 간의 사랑에도 사용되었지요. 더하여 아가페는 좋은 식사, 자녀, 배우자에 대해 느끼는 만족감이나 자신을 높이 평가하는 느낌을 이르는 말로 사용되었습니다.

따라서 '에로스는 본능적 욕구에서 비롯되는 사랑이자 남녀 간의 사랑' '필리아는 친구 간의 박애나 우정 혹은 친구 사랑' '아가페는 환대의 의미'*라는 식으로 단정 짓는 데는 문제가 있습니다. 에로스나 필리아나 욕구에서 비롯되는 것은 같으며, 에로스는 남성 간의 사랑도 포함하기 때문입니다. 또한 고대 그리스에서 아가페는 배우자나 가족에 대한 사랑 또는 특정 활동에 대한 애정을 뜻하는 말이었지, 신에 대한 사랑이나 환대를 이르는 말이 아니었습니다. 아가페가 종교적인 의미를 갖게 된 것은 기독교에 의해서였지요. 기독교 전통을 통해 아가페는 대상의 선행 가치에 반응하지 않고 대신 대상에서 가치를 창출하는 사랑을 의미하게 되었으며, 하나님에 대한 사랑과 인류 전체에 대한 사랑으로 확대되었습니다.

반면 에로스와 필리아는 일반적으로 대상의 장점, 즉 사랑하는 사람의 선함이나 아름다움과 같은 속성에 반응하는 것으로 이해되었습니다. 둘 사이의 차이점은 에로스는 대상에 대한 일종의 열정적인 욕망인 성적 성격을 갖는 반면, 필리아는 원래 친구뿐 아니라 가족,

---

*   김현희, 「에로스와 필리아」, 『민족미학』, 14권 2호(2015), 251~252쪽; 조요한, 『아리스토텔레스의 철학』, 경문사, 1988, 197쪽.

사업 파트너, 국가까지 포함하는 개념이라는 점입니다. 이처럼 어떤 면에서 필리아는 우리가 일반적으로 우정이라고 생각하는 것과는 매우 다릅니다. 필리아는 친구뿐만 아니라 가족, 직장 동료, 국가 전체로 확장됩니다.

고대 그리스와 로마의 동성애와 우정

고대 그리스에서는 12세에서 18세(턱수염이 나는 나이로 욕망의 대상이 아니라고 여겨졌습니다)에 이르는 소년이 일정 기간 노인과 함께 부족을 떠나 그리스의 생활 방식과 성인으로서의 책임을 교육받는 관습이 있었습니다. 대부분은 단순히 우정과 지도라는 관계였으나, 동성애로 이어지는 경우도 있었습니다. 사포(Sappho, 기원전 630~570)의 예에서 알 수 있듯이 여성의 경우에도 그런 사례가 있었습니다. 동성애는 지배자인 성인과 순종자인 소년 사이의 권력관계 때문에 정상적이고 필요한 것으로 여겨졌으나, 비슷한 나이의 두 남자가 비슷한 관계를 갖는 것은 금기시되었다는 점에서 오늘날의 동성애와는 많이 달랐습니다. 특히 둘 다 턱수염이 난 뒤의 동성애는 조롱감이었습니다.

고대 그리스에서 성인 남성들 사이의 깊은 감정적 유대를 최초로 기록한 문헌은 기원전 800년경에 쓰인 『일리아스』입니다. 호메로스는 아킬레우스와 파트로클로스*의 관계를 성적인 것으로 묘사하

---

* 파트로클로스(Patroclus)는 그리스 신화에 나오는 트로이전쟁의 영웅으로 아킬레우스가 매우 아꼈던 전우 또는 애인입니다. 호메로스의 『일리아스』에서 중요한 인물로 나오는데, 아킬레우스의 조언을 무시하고 트로이군을 너무 깊이 추격하

지 않았고, 크세노폰(Xenophon, 기원전 429경~354경)도 그들은 친구였다고 보았습니다. 하지만 반대 의견도 있습니다. 가령 아이스킬로스(Aeschylos, 기원전 525~456)는 남녀 간의 사랑에 대해서는 쓴 적이 없지만, 자신의 희극《미르미돈*Myrmidons*》에서 아킬레우스와 파트로클로스의 육체관계를 묘사했습니다. 로마 시대 대가족의 훌륭한 가장이자 남편이었던 플루타르코스(Plutarch, 45~120)는 『사랑에 대한 대화*Amatorius*』를 쓰면서 동성애를 상세히 설명했습니다.

실제 역사에서도 동성애는 중요한 역할을 했습니다. 군대에서 시작된 동성애는 기원전 6세기 아테네에서 발생한 폭군 살해의 원인이 되었습니다. 그것은 자유를 위한 투쟁이 아니라, 동성애로 인한 질투에서 생겨났습니다. 그밖에도 많은 참주 살해가 동성애 차원의 치정 복수전이었습니다. 또한 기원전 4세기 테베의 신성부대처럼 '특별한 우정'을 통해 형성된 용감한 전사 집단도 있었습니다.

플라톤 시대에는 동성애를 부끄러운 일이라 생각하는 사람들이 있었고, 플라톤도 노년에는 동성애에 흥미를 느끼지 못하게 된 탓인지 그러한 견해를 갖게 되었습니다. 뒤에서 자세히 보겠지만, 플라톤의 『뤼시스』도 소크라테스가 미남자인 뤼시스를 보기 위해 레슬링 도장을 방문하는 것으로 시작합니다. 이렇게 성인 남자가 남자아이를 계속 쫓아다녀서 아이가 이를 받아들이면 육체관계가 성립됩니다. 국가에서는 이를 금지했으나, 플라톤은 소크라테스의 입을 통

다가 반격당하고 결국 헥토르의 일격에 죽고 맙니다. 그의 죽음으로 인해 트로이 전쟁의 양상이 완전히 뒤바뀌게 됩니다.

제1부 근대 이전의 우정론

해 동성 연인이 평범한 인간보다 훨씬 더 축복받는다고 찬양합니다. 나아가 동성애가 아름다운 선을 향해 영혼이 고양되도록 만들어주는 필요조건이며 진정으로 수준 높은 모든 지식을 이끄는 원리라고도 합니다. 심지어 그들에게 천국으로 돌아가는 위대한 경주에서 선두를 달리게 하고, 사랑이 그들의 얼룩덜룩한 날개를 다시 깃들였다고 말하지요. 이에 대해 플루타르코스는 『에로티코스Erotikos』에서 소크라테스가 멋진 소년에게 접근하기 위해 적당한 구실이 필요했기에 우정과 미덕을 앞세웠을 뿐이라고 비판합니다.

플라톤의 『심포시온』으로 유명해진 아테네의 파우사니아스와 아가톤의 로맨스는 소년 시절부터 성인기까지 안정적이고 오래 지속되는 관계로 이어졌습니다. 그 책에는 또한 '남성을 돌보지 않지만 여성에 대한 애착을 갖고 있는' 여성에 대해서도 언급됩니다. 그러나 아테네에서는 여성 간의 동성애가 거의 없었습니다. 기원전 5세기 레스보스섬에서 여성 시인 사포가 개설한 '젊은 여성을 위한 교양학교'에서 여교사와 학생들 사이의 사랑으로 시작되었지요.

플라톤은 나중에 그의 만년 작품인 『법』의 「이상적인 도시」에서 동성애가 근친상간과 같이 자연에 반하는 것이라고 비판하며, "완전히 거룩하지 않고, 신들에게 가증스럽고, 가장 추악한 것들"이라고 했습니다. 한편 알렉산드로스와 헤파이스티온을 동성애 관계로 보는 견해도 있고, 부인하는 견해도 있습니다.

고대 그리스의 우정론

우정은 고대 그리스인들로부터 전해져 오는 글에 가장 널리 퍼져 있는 주제 중 하나입니다. 우정은 종종 그리스 서사시(예를 들어 아킬레우스와 파트로클로스)와 비극*의 줄거리를 주도합니다. 그리스 웅변에는 우정에 대한 호소가 포함되어 있으며, 헤시오도스(Hesiodos, 기원전 740~670)와 테오그니스(Theognis, 기원전 570~485)와 같은 작가들의 작품들은 우정의 중요성에 대한 조언으로 가득 차 있습니다. 특히 고대와 헬레니즘 시대의 그리스 철학자들은 우정을 철학적 주제로 삼았고, 우정의 본질에 대한 다양한 이론을 규범적으로 전개했습니다. 즉 우정이 어떤 모습이어야 하며, 지역 사회의 정치 생활에서는 어떤 역할을 수행해야 하는지를 명확하게 보여준 것이지요.

고대 그리스 저술에 나타난 우정에 대한 묘사는 의심할 바 없이 이후의 서양 사상에 영향을 미쳤지만, 훨씬 더 영향력 있었던 것은 우정의 이상에 관한 철학적 이론입니다. 고대 그리스의 우정론은 18세기까지 우정을 주제로 한 서양의 자기 성찰적 글을 지배했습니다. 따라서 고대 세계의 우정 실천이나 우정에 대한 문학적 묘사보다는 철학자들이 제시한 우정의 규범적 이상을 더 주목하게 됩니다.

처음에 주목해야 할 한 가지는 앞에서도 말했듯이 우정으로 번역

---

* 예를 들어 에우리피데스의 《필록테테스》가 있습니다. 필록테테스(Philoctetes)는 그리스 신화의 영웅들 중 한 명으로 테살리아의 멜리보이아의 왕이었고 활의 명수였습니다. 필록테테스를 소재로 한 그리스 비극이 여러 편 있었던 것으로 전해지는데 현재 남아 있는 것은 소포클레스의 《필록테테스》뿐입니다. 에우리피데스와 아이스킬로스의 희곡은 전해지지 않습니다.

된 그리스 단어 필리아는 현대 영어에서 '우정'이라 설명되는 것보다 훨씬 더 넓은 범위의 관계를 뜻한다는 점입니다. 가까운 친구를 지칭하기 위해 '우정'이나 관련 용어를 사용하는 것은 비교적 최근의 혁신입니다. 고대 그리스인의 필리아는 가족과 친구가 아닌 지인으로 묘사하는 사람들까지 포함했습니다. 따라서 필리아의 철학적 이론은 훨씬 더 많은 분야를 다룹니다.

필리아는 많은 관계를 포함하지만, 그것을 바라보는 고대 그리스 철학자들의 관점은 그보다 좁았습니다. 고대의 거의 모든 문서와 마찬가지로 우정에 관한 이론도 전적으로 남성의 목소리로 이루어졌습니다. 때때로 고대 그리스의 남성 철학자들이 이성 간의 우정에 대해 논의한 적이 있지만, 여성 철학자들이 우정을 주제로 쓴 글은 알려진 바가 없습니다. 피타고라스학파 여성의 작품으로 여겨지는 것들은 저자가 불확실한 후기 시대의 위조품입니다.

고대 그리스 우정론의 배경

우정에 대한 고대 그리스의 철학적 논의는 당연히 지금과는 매우 다른 사회·정치적 구조를 배경으로 합니다. 그들의 정치적 환경은 지금 우리가 사는 현대와는 달랐지요. 그리스 철학자들은 국가가 시민을 더 나은 남성으로 만들기 위해, 그리고 가능하다고 생각되는 한도 내에서 여성을 더 나은 여성으로 만들기 위해 존재한다는 데 거의 만장일치로 동의했습니다. 이는 스파르타와 같은 도시국가뿐만 아니라, 그러한 문제에 대해 현대의 우리와 사고방식이 더 유사하다고 생각되는 민주주의 도시국가인 아테네에도 해당합니다. 여기서 '더 나은 남자(또는 여자)'라는 개념은 현대 자유주의의 그것과는 다릅니다.

그리스 철학자들은 행복주의(Eudemonism)라는 윤리적 틀을 공유했기 때문에 우정이 어떠해야 하는지에 대한 규범적 이론을 자유롭게 제공했습니다. 에우다이모니아(Eudaimonia)는 흔히 '행복'으로 번역되지만 더 정확하게는 '인간 발전' 또는 '웰빙'으로 이해해야 합니다. 이 말은 당시 그리스인의 삶의 목적이 단순히 만족하는 것이 아니라 잘 살면서 평판과 지속적인 명성을 얻는 것이었음을 반영합니다.

아리스토텔레스는 에우다이모니아를 개인의 활동이 아레테(aretê)로 나타나는 삶으로 정의했습니다. 아레테는 흔히 '미덕'으로 번역되지만 '탁월함'이라고 봄이 더 정확합니다. 미덕이나 우수성은 어떤 것을 좋은 것으로 만드는 특성입니다. 이는 사람만이 아니라 사물의 '잠재력이나 고유의 완전한 실현'까지 의미했습니다. 고대 그리스에서는 귀족 계급이 아레테의 모범으로 간주되었지요. 호메로스는 『일리아스』에서 아킬레우스를 아레테의 보기로 설명합니다. 이때 아레테는 전사(戰士)의 선함과 기량(技倆)입니다. 아레테는 인간의 지식과 명시적으로 연결되었습니다. 따라서 인간의 가장 높은 잠재력은 지식이며, 다른 모든 인간 능력은 이 중심 능력에서 파생되는 것입니다.

아레테는 '노력이나 수양이나 교육으로 사회적인 규범이라든가 도덕을 닦아 성취하여, 애쓰지 않아도 규범이나 바른길을 저절로 행할 수 있게 된 사람 또는 그 상태'를 뜻합니다. 따라서 아레테가 있는 사람의 인격은 선이며, 행실은 올바르고 그 인품은 남의 숭배를 받습니다. 아레테는 '용감함(arsen)' '훌륭함(haristos)' '힘을 가지다 (archo)' '씨를 뿌리다, 수확을 얻다(aro)'와 통합니다. 그리스어 아레 테를 라틴어로 하면 virtus, 즉 '힘'이라는 뜻이 되지요.

이때의 힘은 단순한 물리력이 아니며, 덕이란 기본적으로 영혼의 덕입니다. 어떤 존재의 덕은 기본적으로 그 영혼의 힘입니다. 결국 덕의 가장 일차적인 의미는 '영혼의 힘'이 될 것입니다. 우리는 특히 뛰어난 인간에게서 영혼의 힘을 찾아볼 수 있습니다. 그렇다면 어떤 인간이 뛰어난 인간일까요? '뛰어난' 혹은 '훌륭한' 사람이라는 개념 은 실체로서 존재하는 것이 아니라 역사 속에서 늘 변한다고 할 수 있겠습니다.

아레테는 인간에게 한정되지 않습니다. 가령 좋은 경주마의 미덕 이란 경주에서 승리하는 데 도움이 되는 자질을 의미할 수 있습니 다. 그렇다면 인간의 미덕은 사람을 '인간 기능 수행', 즉 인간 본성 을 충족시키는 데 능숙하게 만드는 자질, 특히 뿌리 깊은 성격 특성 이 될 것입니다. 미덕이나 우수성은 발전과 밀접하게 연결되어 있습 니다.

고대 그리스에서는 덕을 갖추고 그것을 실천하는 것이 잘된 행동 이라고 여겼습니다. 미덕에 따라 행동한다는 것은 곧 훌륭하고, 고 상하고, 아름답게 행동하는 뜻이었지요. 발전과 잘 사는 것 사이의 연관성을 고려할 때, 대부분의 철학자는 덕이 적어도 발전을 위한 필요조건이 된다는 데 동의했습니다.

그리스 사람들은 우리였으면 단순히 "나는 정의롭고 싶다"라고 말할 것을 두고 "나는 정의로워 보이고 싶다"라는 식으로 말하는 경향이 있었습니다. 덕을 구현하는 행동이 공동체 구성원들에게 인정받아야 하고 좋은 평판과 명성으로 해석되어야 한다고 생각했기 때문입니다. 또한 필리아에 포함된 다양한 관계를 하나로 묶는 것은 친구를 이롭게 하고 적에게는 해를 끼치도록 노력해야 한다는 원칙이었습니다. 이것이 모든 우애 관계를 지배하는 가장 중요한 원칙이었지요.

가령 플라톤은 『국가』에서 "각자에게 자신의 몫을 지불하라"는 시모니데스의 말을 폴레마르코스가 표현한 정의에 대한 상식적인 정의로 바꾸었습니다. 정의는 친구에게 이익이 되고 적에게 해를 끼치는 것이라고 했지요(332a-b.694). 이 원칙의 결과로 그리스인의 세계는 세 개의 진영, 즉 자신의 친구 집단 내부에 있는 집단, 그 외부에 있는 집단, 친구도 적도 아닌 집단으로 나누어진 것 같습니다. 하지만 실제로는 후자 그룹에 속한 사람들조차 잠재적인 친구 혹은 잠재적인 적으로 간주되었기 때문에 친구와 적의 구별이 더욱 철저했습니다.

그러나 우정이 이렇게 도구적 유용성을 갖는 것으로 보여도 그 때문에 우정의 가치가 소진되지는 않았습니다. 데모크리토스, 데모스테네스, 아리스토텔레스는 단지 이익만을 위해서 친구를 사귀어서는 안 된다고 경고했지요. 대신 그 자체로도 좋고 결과도 좋은 최고의 선을 제공하는 우정을 형성해야 한다고 주장했습니다.

개인 간의 이러한 우정과 적대감의 관계는 당연히 도시 국가 내에서 집단적 행동에 대한 도전으로 나타났습니다. 모든 행동의 목표는 행복한 삶을 달성하는 것이었습니다. 단지 주관적인 만족의 문제가

제1부 근대 이전의 우정론

아니라, 객관적인 인간 발전의 문제가 되었지요. 미덕이나 우수성은 인간의 발전을 이룰 수 있게 해주는 자질로 간주되었습니다. 그것들은 인간을 훌륭하고 고귀한 행동을 할 수 있도록 이끕니다. 그리고 친구들은 목표를 달성하기 위해 서로 도와야 합니다.

우정에 대한 고대 그리스의 이상은 다양했습니다. 예를 들어, 아리스토텔레스와 에피쿠로스는 우리의 모든 행동이 행복을 목표로 한다는 데 동의하지만, 행복이 무엇인지에 대해서는 의견이 일치하지 않았습니다. 따라서 이상적인 우정이란 무엇인가에 대해서도 서로 다른 결론에 도달했지요.

제니아, 손님-우정

필리아에 속하는 다양한 관계 중에서 우리에게 가장 친숙하지 않은 것은 '손님–우정(guest friendship)'으로 번역되는 제니아(Xenia)입니다. 이는 낯선 타자를 환대하는 것으로, 뒤에서 보는 '에피쿠로스적 환대'에서 나오는 우정이자 최근 등장한 다원주의적 우정론에서 중요시하는 우정입니다. 릴라 간디(Leela Gandhi)가 『정서적 공동체: 반식민주의 사상, 세기말 급진주의, 우정의 정치』*에서 전통적인 '동일성의 우

---

*   *Affective Communities: Anticolonial Thought, Fin-de-Siècle Radicalism, and the Politics of Friendship*, Duke University Press, 2006, p. 29. 간디는 이 책에서 영국 사회주의자이자 동성애 개혁가인 에드워드 카펜터(Edward Carpenter)와 젊은 인도 변호사 M. K. 간디(Gandhi), 프랑스 유대인 신비주의자 미라 알파사(Mirra Alfassa)와 케임브리지에서 교육받은 인도 요기이자 극단주의자인 스리 오로빈도(Sri Aurobindo)와 같은 인물들을 연결하는 복잡한 역사적 네트워크를 추적합니다. 그리고 1878년

정'에 대한 대안으로 제시한 것이기도 하지요.

간디는 데리다(Jacques Derrida, 1930~2004)의 우정 이론을 바탕으로 정치적인 것의 강력하고 새로운 모델을 반제국주의와 초국가적 협력을 위한 결정적인 자원으로 주장합니다. 그 보기로 E. M. 포스터(Forster, 1879~1970)*가 『민주주의를 위한 두 개의 축배Two Cheers for Democracy』에서 "조국을 배반하는 것과 친구를 배반하는 것 중 하나를 선택해야 한다면 조국을 배반할 용기가 있었으면 좋겠다"라고 말한 것을 들었지요. '친구'라는 개념을 서로 반대되는 문화 간의 협력으로 말한 포스터의 선언은 지금까지 무시되었던 서구의 반제국주의 역사에 대한 열쇠라고 간디는 주장합니다. 팽창주의 문화의 희생자들과 친화력을 선택하기 위해 제국주의의 특권을 포기한 개인과 집단에 초점을 맞추면서 그는 19세기 말 유럽, 특히 영국에서 등장한 제국에 대한 유토피아-사회주의적 비판을 밝힙니다. 간디는 동성애, 채식주의, 동물 권리, 심령주의, 미학 등 소외된 생활 방식, 하위문화, 전통과 관련된 사람들이 어떻게 제국주의에 맞서 연합하고 식민지 주체 및 문화와 강한 유대를 형성했는지를 처음으로 밝히

부터 1914년 사이에 번창했던 남아시아와 유럽의 수많은 우정 이야기를 엮어 제국의 전선이 더 새롭고 더 위험한 구성으로 다시 등장하고 있는 글로벌 환경에서 '서구'에 대한 동질적인 묘사와 반식민지 투쟁과 관련된 그 역할에 도전합니다.

* 포스터는 영국 사회의 모순과 한계를 파헤친 진보적인 작가이자 페이비언 사회주의자로서 중년 이후에는 소설 집필을 중단하고 사회활동에 집중했습니다. 『전망 좋은 방A Room with a View』(1909) 『하워즈 엔드Howards End』(1910) 『인도로 가는 길A Passage to India』(1927) 『모리스Maurice』(1971) 등을 썼으며, 1949년 기사 작위를 제의받았으나 거절했습니다.

면서 제니아를 원용합니다.

제니아, 즉 손님-우정은 본래 집에서 멀리 떨어져 있는 사람들이나 손님과 우정을 나누는 사람의 동료에게 보이는 환대, 관대함, 예의에 대한 고대 그리스 개념입니다. 호메로스 시대부터 비롯된 우정으로, 『일리아스』 6권에서 그리스 측 인간 영웅인 디오메데스(Diomedes)와 트로이 측 장수 글라우코스(Glaucus) 사이의 관계로 예시됩니다. 손님-우정이란 주인과 손님 사이의 호혜적 관계를 말하는데, 환대를 제공하는 사람은 자신뿐만 아니라 후손에게도 호혜를 기대할 수 있습니다. 여기에는 일반적으로 환대뿐만 아니라 선물 교환도 포함됩니다. 따라서 트로이전쟁에서 디오메데스와 글라우코스는 서로 싸우지 않기로 결정했을 뿐만 아니라 갑옷도 교환한 것입니다. 이때 주인과 손님 양측이 모두 손님-우정의 엄격한 기준을 준수하지 않으면 재앙이 일어날 수 있습니다.

손님-우정 제도는 고전 시대까지 지속되었습니다. 가족 간 환대의 상호 관계는 세대를 거쳐 전해지고, 정치적으로도 행해졌습니다. 고대 그리스의 정치 지도자들은 손님-우정 제도를 그리스가 아닌 상대국과 관계를 맺고 이를 통해 각국 간에 우호 관계를 구축하는 방법으로도 사용했습니다. 그러나 비그리스인들이 손님-우정 제도와 그 평등주의적 성격, 의무와 약속을 이해하지 못했기 때문에 대체로 실패했습니다.

아리스토텔레스는 『니코마코스 윤리학』에서 이러한 우정이 연합에서 유래하고 우정의 정도가 연합의 정도에 비례한다고 언급했습니다(1159b30). 또한 이를 유용성을 위한 공리의 우정으로 분류했습니다. 다른 범주의 우정(상호 즐거움을 위한 우정 또는 상호 미덕에 기초한 우정)만큼 오래 지속되지는 않았지만, 상호 이익이라는 점에서 서로 다른 우정 관계 집합을 하나로 묶는 접착제로 기능했지요. 이는 투키디데스(Thucydides, 기원전 465경~400경)의 『펠로폰네소스 전쟁사』에 나오는 페리클레스(Pericles, 기원전 495경~429)의 장례식 연설에서 분명하게 드러납니다.

다시 한 번 우리(아테네인)는 미덕의 문제에 있어서 대부분의 사람과 반대입니다. 우리는 그들로부터 호의를 받는 것이 아니라 그들에게 호의를 베풀어줌으로써 친구를 얻습니다. 선을 행하는 사람은 더욱 충실한 친구입니다. 주는 사람은 받는 사람에 대한 선의로써 더 많은 일을 해주어야 한다고 생각합니다. 그러나 선행을 갚아야 하는 사람의 우정은 지루하고 단조롭습니다. 왜냐하면 그는 보답으로 미덕을 보여줄 때 호의를 베풀기보다는 단지 빚을 갚을 뿐이라는 것을 스스로 알기 때문입니다. 따라서 다른 사람에게 해를 끼치는 행동을 하는 것은 당신을 그 사람의 적으로 만드는 일입니다. (2권 40.4)

또한 아리스토파네스(Aristophanes, 기원전 460경~380경)의 『개구리』에서, 디오니소스(Dionysius)는 아이스킬로스(Aeschylus)와 유리피데스(Euripides)의 논쟁에서 둘 중 하나의 손을 들어주기를 주저합니다. 이유는 둘 다 그에게는 친구이기에 한쪽에 투표하면 다른 한쪽을 적으로 만드는 셈이었기 때문이었습니다. 이보다 더 심각한 재판 상황에서, 간음한 사람은 관계를 끊음으로써 전 애인의 적이 되었습

제1부 근대 이전의 우정론

니다. 그와 같이 전 애인에게 불리한 행동을 함으로써 그는 전 애인이 잘못이라거나 불의라고 생각하는 일을 행하게 되고 이는 전 애인을 적으로 돌리기에 충분했지요.

사람들은 때때로 그들이 당신을 도왔거나 당신이 이미 그들을 도왔다는 이유로 친구, 즉 도와야 하는 사람으로 간주되었습니다. 마찬가지로 그들이 당신 혹은 당신의 친구나 조상에게 행한 일로 인해 악의를 품어야 하는 적으로 간주될 수도 있었습니다. 그리고 적대관계 또한 손님-우정 관계와 마찬가지로 유전되었습니다.

친족과 우정

상호부조 문제는 혈연관계와 우정의 문제를 제기합니다. 친족관계에 있는 사람들은 정기적으로 필로이(친구)로 묘사됩니다. 그래서 그들이 '친구'였다고 말할 수도 있고, 좀 더 겸손하게 '서로에게 소중한 사람'이었다고 말할 수도 있습니다. 물론 고대의 친구 범주는 현대의 범주와 다릅니다. 가령 현대인들도 부모와 친구가 될 수 있습니다만, 그것이 단지 그들이 우리의 부모이고 우리가 그들의 자녀이기 때문에 그렇게 되는 것은 아니지요. 그러나 그렇다고 해서 '고대 그리스의 가정생활은 우리보다 훨씬 나았구나'라고 생각하거나, 모든 그리스 어린이가 부모를 우리 현대인이 친구라고 부르는 관계처럼 여겼을 것이라고 가정해서도 안 됩니다.

오히려 친족관계 전반에 걸쳐 동일한 용어가 사용되었다는 사실은 필리아의 핵심 개념이 '상호 지원 의무'라는 것을 암시합니다. 물론 의심할 바 없이 많은 필리아 관계가 우리가 이십 대에 친구로부

터 경험한 우호적 관계들처럼 따뜻하고 애정이 넘쳤습니다. 그러
나 그들을 필리아 관계로 구별한 것은 감정이 아니라, '그들을 도와
야 한다는 생각'이었습니다. 심지어 기원전 5세기와 4세기에도 가족
과 친구의 동화를 바람직하지 않다고 생각하는 사람들이 있었습니
다. 친구는 본질적으로 정서적 친밀감을 공유하는 사람들이어야 한
다는 이유로 반대한 것이 아닙니다. 가족 관계가 친구에게 필수적인
일, 즉 서로 돕는 일을 하지 않을 수 있기 때문이었지요. 이처럼 필
리아에 속하는 모든 관계는 친구(친애하는 사람)를 돕고 적(미워하는 사
람)에게 해를 끼치라는 명령에 지배되었기 때문에 고대 그리스인들
은 동료, 친족, 클럽 멤버십 등을 연속체로 간주하는 경향이 있었습
니다.

정치와 우정

봉사나 호의(자선)를 주고받는 것은 그리스인들이 필리아 관계를 유
지함에 있어 매우 중요한 요소였습니다. 정치적 차원에서는 정치적
우정이 표현되는 형태, 즉 헤타이레이아(hetaireia) 또는 정치 클럽이
라는 특별한 형태가 중요했습니다. 친구와 신뢰받는 추종자 없이는
정치를 실천할 수 없었기 때문이지요.

기원전 5세기 아테네 민주주의의 정치권력은 친구 그룹에 집중되
었습니다. 오이케이아(theoikeia) 또는 직계 가족, 제노스(genos) 또는
친족 집단, 케데이아(kedeia) 또는 결혼 동맹, 헤타이레이아(hetaireia)
또는 정치 클럽 등이었습니다. 이러한 집단의 구성원들은 서로 친구
였기 때문에 친구를 돕고 적에게 해를 끼친다는 원칙에 묶여 있었습

니다. 따라서 입법·행정·사법에서 도움이 필요한 사람은 그의 오이케이오이, 겐나이타이, 케데스테스(시댁) 또는 헤타이로이의 도움을 구했습니다.

그들이 친구, 즉 필로이였습니다. 그들은 서로 지원하며, 받은 지원에 대해서 적절한 방법으로 보답할 의무가 있었습니다. 이러한 우정 그룹은 부유하고 확고한 시민의 삶에서만 존재하는 것이었기에 엘리트주의적이었습니다. 물론 가난한 시민들의 정치적 삶에도 우정이 영향을 미쳤으나, 방식은 달랐습니다. 기원전 6세기 후반에 클레이스테네스(Cleisthenes, 기원전 570~508)는 사람들을 자신의 친구로 만들어 권력을 추구했습니다. 페리클레스와 클레온(Cleon, 미상~기원전 422) 같은 정치인들은 클레이스테네스의 성공적인 기술을 모방했습니다. 서민들에게 직접적으로 지원을 호소했고, 스스로 '서민의 친구'라고 주장했습니다.

공공 생활에 들어간 뒤 페리클레스와 클레온은 개인적인 우정을 철회했습니다. 공평한 모습을 보여줌으로써 서민과의 우정을 강화하기 위해서였습니다. 따라서 기원전 5세기 아테네에는 엘리트 우호 집단과 함께 또 다른 유형의 정치적 우호가 나타났습니다. 개인 필로이가 아니라 데모스(대중)와 결합하는 정치가의 우정이었지요. 이 두 번째 유형의 우정에는 '적절한 관대 행위(축제, 공원, 공공 희생, 자선 행위)'와 지속적인 친절을 통해 시민 전체의 선의(정치적 지지)를 얻는 것이 포함됩니다. 이것이 바로 대중의 정치였습니다.

펠로폰네소스 전쟁(기원전 431~404)은 이 두 가지 형태의 정치적 우정에 변화를 가져왔습니다. 전쟁이 아테네 정치에 미친 영향 중 하나는 성공적인 정치 경력을 위해 지위, 부, 좋은 결혼 생활이 불필요해졌다는 것입니다. 기원전 4세기의 새로운 아테네 정치인들은 부유한 대가문의 확립된 우정 네트워크에 속하지 않았습니다. 따라서 오이케이오이, 겐나이타이, 케데스테스, 헤타이로이의 필리아 유대는 적어도 기원전 5세기에는 정치에서 거의 자리를 차지하지 못했습니다. 여전히 우정 그룹은 있었지만 훨씬 더 분열되었고 충성심도 전과 같지 않았습니다.

기원전 4세기의 정치인들도 서민과의 우정을 배양하기 위해 노력했습니다. 하지만 그다지 성공하지 못했지요. 아테네의 부가 고갈되어 페리클레스와 클레온처럼 기부 정치에 성공적으로 참여할 수 없었기 때문입니다.

펠로폰네소스 전쟁은 그리스 세계에 도시 간 분쟁뿐만 아니라 최악의 분쟁, 즉 도시 내 분쟁이나 내전을 가져왔습니다. 투키디데스가 묘사한 코르키라(Corcyra)의 상황은 전형적인 것이었습니다. 친아테네파(민주주의)와 친스파르타파(과두정파)가 서로를 잔인하게 대했기 때문입니다. 온갖 형태의 죽음이 잇따랐고, 사람들은 모든 극단 그 이상으로 나아갔습니다. 아들을 죽인 아버지도 많았습니다. 사람들은 사원에서 끌려나와 죽거나, 아예 제단에서 학살당했습니다. 일부는 디오니소스 신전의 벽에 둘러싸여 죽기도 했습니다.

나중에는 그리스 세계 전체가 각 국가의 경쟁 정당들, 즉 아테네인들을 끌어들이려고 하는 민주제 측과 스파르타인들을 끌어들이려고 하는 과두제 측으로 인해 혼란에 빠졌습니다. 그래서 도시마다 내전이 일어났습니다. 이 내전은 펠로폰네소스 전쟁이 끝난 뒤에도

제1부 근대 이전의 우정론

끊이지 않고 기원전 4세기까지 계속되었습니다. 기원전 5세기에 시민 간의 호모노이아(화합)가 정치적 슬로건으로 등장한 것은 우연이 아니었던 셈입니다. 이는 곧 기원전 4세기에 그리스 내부 및 외부 정치에서 많이 사용하는 표어가 되었습니다.

크세노폰, 데모스테네스, 탁티쿠스, 리시아스, 이소크라테스, 플라톤, 아리스토텔레스 모두 시민들 사이의 화합을 칭찬했습니다. 아리스토텔레스는 그리스인들 사이의 화합 또는 동성애를 구체적으로 정치적 우정, 즉 동료 시민들 사이의 우정이라고 말했습니다. 도시 수준에서 더 나아가 범그리스의 수준에서 동성애적 우정을 촉구하는 세력도 있었습니다. 동성애에 대한 요구는 헬레니즘 시대에도 계속되었습니다. 이처럼 다양한 우정 관계를 하나로 묶은 것은 친구를 돕고 적에게 해를 끼친다는 행동 원칙이었습니다. 곧 '상호 이익'의 관계였지요.

피타고라스, 고대 그리스 우정론의 기본을 만든 철학자

필리아라는 말을 처음으로 사용한 사람은 피타고라스(Pythagoras, 기원전 570~495)입니다. 그는 '피타고라스의 정리'를 만든 수학자로 유명하지만, 최초의 철학자이기도 합니다. 철학이라는 말을 최초로 사용했으며, 스스로를 '철학자' '지혜를 사랑하는 자'라 칭했지요. 버트런드 러셀(Bertland Russell, 1872~1970)은 피타고라스를 '역사상 가장 영향력 있는 철학자'라고 평했습니다.

피타고라스는 사모스섬 출신입니다. 사모스섬은 우리가 뒤에서 보게 될 에피쿠로스의 고향이기도 합니다. 이집트와 크레타 등에서 공부하고 마흔 살에 고향으로 돌아왔으나, 참주의 압제가 심하여 이탈리아로 건너갑니다. 이후 남부 칼라브리아 지방의 크로토네(Crotone)에 살면서 피타고라스 공동체로 알려진 종교적 형제단을 결성했지요.

그곳의 생활은 수도원과 유사했습니다. 구성원들은 종교적·금욕적 의식을 추구하고 피타고라스의 종교적·철학적 이론을 연구할 목적으로 피타고라스와 서로에게 서약을 맺었습니다. 모든 것을 공유하고 채식으로 공동 식사를 했으며, 외부인을 배제하고 서로에게 헌신했습니다. 채식을 실천한 이유는 피타고라스가 윤회설을 믿었고 사람의 영혼이 동물에게 들어갈 수도 있다고 보았기 때문입니다.

피타고라스가 집단적 삶의 방식에서 가장 중요한 유대로 여긴 것은 필리아입니다. 고대 그리스의 사회 계층과 엘리트 계층을 결정한 친족관계보다 훨씬 더 중요하게 보았지요. 피타고라스는 자연과 인간을 조화로운 관계로 유지시키는 우주적인 힘이나 보편적 법칙을 필리아라고 불렀습니다. 필리아가 '모든 덕(德)의 어머니'라고 한 그의 말은 그리스 우정(필리아)론의 기본이 되었습니다.

피타고라스는 지적이고 영적인 형태의 필리아를 주장한 최초의 철학자입니다. 그는 필리아를 조화로운 평등이라고 했습니다. 필리아를 애정, 애착, 이타심을 바탕으로 한 친밀한 우정과 연관시켰지요. 그러나 피타고라스가 설명하는 필리아는 사회적 지위와 출신이 전혀 중요하지 않은 인간관계의 상이하고 더 깊은 차원이었습니다. 그는 친구는 모든 것을 공유해야 하며 우정이란 동등함이라고 말한 최초의 사람입니다. 그의 제자들은 재산을 공동으로 소유했습니다

제1부 근대 이전의 우정론

(디오게네스 라에르티오스,『유명한 철학자들의 생애와 사상』, 8권 10). 또한 우정이란 조화가 있는 동등함이라고 했습니다(8권 33). 이처럼 형제애 사이의 평등을 의미하는 우정 개념은 고대의 지식인 사회를 형성하는 요인이 되었습니다.

물론 피타고라스가 우정을 찬양하기만 한 것은 아닙니다. 우정이 변할 수 있음을 경고하기도 했지요. 가령 1세기경에 로마에서 활동한 발레리우스 막시무스(Valerius Maximus)의『아홉 권의 기억할 만한 행동과 말Factorum et dictorum memorabilium libri IX』(7.3.3)에 따르면 그는 다음과 같이 말했습니다. "우리는 친구를 사귀면서 마땅히 그가 변해서 큰 원수가 될 수 있음을 반드시 기억해야 한다."

피타고라스 학파에 속한 엠페도클레스(Empedocles, 기원전 493~430)도 필리아를 우주의 법칙으로 보았습니다. 그는 세상의 모든 만물은 바람·불·물·흙 네 개의 원소로 이루어졌다고 주장했습니다. 그리고 그것들이 결합하는 힘인 사랑(philotes)과 분리하는 힘인 미움(neikos)에 의해 결합하고 분리되는 것을 만물의 생성·소멸이라고 하였지요. 그는 부유한 사람들로 이루어진 과두정적 정치체제인 '천인회의체(athroisma)'를 삼 년 만에 해체하여 '인민의 주장을 배려하는 사람'임을 보여주었습니다(8권 66).

4
소크라테스와 플라톤의 우정론

고전 시대의 우정에 대한 철학적 이상

소크라테스, 플라톤, 아리스토텔레스는 폴리스 또는 그리스 도시의 철학자들입니다. 플라톤과 아리스토텔레스는 폴리스라는 정치 단위가 취해야 할 이상적인 형태에 대해 썼습니다. 소크라테스의 대화는 대화 상대 개인의 안녕을 겨냥한 것이기 때문에 직접적으로 정치적인 것은 아니지만, 아테네를 본질적인 배경으로 삼았습니다. 소크라테스는 생애 마지막에 사형 판결을 받습니다. 제자들은 그런 그에게 다른 도시국가로 도피해야 한다고 말했지만, 소크라테스는 도피와 죽음 사이에서 후자를 선택했습니다. 그가 철학이라고 생각한 것이 아테네의 법과 관습이 없는 곳에서는 수행될 수 없다고 생각했기 때문입니다. 도시국가가 다른 정치체제보다 우월하다는 전제는 세 철학자 공통의 연결고리이며, 헬레니즘 시대 및 로마 제국 철학자들과의 차이점이기도 합니다. 그러나 아테네는 결국 소크라테스와 플라톤을 거부했습니다. 그들이 아테네의 적인 스파르타를 동경했기 때문이지요.

그런데 저자로서 이 세 명에게는 문제가 있습니다. 먼저 소크라테스 자신은 아무것도 쓰지 않았습니다. 그래서 그의 철학을 알기 위해서는 다른 철학자들이 그를 묘사하는 방식에 의존할 수밖에 없습니다. 소크라테스의 대화는 그가 죽고 몇 년 뒤에 플라톤과 크세노폰에 의해서 쓰였습니다. 소크라테스에 대한 그들의 묘사는 여러 면에서 다르며, 그들이 쓴 대화가 소크라테스의 실제 사상에 얼마나 충실한지도 알기 어렵습니다. 그들이 쓴 초기 대화에는 우정의 본질과 그 가치에 대한 여러 가지 논의가 포함되어 있습니다. 특히 중요한 것은 플라톤의 『뤼시스』와 『알키비아데스』, 크세노폰의 『회상』입니다.

플라톤은 대화에 소크라테스를 비롯한 여러 인물을 등장시키지만, 정작 플라톤 자신은 나오지 않습니다. 또한 대화 형식에 대한 어떤 설명도 제공하지 않기에, 소크라테스를 비롯한 플라톤 대화편의 여러 주인공이 말하는 내용이 어떤 주제에 대한 플라톤의 견해를 나타내는 것인지 알기 어렵습니다. 고대 우정의 이상에 대한 플라톤의 생각은 그가 후기에 쓴 『국가』『법』『심포시온』『파이드로스』에서 볼 수 있습니다. 그러나 그 대화에서도 여전히 주인공은 소크라테스입니다. 흔히들 후기 대화편의 소크라테스는 '진짜' 소크라테스가 아니라 플라톤의 '아바타'라고 여기지만, 반드시 그렇다고 볼 수 있는 증거는 없습니다.

아리스토텔레스의 저술에는 다른 문제가 있습니다. 플라톤이 쓴 작품은 모두 전해지는 반면, 아리스토텔레스의 작품은 극히 일부만 전해지기 때문입니다. 아리스토텔레스 저술의 모든 사본은 기원전

1세기 로도스의 안드로니쿠스(Andronikos, 기원전 284경~204경)가 준비한 버전으로 거슬러 올라갑니다. 이때 안드로니쿠스가 어떤 편집 원칙을 사용했는지 전혀 알 수 없는데, 살아남은 아리스토텔레스 작품들이 간결하고 조밀한 산문으로 작성되어 그것이 과연 '진짜' 아리스토텔레스의 작품인지 의심을 받기도 했습니다. 그 의심은 그것들이 아리스토텔레스의 강의 노트일 것이라는 추측으로 이어졌지요.

우정에 대한 아리스토텔레스의 견해를 찾아볼 수 있는 주요 출처는 『니코마코스 윤리학』의 8권과 9권입니다. 그 책이 저자의 생애 동안 또는 사망 후 몇 세기 동안 전파되었다는 증거는 거의 없습니다. 일부 학자들은 아리스토텔레스의 작품이 그가 죽은 후 안드로니쿠스판에 이르기까지 철학자들에게 널리 알려졌는가에 대해 회의적이었습니다. 따라서 소크라테스, 플라톤, 아리스토텔레스가 고전 시대의 우정 실천에 막대한 영향을 미쳤다고 볼 수는 없습니다. 우정론의 역사에서 이들이 중요하게 대두한 것은 훨씬 후대의 일이지요. 그러나 그리스·로마 고전과 후기 헬레니즘의 우정론은 18세기까지 우정에 관한 사고와 글쓰기를 지배하는 지적 배경을 제공했습니다. 따라서 소크라테스-플라톤-아리스토텔레스의 우정론은 서양 우정론의 핵심이라 보아야 합니다.

소크라테스와 고대 그리스의 체육관

먼저 소크라테스를 살펴봅시다. 우리가 아는 소크라테스의 이미지는 어떠합니까? 평생 무위도식하면서 매일 아고라 시장에 나가 갖가지 물음으로 남들을 괴롭히고 집에서는 아내 크산티페에게 구박받는 자가 아닙니까? 하지만 사실 그는 매일 당대의 미소년들이 노는 최상류층 전용 체육관을 다닐 정도로 상당히 높은 신분이었습니다. 특히 신들의 여왕인 헤라의 사원 근처에 있는 최고급 체육관 타우레이스 레슬링 도장에 다녔지요. 소크라테스를 비롯한 당시 그리스 남자들은 여자는 집에서 아이나 낳는 열등한 존재이고 사랑은 미소년과 레슬링 도장에서 하는 것이라고 생각했습니다.

소크라테스의 조각을 보면 그는 배불뚝이에 코가 납작한 추남이었을 것입니다. 플라톤의 대화편 『메논』에도 소크라테스의 외모에 대해 언급하지요. 메논은 소크라테스와 논쟁하던 중에 이렇게 말합니다. "외모나 다른 측면들이 전적으로 바다에 사는 저 넓적한 전기가오리와 아주 비슷합니다. 전기가오리는 자기에게 접근하거나 접촉하는 것을 항상 마비시키는데, 제가 보기에는 당신도 제게 그런 뭔가를 가했기 때문입니다."(80a)

다시 앞의 이야기로 돌아가자면, 당대 체육관은 무료가 아니었고 대부분 상류층의 사교장을 겸했으니 소크라테스가 가난했던 것 같지도 않습니다. 그리스인들의 체육관과 같은 것이 로마인들의 목욕탕입니다. 그리스의 체육관은 남성만 다니는 곳이었으나, 로마의 욕탕은 남녀혼탕이었다는 차이점은 있지요. 그리스의 체육관은 그저 운동만 하는 곳이 아니었습니다. 장년 남성과 소년 사이의 사랑이 이루어지는 곳이기도 했지요. 소크라테스 역시 체육관에서 운동을 했다는 기록은 없습니다.

또한 소크라테스가 체육관을 한 곳만 다닌 것은 아닙니다. 『심포시온』(기원전 415)에서 볼 수 있듯 알키비아데스 같은 미소년들의 초대를 받아 다른 고급 체육관에도 자주 갔습니다. 우정에 대한 대화로 유명하여 여기서도 곧 언급할 『뤼시스』라는 책이 있습니다. 그 제목은 이 책의 주인공이자 당대 미소년 중 하나인 뤼시스의 이름을 딴 것입니다. 책은 소크라테스가 그를 보기 위해 찾아간 레슬링 도장에서 이루어지는 대화 내용을 담고 있습니다. '절제에 관하여'라는 부제가 붙은 초기 대화편 『카르미데스』는 미소년을 더욱 노골적으로 묘사합니다. 타우레아스의 레슬링 도장에서 소크라테스는 소년의 "겉옷 안을 얼핏 보고 흥분해서 정신을 차릴 수가 없었다"고 하는데요(155d), '절제에 관하여'라는 부제와는 전혀 맞지 않는다는 생각이 듭니다.

고대 그리스는 소위 '몸짱'의 나라였습니다. 그리스인들은 오늘날 한국인의 외모지상주의 그 이상으로 육체미 지상주의자이자 다이어트 지상주의자였습니다. 고대 그리스에는 어디에나 체육관이 있었습니다. 사람들은 매일 집단별로 정한 체육관에 다녔습니다. 체육관에서는 모두 옷을 벗고 운동을 했는데, 달리기를 할 때에는 남근을 묶어 흔들리지 않게 했습니다. 메고 온 가방에는 기름병과 때밀이 도구가 들어 있었습니다. 그리스인들은 몸에 기름을 바르고 운동한 뒤 때 미는 금속 도구로 기름과 때를 닦아냈습니다. 물론 이때 그리스인들이란 노예를 제외한 자유인 남성 시민들이었습니다.

기원전 5세기 아테네에는 시민이 약 사만 명, 거류외국인이 약 이만 명 있었습니다. 여기에 여자와 아이들을 합하면 자유인이 약 이십만 명이었고, 노예도 그와 비슷한 수준이거나 그보다 많은 삼십만 명 또는 그 이상이었을 것입니다. 그중 정부 활동에 참여한 사람은 극소수였으니 아테네의 민주주의란 대단히 제한적인 것이었지요.*
아테네인들은 모든 종류의 직업을 천시했는데, 그중에서도 특히 천히 여긴 상업은 거주 외국인들의 몫이 되었습니다. 스파르타인들은 모든 경제활동을 노예에게 일임하고 무위도식했습니다. 그리스인들은 노예제를 당연한 것으로 여겼습니다. 소크라테스나 플라톤, 아리스토텔레스도 마찬가지였습니다. 여성이 공적 권리를 갖지 못하는 것도 그리스에서는 자연스러운 일이라 생각되었습니다.

고대 그리스의 직접민주주의를 비판하는 사람들은 많습니다. 이 책에 등장하는 소크라테스, 플라톤, 아리스토텔레스도 가히 '반민주주의 삼총사'라 할 만하지요. 그런데 소크라테스는 사상의 자유를 위해 투쟁하다 처형당한 민주주의자로 알려져 있습니다. 나는 이에 대해 이미 『소크라테스 두 번 죽이기』(2005)에서 밝힌 바 있습니다. 소크라테스가 처형당하고 오십 년쯤 뒤에 아이스키네스(Aeschines, 기원전 389~314)는 소크라테스가 처형당한 것은 크리티아스(Critias, 기원전 460~403)의 교육에 책임이 있었기 때문이라고 주장했습니다. 크리티아스는 적국인 스파르타로부터 후원받아 유혈 쿠데타를 일으키고 민주주의를 파괴한 참주 삼십 인 중에서도 우두머리로, 공포정치를 하다가 팔 개월 만에 타도되었지요. 펠로폰네소스 전쟁에서 아테네를 재앙으로 이끈 반역자 알키비아데스도 소크라테스의 제자이자 연인이었습니다.

---

* 로베르 플라실리에르, 심현정 옮김, 『고대 그리스의 일상생활』, 우물이깊은집, 2004, 101쪽.

민주주의를 비판한 현대 철학자 중에 가장 유명한 이가 니체인데, 그는 그리스주의자이자 동성애자, 몸철학의 창시자입니다. 몸에 대한 그리스인들의 예찬은 나치 이데올로기로 연결되었습니다. 니체는 사상만이 아니라 몸으로 그리스화되어야 한다고 주장했습니다. 나는 동성애에 대한 처벌이나 규제에 반대하지만, 그렇다고 해서 동성애를 예찬하거나 조장할 생각은 추호도 없습니다. 이성애든 동성애든 개인의 자유로운 선택 문제에 불과하기 때문입니다. 그러나 니체의 초인사상에 대해서는 반대합니다. 그것은 단순히 선택이나 취향, 기호의 문제가 아니라, 히틀러의 나치를 결과한 사상이기 때문입니다.

플라톤의 우정론

C. S. 루이스는 『네 가지 사랑』에서 우정은 우리가 흔히 말하는 친구 사이를 말하는 것이 아니라 아리스토텔레스가 덕의 하나로 본 필리아나 키케로가 말한 아미시티아(amicitia)*와 같은 것이라고 합니다.** 루이스는 그 책에서 필리아나 아미시티아의 내용에 대해 설명하지는 않습니다. 어쩌면 그 책의 독자인 서양의 지식인들에게는 그것이 상식적인 개념이기 때문인지도 모르겠습니다. 그러나 우리에게는 낯선 것들이니 약간 설명할 필요가 있습니다.

---

*   우리말 번역본에서는 아미키티아라고 표기하지만 의문입니다.

**   고대 희랍에서 아가페(agapē)는 환대의 의미를 갖는 것으로, 중세의 신적인 사랑과는 다릅니다.

사상사에서 최초로 필리아를 철학적 관점에서 논의한 사람은 플라톤입니다. 플라톤의 초기 대화편 중 하나인『뤼시스』에 '필리아에 관하여'라는 부제가 붙어 있기 때문입니다. 플라톤의 대화편 중 초기 대화편들은 소크라테스의 사상을 충실히 전한다는 이유로 소크라테스의 사상이자 동시에 플라톤의 사상이라고 합니다.*

이 책의 우리말 번역서는 부제를 '우정에 관하여'라고 번역하지만, 필리아는 우리가 흔히 말하는 우정과는 다릅니다. 고대 그리스어 '필리아'는 '좋아하는 것'을 뜻하는 말이지, 우리가 말하는 우정만을 이르지는 않습니다. 이는『뤼시스』의 주인공 소크라테스가 말과 같은 인간 이외의 생물이나 술과 같은 무생물을 필리아의 대상으로 삼는 점에서도 알 수 있습니다. 따라서 필리아는 '우정'이 아니라 루이스가 '애착'이라고 한 것에 가깝지요.

동시에 루이스가 에로스라고 한 것과도 가깝습니다.『뤼시스』에서 13세 소년 뤼시스를 사랑하는 남자 힙포탈레스(Hippothales)가 그

---

* 소크라테스와 플라톤의 사상적 관계에 대해서는 여러 가지 주장이 있습니다. 소크라테스는 저서를 전혀 남기지 않은 반면, 플라톤은 소크라테스를 주인공으로 하는 저서인 대화편을 남겼습니다. 책의 주인공 소크라테스와 그의 말을 그대로 기록한 것이 플라톤의 저서라고 믿는다면, 소크라테스와 플라톤의 사상은 같은 것이 됩니다. 그러나 학자들은 대부분 그렇게 생각하지 않고, 플라톤이 쓴 대화편 중 초기 것만 소크라테스의 사상을 제대로 전한다 봅니다. 그 뒤의 것, 특히『국가』나『법』은 소크라테스가 아닌 플라톤의 저서라고 보는데, 특별한 근거가 있어서라기보다는 그렇게 보고 싶다거나 볼 수 있다고 주장하는 것에 불과합니다. 그래서 나는 적어도 플라톤의 대화편에서 나타나는 소크라테스와 플라톤을 구별하기란 불가능하다고 봅니다. 따라서『국가』나『법』의 소크라테스는 참된 소크라테스가 아니라 플라톤이 자신을 가장한 것이라고 보지도 않습니다.

를 유혹하는 방법에 대해 말하고 있기 때문입니다. 『뤼시스』에서 필리아는 에로스와 마찬가지로 욕구(epitymia)에 기인하는 것으로 나옵니다.

한국에서 그리스 고전 번역의 권위자로 유명한 천병희는 힙포탈레스가 '십 대 후반의 부잣집 아들'이라 짐작하지만(『플라톤전집』, 2권, 194쪽), 앞서 보았듯이 고대 그리스에서 소년을 사랑하는 남자는 적어도 삼십 대 이상의 나이 많은 남자였습니다. 또 천병희는 이 대화가 소크라테스의 나이 45세에서 70세 사이에 이루어진 것이라 하지만, 이 대화는 보통 소크라테스의 초기 대화에 속한다고 보기 때문에 적어도 70세까지로 보는 것은 무리입니다. 그러나 이 대화를 소크라테스가 청년들을 타락시켰다는 비난에 대한 응수였다고 보아 초기 대화가 아니라 만년의 대화였다고 말할 수도 있습니다.

한국의 경우 13세라고 하면 초등학교 6학년생 내지는 중학교 1학년생입니다. 우리나라에서 그런 아이들이 삼십 세 이후의 남성과 동성애 관계를 맺는다고 하면 그야말로 논란이 '폭발'할 것입니다. 그러나 『뤼시스』에는 철학적 대화만 나오니 안심해도 좋습니다. 물론 우리나라에서 그 정도 대화를 할 만한 13세 아동도 보기 드물 것 같습니다. 여하튼 『뤼시스』는 우리말 번역으로 오십 쪽도 안 되는 비교적 짧은 '대화편'이니 큰 부담 없이 읽을 수 있을 것 같지만, 실상은 굉장히 난해합니다. 그래서 무용하거나 무익하다는 악평과 수수께끼 같다는 비난도 있습니다만, 앞서 말했듯이 이 책이 소크라테스가 청년을 타락시켰다는 누명에 대한 해명이라면 모호하게 철학적으로 신비화하는 결론이 더 성공적이었을 수도 있겠습니다.

플라톤의 중기 대화편 중 하나인『심포시온』은 에로스를 중심으로 하지만 에로스와 필리아가 어떻게 다른지 명확하게 설명하지 않습니다. 흔히 필리아를 '참된 진리를 추구하는 이성적 욕망'으로 정의하지만,『뤼시스』에서는 이러한 정의도 명확하게 보이지는 않습니다. 동성애를 말하는『파이드로스』에서도 마찬가지입니다. 그 대화에서 소크라테스는 동성애를 '신적인 축복'이라고 하면서 그 밖의 우정은 '세속적이고 시시하다(256e)'고 합니다. 즉 소크라테스에 의하면 동성애자는 자신이 사랑하는 소년이 '자신들과 자신들이 숭배하는 신과 모든 점에서 닮게 하려고 최선을 다한다(253c)'는 것입니다.

소크라테스는 '나는 오직 내가 모른다는 것을 알고 있다'고 말한 사람으로 유명합니다. 그러나『심포시온』에서 소크라테스는 자신이 안다고 말하는 유일한 것이 '사랑의 기술'이라고 합니다(177d8-9). 또 처형당하기 직전『소크라테스의 변명』에서는 자신이 '크고 작은 일에(21b4-5)' 지혜롭다는 것을 안다고 단언합니다. 그래서 사랑의 기술만은 알고 있다는 그의 말을 정말로 믿어야 하는지 의문입니다.

『뤼시스』

『뤼시스』에 나타난 힙포탈레스는 소크라테스와 마찬가지로 사랑하는 소년이 있고, 철학적 토론을 좋아합니다(203b6-204a3). 그러나 그는 사랑의 기술을 모르기 때문에 자신이 사랑하는 소년과 대화하는 방법을 모르고, 오로지 그를 찬양하기만 합니다. 소크라테스는 그것은 좋지 않은 행동이라고 주장합니다. 찬사가 커질수록 사랑에 실패했을 때 받게 될 조롱도 커지기 때문입니다. 따라서 사랑의 기술에 능숙한 사람은 사랑하는 사람을 가질 때까지 그를 칭찬하지 않는다는 것입니다(205e2-206a2). 그러자 힙포탈레스는 묻습니다. "그러면 어떻게 해야 하는가?" 소크라테스는 상대와 토론해야 한다고 하면서 그 방법을 보여줍니다.

토론의 시작에서 플라톤이 다음과 같이 말합니다.

만약 네가 유식해지면 모두들 너를 사랑하고 너와 친해질 거야. 네가 도움과 혜택을 줄 테니까. (210d)

결국 플라톤 우정론의 핵심은 상호 유용성입니다.* 이를 기본으로 하여 이후의 논의가 진행되지요.

소크라테스는 명시적으로 말하지 않지만, 뤼시스는 이 추론을 자신의 어머니와 아버지에도 적용해야 합니다. 뤼시스는 그들이 그에게 유익을 줄 수 있는 만큼만 그들의 필로이(친구)가 되어야 합니다. 특히 지혜가 어떤 것에서든 이익을 얻기 위한 필수 조건이라면(소크라테스의 또 다른 일반적인 주제), 뤼시스는 가족이 현명한 만큼 친구로

---

* 필요에 의해 친구를 사귄다는 말은 뒤에 아리스토텔레스가 친구를 사귀는 이유 중 하나로 드는 유용성과 같지만, 플라톤이 그 하나만을 말하는 반면, 아리스토텔레스나 키케로는 다른 것도 강조한다는 차이가 있습니다. 유용성을 우정의 핵심으로 보는 소크라테스나 플라톤의 주장은 우정의 일반적인 설명입니다. 부자나 사제의 관계에서조차 유용성이 핵심일지 모릅니다. 서로 도움이 되니까 따르고 가까이한다는 것이지요.

여겨야 합니다. 우정이 혈연관계가 아닌 지혜에 기초해야 한다면, 이상적인 우정은 현명한 사람들, 또는 적어도 지혜를 추구하는 사람들 사이의 우정일 것입니다.

이러한 소크라테스의 우정론은 우리가 뒤에서 보게 될 아리스토텔레스의 우정론에 비해 결함이 있습니다. 아리스토텔레스는 우리가 친구의 행복을 바라는 것은 우리 스스로를 위한 것이라고 주장합니다. 또한 최고의 우정은 우리 자신에게도 필연적으로 유익할 것이라고 합니다. 그리고 우정에 대한 소크라테스식 개념만으로는 우리가 소중히 여기는 사실을 설명할 수 없습니다. 친구는 단지 이익을 창출하기 위한 것만이 아니니까요.

우정에 관한 소크라테스의 대화에서 두 번째로 눈에 띄는 특징은 친구는 현명해야 한다는 것입니다. 플라톤의 초기 대화편과 크세노폰의 『회상』에서 소크라테스는 도덕적으로 고결한 사람만이 친구가 될 수 있다고 주장합니다. 악한 사람들은 서로 비슷하지만 우정을 나눌 수 없습니다. 악인은 불의를 행하는 사람이며, 친구가 아니라 원수를 삼기 때문입니다. 닮음이 우정의 기초라면, 악인은 다른 사람의 친구는커녕 자기 자신의 친구도 아닙니다. 크세노폰의 메모도 같은 주제를 추구합니다. 여하튼 우정이라는 주제에 대한 소크라테스의 발언은 인간적으로 차갑고 근본적으로 도덕적인 것처럼 보입니다.

플라톤이나 크세노폰이 소크라테스와의 대화에서 보여준 우정을 나누어 가질 만한 사람은 실제로 거의 없었습니다. 소크라테스에게 합당한 친구는 아무도 없었습니다. 하지만 그는 고독한 자급자족 속에서도 걱정하지 않는 사람이었습니다. 그것에 상응하는 엄격한 우정 의식, 즉 우리가 뒤에 스토아주의에서 다시 마주하게 될 긴박함이 있었지요.

　우정에 대한 소크라테스의 교훈은 질문하고 대답하는 방법에 대한 열정적인 교훈이라고 추론할 수 있다는 견해도 있지만, 역시 사랑이나 우정이란 무엇인가에 대한 구체적인 답은 없습니다. 이처럼 답이 없는 것이 도리어 소크라테스답다고 주장하는 후대의 철학자들도 있습니다. 여하튼 소크라테스는 힙포탈레스를 철학의 길로 인도한 셈입니다. 『심포시온』의 에로스 역시 참된 진리에 이르게 하는 욕구이자 사랑입니다. 따라서 육체적인 것에 대한 욕망으로부터 벗어나 순수한 이성의 세계로 나아가려는 욕망은 진리에 대한 욕망인 필리아(우정)이자 에로스(사랑)라는 것이 소크라테스와 플라톤의 답이라고 할 수 있을지도 모릅니다.* 그러나 이는 성인 남자 사이의 것입니다. 여성과 노예, 미성년의 사랑은 육체적인 것으로, 보다 낮은

* 　한나 아렌트(Hannah Arendt, 1906~1975)는 『정치의 약속 The Promise of Politics』 (2005)에서 소크라테스의 산파술은 우정을 토대로 한 의견의 교환이라는 점에서 소크라테스가 아테네 사람들을 친구로 만들려고 노력했으나, 아테네 사람들은 반대로 그를 처형했다고 주장합니다. 그러나 소크라테스는 아테네인들에게 친구가 되자고 말한 적이 없고, 그것이 가능하지도 않았을 것입니다. 아렌트는 소크라테스가 『소크라테스의 변명』에서 당대 아테네가 불법과 부정과 범죄의 도시였고 자신은 그 속에서 정치인이 되기에는 너무나 정직했다고 하는 말 등을 근거로 그렇게 주장하지만, 플라톤의 대화편에서 볼 수 있는 소크라테스는 항상 부자나 귀족의 자제에 둘러싸여 당대의 귀족적 기호에 따른 매우 현학적인 대화를 즐긴 사람이었습니다.

　　　　　　　　　　　　　　　　　　　　　제1부 근대 이전의 우정론

단계의 사랑입니다.

플라톤의 필리아나 에로스는『국가』의 철인정치를 구성하는 기초로 나아갑니다. 철인정치는 뒤에 독재정이나 전제정의 모델이 되었습니다. 그는 인간을 수호자(철학자), 보조자(군인), 노동자(욕망)로 나누고 수호자가 보조자를 지배하고, 노동자가 수호자와 보조자에게 복종하는 상태야말로 국가와 영혼이 각각 탁월성(아레테)이라는 덕을 갖추는 상태라고 합니다. 즉 그가 말하는 이상 국가는 탁월한 인간이 독재하는 체제입니다. 스파르타와 같은 나라는 군인이 지배하는 체제이고, 과두제·민주제·참주제는 욕망이 지배하는 체제라고 합니다.*

플라톤의 정치, 에로스와 필리아

플라톤의 중기와 후기 대화는 초기 대화와는 달리 우정의 정치적 역할을 반영합니다. 앞에서 언급했듯이 서비스나 호의(자선)를 받는 것은 필리아 관계를 유지하는 데 중요합니다. 플라톤이 이에 동의했다는 것은 분명합니다. 그렇다면 플라톤에게 필리아의 원천은 무엇일까요? 이 질문에 답하기 위해 우리는 진짜 우정과 가짜 우정에 대한 플라톤의 구별을 살펴볼 필요가 있습니다. 플라톤에 따르면, 가짜 우정은 끔찍하고 야만적이며 우리 사이에 거의 상호 작용하지 않습니다. 부자와의 관계에서 궁핍한 사람이 그러한 우정의 예입니다. 대조

---

* 아렌트는 플라톤의 철인정치론을 터무니없는 것이라고 비판하고, 이는 소크라테스의 주장에 반한다 말하지만 그렇게 볼 수 있는 근거는 없습니다.

적으로, 진짜 우정은 일생 동안 온화하고 상호적이며 조화로운 동의 관계로 당사자를 묶습니다. 진짜 친구는 평화롭게 선의로 교제합니다. 진정한 우정은 '동등함'과 '덕의 측면에서 유사한 것' 사이의 관계이기 때문입니다(837b, 837a, 837b, 837e, 640b, 837a).

플라톤이 말한 '동등함'은 무엇을 의미할까요? 플라톤이 가짜 우정의 예로 가난한 사람들과 부유한 사람들 사이의 관계를 제시했다는 점에서 그것은 사회적 지위의 평등을 의미한다고 말하는 것이 타당해 보입니다. 그렇다면 진정한 우정을 위해서는 왜 양측의 지위가 동등해야 할까요? 플라톤은 부와 가난이 오만함과 불의, 질투와 악의를 키운다고 확신합니다. 따라서 부자와 가난한 사람은 서로에 대한 음모를 꾸미는 데 모든 시간을 다 보내게 되지요(『법』, 679b-c; 『국가』, 551d).

플라톤은 진짜 우정을 위해서는 동등한 지위가 필요하다고 생각했습니다. 때문에 진정한 우정이란 같은 계급의 구성원들 사이에서 발생한다고 보았다고 할 수 있습니다. 그러나 이런 형태의 유사성만으로는 충분하지 않습니다. 소크라테스와 마찬가지로 플라톤은 우정에도 미덕이 필요하다고 주장하지만, 부자나 가난한 사람 모두 특별히 미덕이 없다고 생각했습니다(『국가』, 679b, 919b-c, 『법』, 919b-c). 플라톤은 가난과 부가 여러 가지 방식으로 영혼을 부패시킨다고 합니다. 가난은 그것이 가져오는 고통 때문에 그것을 극복하려 노력하는 가운데 사람들을 뻔뻔하게 만들고, 대조적으로 부는 방종과 부드러움으로 영혼을 부패시키기 때문입니다.

부자와 가난한 사람은 일반적으로 우정에 필요한 미덕이 부족하기 때문에, 부자 사이의 우정이든, 가난한 사람 사이의 우정이든 결국 마찬가지입니다. 플라톤에 따르면 사회적으로 평등한 집단 중 오직 한 집단, 즉 빈곤과 부 사이에 위치한 중간 집단만이 진정한 우정을 누릴 수 있습니다.

플라톤이 진짜 우정을 위해 필요한 덕목으로 생각했던 것 중 하나가 절제의 덕, 즉 소프로수네(sôphrosunê)입니다. 흔히 '절제' 또는 '자제'로 번역되는 그것은 자신의 식욕과 행동을 측정하고 과잉을 피하는 것과 관련 있습니다. 진짜 우정에는 절제의 미덕이 필요합니다. 절제하지 못하는 사람은 정의의 요구를 감당할 수 없기 때문입니다. 플라톤의 평등은 기하학적 또는 비례적 평등을 의미합니다. 그리고 그러한 평등은 정의와 동일시됩니다(『법』, 757a, 757c1 - 8). 그리고 미덕(또는 성격)은 개인적인 우정의 원천이자 기초입니다.

크세노폰의 우정론

크세노폰은 플라톤과 함께 소크라테스의 제자였으나 오랫동안 플라톤에 비해 낮게 취급되었습니다. 크세노폰의 책 『회상』은 플라톤의 『뤼시스』처럼 필리아에 대해 논의합니다. 크세노폰은 이 책에서 소크라테스가 좋은 친구에게 큰 가치를 부여했고 친구를 갖고 싶어 하며, 그 친구는 동성애적 요소가 있고 소크라테스가 그러했다는 사실을 강조합니다. 그 점에서 플라톤과 크세노폰은 같습니다. 물론 미묘한 차이는 있습니다. 가령 크세노폰은 에로스적 요소를 크게 강조하지 않았습니다.

그 책의 중심은 소크라테스의 고발자가 필리아에 대한 소크라테스의 의견을 부정적으로 논평했다고 비판하는 데 있습니다. 크세노폰에 의하면, 소크라테스는 친구가 유용해야 그들의 선의도 유용하다고 주장했습니다. 또한 명예를 받을 자격이 있는 유일한 사람은 자신이 해야 할 일을 알고 그것을 설명할 수 있는 위치에 있는 사람이라고 했습니다.

이처럼 소크라테스는 필리아가 명예 및 유용성과 밀접하게 관련된다고 보았고, 이는 아테네 사회에 전혀 해롭지 않았습니다. 소크라테스는 동료 시민들이 유용하도록 장려했을 뿐이지요. 크세노폰 역시 필리아를 두 사람 사이의 유대로 보고 그 유용성을 강조합니다. 반면 플라톤은 필리아를 에로스와 거의 같은 것으로 보고, 유용성과는 무관하다 여깁니다.

두 사람의 더욱 큰 차이는 플라톤의 필리아가 정치와 무관한 반면, 크세노폰의 필리아는 정치와 직결된다는 점입니다. 즉 도덕성과 개인의 미덕에 독립적인 관심을 보이는 플라톤과 달리, 크세노폰은 개인의 도덕성을 정치적 이해관계와 우선순위에 종속시켰습니다. 플라톤의 정치사상을 보여주는 책이 『국가』라면, 크세노폰의 정치사상은 『키루스의 교육』이라고도 하는 『키로파에디아』에 집약되어 있습니다. 정치와 관련하여 플라톤은 정의를 최고의 덕으로 보고 선의 이데아를 깨달은 철인왕이 이상사회를 통치한다고 주장한 반면, 크세노폰은 우정의 확산을 통한 실천 정치가의 지배를 주장했습니다. 여기서 크세노폰이 말하는 우정이란 이득을 주고받는 가운데 생겨나는 것으로 '어느 정도 계산되고 조작된 우정'입니다. 즉 플라톤이 주장한 '도덕적 덕'과 달리 크세노폰은 '시민적 덕'을 주장합니다.

　　　　　　　　　　　　　　　　　제1부 근대 이전의 우정론

크세노폰은 그러한 우정이 사회 형성에 유용한 덕이고, 그러한 덕을 체현하여 실천을 강조하는 정치가가 지배하는 정치를 주장한 것입니다. 따라서 키루스가 말하는 우정, 필리아는 뒤에 아리스토텔레스가 이상적인 우정으로서 말한 순수한 우정이 아닙니다. 문제는 순수한 애정이 정치와 양립할 수 있는가 하는 점이지요. 반면 크세노폰이 말하는 '어느 정도 계산되고 조작된 우정'은 현실 정치와 양립할 수 있습니다.

5
아리스토텔레스의 우정론

아리스토텔레스 윤리학

현존하는 고대 그리스·로마의 문서 중에, 우정에 관한 최고의 문헌은 아리스토텔레스의 『니코마코스 윤리학』입니다. 이 책은 아리스토텔레스 윤리학의 정수를 담고 있고 가장 중요하다 여겨집니다. 제목에 나오는 니코마코스는 아리스토텔레스가 만년에 헤르필리스(Herpyllis)와의 사이에서 낳은 아들의 이름입니다. 헤르필리스와 사귀면서도 결혼하지 않았던 이유는 그가 시민 계급이 아니라 노예나 천한 신분이었기 때문이라고 짐작됩니다.

『니코마코스 윤리학』은 아리스토텔레스가 죽은 뒤 그의 제자들이 아테네에 세운 학당 리케이온(Lykeion)에서의 강의 내용을 기본으로 하여 편집한 것으로 추정됩니다. 스승인 플라톤의 대화편들과는 달리, 현존하는 아리스토텔레스의 저작들은 제대로 정리되지 않은 원고가 대부분이어서 내용에 일관성이 없습니다. 문체도 건조하고 난삽하며, 학술어와 일상어의 구별이 분명하지 않습니다.

앞서 보았듯이 플라톤의 『뤼시스』에서는 인간 이외의 것을 좋아하는 것도 필리아에 해당하지만,『니코마코스 윤리학』은 실천철학에서의 필리아에 한정합니다. 따라서 인간이 아닌 것을 대상으로 하는 필리아는 제외됩니다. 그럼에도 그 책에는 친구나 우정에 대한 서술로 보기 어려운 것들이 있습니다. 여기에 번역 문제도 있지요.『뤼시스』와『니코마코스 윤리학』을 함께 번역한 천병희는 필리아를『뤼시스』에서는 우정이나 박애,『니코마코스 윤리학』에서는 박애나 친교 등으로 번역하는데 이처럼 번역어를 달리한 점에 특별한 이유가 있는 것 같지는 않습니다. 그밖에 '친애' 혹은 '친구사랑'이라고 번역하는 사람들도 있습니다.

한편 천병희는 필레시스(philesis)를 사랑으로 번역하는데, 영어에서는 그것을 애착(affection)이나 감정(emotion)으로 번역하고 우정이 그것에 의존한다고 봅니다. 그러므로 아리스토텔레스의 필리아는 우리가 말하는 우정을 포함하여 타인에 대한 애정이나 애착과 관련된 모든 감정을 표현하는 광범위한 의미라고 보는 것이 옳습니다. 우리말로는 '좋아하는 것'이라는 뜻으로 호의나 호감, 애호와 같은 말로 번역하는 것이 옳다고도 보입니다. 여하튼 고대 그리스어의 필리아, 필레시스, 필레인(philein), 유노이아(eunoia) 등을 우리말로 정확하게 구분하기란 쉽지 않은데, 이는 그 말들 자체가 애매모호한 탓이기도 합니다,

아리스토텔레스의 난삽한 우정론을 이해하기 위한 최소한의 자료로 그의 생애에 대해 간단히 살펴보고자 합니다. 아리스토텔레스가 소크라테스처럼 체육관에 뻔질나게 드나들며 미소년들을 유혹했다거나 플라톤처럼 철인정치를 주장했다는 기록은 없으나, 그들

처럼 상류계층에 속했던 것은 분명합니다. 그의 아버지는 마케도니아 왕의 주치의였고, 아리스토텔레스는 어린 시절 왕자(뒤에 마케도니아의 필립 왕)와 함께 자라며 궁중에서 뛰놀았기 때문입니다. 이후 17세에 아테네에 유학해 플라톤이 죽기까지 이십 년간 플라톤의 제자로 공부했습니다.

플라톤이 죽은 직후 아리스토텔레스가 아카데미아의 원장이 되리라는 것은 누구도 의심하지 않는 기정사실이었습니다. 하지만 당시 아테네는 마케도니아와 전쟁을 준비 중이었고 반마케도니아 정서가 팽배했습니다. 때문에 아리스토텔레스는 원장직을 포기하고 소아시아의 도시 아타르네우스로 떠납니다. 그곳의 참주 헤르미아스(Hermias, 미상~기원전 341)는 아리스토텔레스와 아카데미아에서 함께 수학했던 절친이었습니다. 아리스토텔레스는 그곳에 삼 년간 머물면서 헤르미아스의 이복동생(또는 조카) 피시아스(Phythas)를 첫 번째 부인으로 맞아 딸을 낳고 행복하게 살았습니다. 그러나 헤르미아스가 페르시아인들에게 붙잡혀 죽임당하자, 고향 마케도니아로 돌아가 필리포스 2세의 궁전에 머물면서 그의 아들 알렉산드로스를 이삼 년간 가르칩니다.

그리고 기원전 335년 오십의 나이에 아테네로 돌아와서 아폴론 신전 경내의 공공운동장이었던 리케이온에 학원을 차리고 십삼 년간 학생들을 가르칩니다. 지금 남아 있는 저작의 대부분은 리케이온 제자들의 강의 노트입니다. 그중에는 오늘날 우리 눈에 문제가 많아 보이는 부분도 적지 않습니다. 가령 뒤에서 보게 되겠지만, 그는 『니코마코스 윤리학』 8권에서 왕정을 찬양하는 반면 민주정을 경멸하

　　　　　　　　　　　　　제1부 근대 이전의 우정론

고, 『정치학』1편에서 노예제를 옹호하며, 여성이 남성보다 지적으로 열등하다고 합니다.

영화 〈알렉산더 대왕〉(1956)에는 기원전 326년에 알렉산드로스 대왕이 이집트와 인도 등을 침략할 때 아리스토텔레스가 동행한 것으로 나오지만 사실은 그렇지 않았습니다. 기원전 323년 알렉산드로스 대왕이 죽자, 아리스토텔레스는 불경죄로 고발당합니다. 그가 헤르미아스의 죽음을 기리기 위해 지었던 찬가가 문제시되었습니다. 아폴론 신을 찬양할 때 사용하는 양식을 사용하여 신에 대한 불경을 저질렀다는 것이지요. 아리스토텔레스는 리케이온을 제자에게 물려준 뒤 어머니 쪽 고향인 에우보이아의 칼키스라는 작은 섬나라로 탈출했으나, 일 년 뒤 위장병으로 죽고 맙니다.

아리스토텔레스의 친구는 참주 헤르미아스를 비롯하여 아카데미아에서 함께 수학했던 플라톤의 제자들이었을 것입니다. 따라서 그는 마케도니아에서든 아테네에서든 상류층에 속했을 것이며, 그 친구들도 마찬가지였을 듯합니다. 그래서 우정은 특히 부자, 고관, 권력자들에게 필요하다고 말합니다(1155a). 아리스토텔레스의 우정론을 보여주는 『윤리학』은 필립과 알렉산드로스의 팽창주의에 이어, 작고 문화적으로 자족적인 그리스 도시국가가 더 넓고 더 비인격적이며 제국주의적인 공동체로 확장되는 시대적 요구에 합류하도록 강요받던 시기에 작성되었습니다.

아리스토텔레스의 세 가지 우정

『니코마코스 윤리학』에서 우정, 즉 필리아를 다루는 부분은 제8, 9권
입니다. 천병희는 이때 필리아를 '박애'라고 번역하지만, 영어로는 러
브(love), 즉 사랑이라고 번역하는 경우도 있습니다. 가령 영국의 아리
스토텔레스 학자 에디스 홀(Edith Hall)이 쓴 『열 번의 산책』(2019)이 있
겠습니다. 여하튼 『니코마코스 윤리학』 8권은 필리아가 삶에 가장 필
요한 것이고, '공동체를 결속시키는 유대'이자 '가장 진정한 의미의
정의'(1155a)라고 했습니다. 그리고 필리아를 세 종류, 즉 유용성(이익),
쾌락(즐거움), 미덕을 추구하는 것들로 각각 구분한 뒤 참된 우정은 덕
을 추구하는 우정이라고 했습니다.

아리스토텔레스는 필리아를 행복(eudaimonia)으로 이끄는 근본적
인 미덕의 하나로 보았습니다. 그에 따르면, 행복은 '가장 좋고, 가장
아름답고, 가장 유쾌한 것(1099a)'입니다. 행복에는 우정이 필요하고,
우정은 큰 즐거움의 원천입니다. 다른 모든 재화를 가지고 있더라도
누구도 친구 없이는 살지 않을 것입니다(1169b~1170b).

앞서도 살폈듯, 아리스토텔레스는 사랑의 세 가지 대상을 바탕으
로 우정의 주요 유형을 구별합니다. 바로 유용성-우정, 즐거움-우
정, 미덕-우정입니다. 우리가 다른 사람이 우리에게 유용하거나 유
익하다는 이유로 관계를 맺을 때 유용성-우정이 발생합니다. 우리
는 그를 유용한 존재로서 사랑합니다. 이것은 자신의 이익을 위한
우정입니다. 즐거움-우정은 다른 사람이 우리에게 즐거움을 준다
는 이유로 관계를 맺을 때 발생합니다. 이때 우리는 상대방을 기분
좋은 것으로서 사랑합니다. 이것은 자신의 즐거움을 위한 우정이지

요. 아리스토텔레스는 이익-우정보다 즐거움-우정이 더 낫다고 생각합니다. 유리한 우정은 즐거움을 위한 우정보다 더 쉽게 해소되며, 즐거움을 위해 친구가 되는 사람들과 달리 이익을 위해 친구가 되는 사람들은 서로 함께 있는 것에서 오는 기쁨을 거의 누리지 못하기 때문입니다.

아리스토텔레스에 의하면 대다수의 우정은 유용성이나 효용성에 기반을 두고 있습니다. 이러한 우정은 가족 관계, 외국인에 대한 환대, 파트너십, 장년이나 노년에 향유하는 우정이지요. 그들은 함께 많은 시간을 보내지 않으며, 유용성이 사라지면 우정도 없어집니다. 한편 즐거움을 위한 우정은 젊은이들 사이에서 흔히 볼 수 있습니다. 그 우정도 함께 보내는 시간이 길지 않고 즐거움이 사라지면 함께 사라지고 만다는 점에서는 유용성의 우정과 같습니다. 우연적이라는 특징도 두 우정의 공통점입니다.

아리스토텔레스에 의하면 완전한 우정은 '유사한 미덕을 가진 사람들 사이의 우정'입니다. 이는 '선의 우정'으로 서로의 미덕에 대한 상호 존중과 깊은 존경을 기반으로 합니다. 선의 우정을 나누는 친구들은 똑같이 서로가 잘되기를 바랍니다. 그들 자신이 좋은 사람이기 때문이지요(1156b). 이러한 우정은 우연적이지 않고 상당히 오래 갑니다. 그러나 이처럼 덕을 추구하는 참된 우정은 드뭅니다.

앞서 언급한 에디스 홀은 아리스토텔레스가 동성애에 대해 열린 생각을 가지고 있었으며 간통을 받아들이지 않았다고 봅니다 (169쪽). 그가 동성애에 대해 말하지도, 비난하지도 않았다는 것이지요. 그러나 아리스토텔레스는 동성애에 대해 말한 바가 있습니다

(1157a). 아리스토텔레스에 의하면 유용성이나 즐거움을 위한 우정은 서로 같은 혜택을 받을 때 오래가지만, 동성애의 경우는 그렇지 않습니다. 동성애자들은 같은 것을 즐기지 않습니다. "장년은 미소년을 보는 것이 즐겁고 미성년은 장년의 보살핌에 즐겁"습니다. 그리고 젊음이 시들면 우정도 시들게 됩니다. 그러나 아리스토텔레스는 우정을 동성애적인 동일성의 것으로 강조했다는 사실을 뒤에서 볼 것입니다.

아리스토텔레스의 미덕-우정론

아리스토텔레스는 미덕의 우정을 최고의 우정이라 말했습니다. 그것을 텔레이아 필리아(teleia philia, 완전한 우정)라고 불렀지요. 그러한 우정은 우리가 다른 사람을 선하거나 유덕한 사람으로 사랑할 때 생겨나는 것입니다. 즐거움과 유용성을 위한 우정은 나쁜 사람들 사이에서도 가능하지만, 미덕-우정은 오직 선한 사람들 사이에서만 가능합니다. 미덕-우정은 당연히 참여자에게 즐겁고 유익하지만, 그 추구의 대상이 즐거움 혹은 이익인 것은 아닙니다. 그러한 우정은 다른 사람의 선함을 위한 것입니다. 결국 완전한 우정은 덕이 비슷한 선한 사람들의 우정입니다. 왜냐하면 그들이 선한 한 그들은 서로에게 같은 방식으로 선을 원하고 그들 자신의 권리도 선하기 때문입니다(1157b1 - 5; 1156b14 - 17; 1156b7 - 9).

미덕-우정은 선한 사람들 사이에서만 가능한 것이기 때문에 다른 유형의 우정과는 달리 드물고 소수에게 한정됩니다. 많은 사람과 완전한 우정을 가질 수 있는 사람은 없습니다. 우리가 동시에 많은 사람에 대해 성적인 열정을 가질 수 없는 것과 마찬가지입니다. 에로틱한 열정과 같은 우정은 과잉과 같은데, 과잉은 자연스럽게 한 개인을 향하기 마련입니다. 누군가가 정말 좋은 사람인지 알아보려면 그에 대한 경험이 있어야 하고, 그 사람과 친밀한 관계를 유지해야 하는데, 이는 매우 어려운 일입니다. 그러나 유익이나 즐거움을 위한 우정은 많은 사람과 나누며 기뻐할 수 있습니다. 왜냐하면 적합한 종류의 사람이 많고 서비스에 시간이 거의 걸리지 않기 때문입니다.

아리스토텔레스에 의하면 다른 유형의 우정과 달리 미덕-우정은 '지속적이고 비방에 면역'을 지닙니다. 더욱이 미덕의 친구들은 실수를 피하기 위해 서로 돕습니다. 그들은 함께 시간을 보내고, 같은 선택을 하며, 서로의 기쁨과 슬픔을 나눕니다. 이는 미덕-우정이 친밀하고 정서적인 관계이기 때문입니다. 그래서 아리스토텔레스는 미덕의 친구를 '또 다른 자신'이라고 말합니다(1158b9; 1159b6 - 7; 1166a6 - 8; 1166a31 - 32).

즐거움-우정, 유용성-우정, 미덕-우정은 중요한 면에서 서로 다르지만, 핵심은 공통됩니다. 세 가지 모두 보답되고 인정되는 선의를 포함하는 관계라는 점입니다(1155b28 - 1156a6). 이들 우정은 호혜성을 포함하기 때문에 어떤 의미에서는 평등한 사람들 사이의 우정입니다(1158b1 - 5). 그러나 아리스토텔레스는 평등한 사람들만 우정을 누리는 것은 아니라고 말합니다. 지위가 불평등한 사람들 사이에도 우정이 있습니다. 아버지와 아들, 남편과 아내, 어머니와 아이, 형제 사이의 우정이 그 주된 예입니다. 이러한 우정에서 '사랑은 친구의 상대적 가치와 일치하며' 더 낮고, 더 유익하거나 어떤 면에서 우월한 사람(앞선 예에서 아버지, 남편, 어머니, 지배적인 형제)은 그가 사랑하는 것보다 더 사랑받아야 합니다(1158b27, 1158b25).

　가족 우정에는 즐거움, 유용성, 미덕이 포함될 수 있습니다. 부모와 자식 사이의 우정에는 즐거움과 유용성이 포함됩니다. 남편과 아내 사이의 우정도 마찬가지입니다. 아리스토텔레스는 남편과 아내가 품위 있는 사람들이라면 그들의 우정은 미덕 중 하나일 수 있다고 덧붙입니다(1162a7 - 9; 1162a24 - 25; 1162b25 - 26). 부모와 자녀 사이의 우정도 형제 간의 우정과 마찬가지로 품위(미덕)에 기반을 둘 수 있습니다(1158b21 - 23; 1162a9-11).

아리스토텔레스의 공동체(코이노니아) 우정론

아리스토텔레스 우정론의 특징은 우정과 정의를 같이 보고, 같은 공동체(코이노니아. Koinonia)에 속한 사람을 친구라고 본다는 점입니다.*
즉 우정은 공통의 일에 관여하는 사람들, 무엇인가를 공유하는 사람들 사이에 성립하는 것입니다. 그리고 그러한 공통의 것(코이노스)을

---

* 한국에서 쓰인 아리스토텔레스에 대한 논저에는 이 점이 강조되지 않아 항상 의문을 가져왔습니다. 한국에서는 아리스토텔레스가 구분한 세 가지 종류의 우정을 설명한 뒤, 유용성이나 쾌락을 추구하는 우정이 아니라 덕을 추구하는 우정이 진정한 우정이라고 하는 것을 그 우정론의 핵심이라고 보고, 이를 인(仁)과 의(義)에 입각한 덕을 추구하는 공자의 우정론과 같다고 보는 식이었지요. 그러나 공자를 비롯한 동양사상의 우정론에는 우정을 정의와 같다고 보거나 코이노스라는 사회적 범주의 공공성과 연결시키는 논의가 없다는 점에서 아리스토텔레스 내지 서양의 우정론과는 다릅니다.

매개로 하여 공동체(코이노니아)가 성립합니다.* 아리스토텔레스에 의하면 우정은 공동체(코이노니아)나 도시국가(폴리스)의 극소수 자유 시민 사이에서 이루어지는 시민성의 핵심입니다. 즉 공동체는 자유 시민들의 우정을 통해서만 일치하게 되는 것입니다. 그리고 우정을 통해서 개인은 인격체 속에 용기·절제·정의의 덕이 갖추어져 선과 미가 동시에 구현된 상태, 즉 칼로카가티아를 실현할 수 있습니다. 따라서 우정은 진선미가 통합된 완전한 것입니다.

아리스토텔레스의 설명에 따르면 우정은 친구들이 상대를 직접 배려하는 가운데 나타나는 것이 아닙니다. 친구와 공유하는 것이나 공통의 것에 대한 배려가 같은 것을 공유하고 공동체를 기반으로 하여 구성하는 상대방에게 미침에 의해, 친구가 필리아의 대상인 친구(필로스)로 인정되는 것입니다. 따라서 필리아는 모든 공동체의 전제가 되고, 공동체의 규범인 정의도 필리아에 기초를 두는 것이어야 합니다. 모든 공동체(코이노니아)는 국가공동체인 폴리스의 일부이

---

* 여기서 공동체를 아리스토텔레스가 말한 코이노니아와 함께 표기한 것은 그것이 우리가 흔히 말하는 공동체와는 다르기 때문입니다. 공동체(community)는 라틴어 코뮤니타스(communitas)에서 파생된 말입니다. 공동체는 사람들이 공동으로 모여 만들어진 집단으로 가족·학교·사회·국가·세계가 포함되지만, 코이노니아는 공통의 관심사를 추구하기 위해 자발적으로 형성된 집단으로, 귀속성이 강한 공동체나 계약인 성격이 강한 조직체와는 구분되는 특성을 갖습니다. 코이노니아는 친교·공동 참여·교제·공유·합동·기부·교통과 같은 자발적 결사체(voluntary association)를 뜻합니다. 따라서 『니코마코스 윤리학』을 비롯하여 고대 그리스 문헌에 나오는 코이노니아를 결사체로 번역하는 것이 더 적합하지만, 여기서는 종래의 번역에 따라 공동체라고 하되 코이노니아를 병기하여 그 뜻을 명확히 밝히고자 했습니다.

고,* 공동체의 종류에 따라 우정도 달라집니다.

아리스토텔레스의 세 가지 정체(politeia)론은 여기서 나옵니다. 왕도정체(basileia), 귀족정체(aristocratia), 금권정체(timokratia)가 그것입니다. 아리스토텔레스는 왕도정체가 최선이고 금권정체가 최악이라고 했습니다. 또한 그 셋에서 각각 왜곡된 정체인 참주정체(군사독재정체), 과두정체, 민주정체가 나온다고 했습니다. 그는 각 정체의 통치자와 피치자 사이의 우정을 설명하면서 민주정체와 같은 왜곡된 정체에는 우정이 거의 없다고 했습니다. 통치자와 피치자 사이에 공통된 것이 아무것도 없고, 정의가 없으므로 우정도 없는 것입니다. 그러니 아리스토텔레스에 의하면 민주정체에 사는 우리에게는 우정도 없다고 할 수 있겠군요. 하지만 아리스토텔레스나 그 스승들인 소크라테스나 플라톤이 살았던 아테네도 마찬가지였을 것입니다.

결국 아리스토텔레스의 정의나 우정이란 왕이 선행을 더 많이 베푸는 것입니다. 왕은 피치자보다 우월하고 훌륭한 사람이므로 피치자들의 복리를 증진하는 데 관심을 갖겠지요.

이상이 『니코마코스 윤리학』 제8권의 내용입니다. 그 뒤의 제9권에도 우정론이 이어지고, 자기애에 관련된 논의가 나옵니다. 우정은 자기애의 확장이며, 타자를 자신과 같이 사랑하는 것이라는 내용이지요. 그러나 이상 제8권의 요약에 의해 아리스토텔레스 우정론

---

*   따라서 필리아의 일부인 우정도 폴리스를 대상으로 하는 것이고, 결국 애국심에 포함됩니다.

의 공공성과 왕도정체에 대한 찬양을 살펴보는 정도로 충분합니다. 아리스토텔레스의 '왕도' 우정론을 더 이상 살펴볼 필요가 있겠습니까? 그가 유용성이나 즐거움이 아니라 미덕의 추구가 참된 우정이라고 말했을 때, 그 미덕이란 왕의 미덕을 말한 것이 아니었습니까? 물론 그것은 양육과 교육으로 자식을 살게 해주는 아버지의 사랑이나 부부간의 사랑 등으로도 나타나지만, 역시 부모나 남편이 왕처럼 자식이나 아내에 대해 우월하기 때문이라고 하니까요.

디오게네스의 우정론

아리스토텔레스는 『니코마코스 윤리학』에서 우정에 대한 철학적 의제를 설정했습니다. 그가 말했듯이 우정이 삶을 더 좋게 만든다는 사실을 부인하는 사람은 아무도 없을 것입니다. 하지만 도리어 그게 문제일 수도 있습니다. 우정을 다루는 철학자 대부분은 확증 편향에 빠져 우정의 긍정적인 가치에 대해 자신이 옳음을 증명하는 의견만을 추구하는 것일 수도 있습니다. 그러나 우정의 장점을 인식하는 것에서 바로 우정이 도덕적 평가와 달리 자기 발전이나 선을 위해 반드시 필요하다고 주장하는 것은 철학적으로 큰 비약입니다. 그럼에도 앞서 본 아리스토텔레스를 비롯하여 많은 철학자가 그렇게 하고 있지요. 그들은 좋은 삶을 위해서는 우정이 필요하다고 단언합니다. 물론 우정은 누군가의 발전에 도움이 되기도 하지만, 모든 사람의 발전을 위해 필요하다고 단언할 수는 없습니다. 이처럼 아리스토텔레스와 반대되는 견해를 전개한 사람들이 시노페의 디오게네스(Diogenes, 기원전 412~323)와 테베의 크라테스(Crates of Thebes, 기원전 365~285)와 같은 키니코스학파입니다. 이는 뒤에서 살필 아르투어 쇼펜하우어(Arthur Schopenhauer, 1788~1860)로 이어집니다.

아리스토텔레스의 이론에는 모순이 있습니다. 『니코마코스 윤리학』에 의하면 인간은 본질적으로 다른 사람들과 함께 살아가는 정치적 존재입니다(I.2). 우리에게는 친구가 있고 그와의 교제를 추구하지요. 아리스토텔레스는 친구의 존재는 모든 상황에서 바람직해 보인다(9.11)고 하면서, 그 이유를 '우정은 우리를 도와주고, 친구는 불행을 견딜 수 있게 하고, 친구가 없으면 가장 축복받은 추구도 힘들어지기 때문'이라고 합니다(9.9-10). 아리스토텔레스에게 우정은 단순히 장식적인 것이 아니라, 개인의 발전에 반드시 필요한 것입니다. 우정이 없으면 인생은 불완전합니다.

아리스토텔레스는 사람이 좋은 친구를 많이 둘 수는 없다고 주장합니다. 친구를 사귀기란 어렵다는 것이지요. 우리가 바라는 최선은 친구를 몇 명 정도 갖는 것뿐입니다(9.10). 왜 그럴까요? 좋은 사람이 되기란 어렵지요. 인생을 함께 헤쳐 나갈 또 다른 좋은 사람을 찾는 것은 그보다 두 배는 더 어렵기 때문입니다. 덕과 발전을 향해 우리 자신의 특별한 여정을 떠나는 것뿐만 아니라, 친구가 되기 합당한 다른 사람들을 좋아하고 그들을 위해 시간을 내는 유덕한 사람들을 찾는 데에는 추가적인 어려움이 있습니다. 만약 그렇게 할 수 없다면, 우리는 완전히 발전할 수 없습니다. 결국 우정과 발전은 다른 사람에게 의지하는 행운에 달려 있게 되지요. 발전은 어렵고, 불행 혹은 불운이 따르기 쉽습니다.

키니코스학파는 이러한 아리스토텔레스의 견해에 도전합니다.

키니코스학파가 우정의 필요성을 부정할 수 있는 이유는, 그들이 주장하는 철학적 훈련의 목표가 사람들로 하여금 단순하고 자연스러운 삶을 살면서 자급자족하게 하는 데 있기 때문입니다. 이는 결국 발전하는 사람이 삶의 변천에 전혀 영향을 받지 않게 만드는 것입니다. 키니코스학파는 자기통제에 중점을 둡니다. 그들은 운동을 통해 신체를 단련하며, 윤리학을 제외한 학문 과목은 무시합니다. 살아남을 만큼만 먹고, 외투 하나만 입고, 어디서든지 잠을 자며 단순한 생활을 통해 스스로를 수양합니다. 디오게네스의 양파 식단과 통 안에 거주하는 것은 속임수가 아닙니다. 그것은 자연스럽고 단순한 삶에 대한 철학적 헌신의 실천이지요.

시노페의 디오게네스는 고대 그리스의 철학자로 키니코스학파를 대표합니다. 알렉산드로스 대왕이 그에게 찾아와 원하는 것이 무엇이냐고 물었을 때 아무것도 필요 없으니 햇빛을 가리지 말고 비켜달라고 했다는 일화로 유명하지요(디오게네스 라에르티오스, 『유명한 철학자들의 생애와 사상』, 6권 60). 문명을 반대하고, 자연적인 생활을 실천한 철학자로 유명한 그의 표어는 아스케시스(가능한 한 작은 욕망을 가지는 자기 비움), 아나이데이아(수치심을 느끼지 않음), 아우타르케이아(스스로 만족함)입니다. 디오게네스는 '친구의 것은 모두의 것'이라고 합니다. 또 고귀한 태생이나 평판은 '악덕을 두드러지게 해주는 장식'에 불과하고, 올바른 나라는 범세계적이라고 말했습니다(6권 72).

이것이 디오게네스를 비롯한 키니코스학파가 부와 명성을 배제한 이유이자, 그들과 다르게 생각하거나 가르치는 사람과 대결하는 이유입니다. 그들의 전 생애는 가능한 최고의 삶을 살기 위한 노력, 퇴폐의 복잡함과 불안을 버리면 그들도 발전할 수 있다는 것을 타에 보여주기 위한 노력이었습니다. 키니코스학파에게 우정은 건강·부·평판 같은 외적인 이익과 마찬가지로 결코 발전에 필요한 이익이 될 수 없었습니다. 인생의 다른 좋은 것과 마찬가지로 친구도 자급자족하기 위한 여정의 일부일 뿐입니다. 심지어 친구들이 항상 그 여정에 기여하는 것도 아닙니다. 디오게네스에 의하면 행복이란 "진정으로 선한 마음을 갖고 어디에 있든, 어떤 순간이 오든 결코 괴로워하지 않는 것"입니다. 여기에 부나 명성 등에 대한 언급이 없다는 것이 아리스토텔레스와 다른 점입니다. 그리고 친구는 이러한 행복을 추구하는 데 도움이 되는 한에서만 중요하다고 보았습니다. 디오게네스는 말합니다.

인생에서 성공하려면 좋은 친구나 열렬한 적이 필요하다. 친구는 당신을 가르치고 적은 당신의 결점을 폭로한다.

자급자족과 단순성을 향한 여정에서는 적도 결점을 폭로함으로써 우리에게 도움을 주기 때문에 친구와 마찬가지로 행동한다는 것입니다.

키니코스학파의 우정론

키니코스학파에 의하면 중요한 것은 자신을 향상하는 법을 배우고, 자급자족하고 단순하게 사는 일뿐입니다. 그들은 아리스토텔레스의 주장 중 발전을 위해 엄격한 자기 훈련이 필요하다는 말에는 동의하지만, 그 발전이 우정이나 공동체에 달려 있다는 데에는 동의하지 않습니다. 친구가 없는 사람도 얼마든지 성공할 수 있습니다. 그러니 친구가 부족한 것을 두려워해서는 안 됩니다. 결국 어떤 사람들은 고독과 독립에 만족하기도 하는 법입니다. 키니코스학파는 그러니 그보다는 다른 사람에게 의존하게 되거나, 삶의 단순한 기쁨을 향해 올바르게 행동하는 능력을 위협하는 퇴폐적인 삶을 살게 될까 두려워해야 한다고 말합니다. 친구는 자급자족하고 단순하게 사는 삶에 그다지 기여하지 않을 수 있고, 도리어 그것을 방해할 수도 있습니다. 따라서 반드시 필요한 존재일 수 없습니다.

고대 그리스에서는 우정이 도덕과 우발적인 관계만을 가질 뿐이라는 주장도 있었습니다. 우정은 상호 애착·서로의 이익과 복지에 대한 헌신·공유 경험에 대한 욕구·상대방의 이익과 활동에 따라 지시되는 성향·자기에 대한 상호 개념과 해석을 갖는 관계이고, 그중 어느 것도 도덕성과 연결될 필요가 없다는 것이지요. 반면 아리스토텔레스주의자들은 진정한 우정은 사람들이 서로의 윤리적 성격과 발전에 관심을 갖는 것이라고 주장합니다. 그리고 둘 중 하나를 위험에 빠뜨리는 모든 우정은 정의상 최고의 우정 형태가 아니므로 진실하거나 좋은 것으로 평가할 수 없다고 했습니다.

키니코스학파는 이 두 진영 사이의 중개자입니다. 키니코스학파는 우정이 주로 윤리적인 측면에서 평가되어야 한다는 아리스토텔레스의 주장에 동의합니다. 그러나 우정의 이점에 초점을 맞추기보다는 의심스러운 성격을 가진 사람들과 동조하는 것에 대해 종종 경고합니다. 디오게네스는 말합니다.

우리가 항해를 떠날 계획을 세울 때는 가장 좋은 여행 동반자를 선택하는 데 관심을 기울이면서, 잘 살기로 결심했을 때는 그저 기회가 닿는 사람을 인생의 동반자로 선택한다는 것은 참으로 터무니없는 일이다.

즉 우정을 윤리적 평가와 분리하는 대신, 우정이 부정적인 영향을 미칠 수 있다고 경고한 것입니다. 사람들은 비슷한 도덕적 헌신을 가진 다른 이들을 적극적으로 찾기보다는 우연히 만난 사람들과 친구가 되는 데 만족하는 경우가 많습니다. 삶의 모든 측면에 영향을 미칠 수 있는 친구를 선택하는 것보다 여행과 같은 상대적으로 덜 심각한 문제를 더 자세히 조사한다는 점이 키니코스학파에게는 흥미롭게 다가왔던 것입니다. 이처럼 키니코스학파가 우정 자체를 가볍게 여긴 것은 아닙니다. 우정은 자급자족을 향한 자신의 여정에 영향을 미칠 뿐만 아니라 의무도 주니까요. 친구는 서로를 지지해야 하며, 그러지 않으면 친구를 욕하는 사람만큼 나쁜 사람이라고 키니코스학파는 주장했습니다.

키니코스학파는 환상적인 우정을 보여주었는데, 그 보기로서 테베의 크라테스의 우정 이야기가 있습니다. 둘 다 디오게네스 라에르티오스의 『유명한 철학자들의 생애와 사상』6권에 나오는 이야기입니다.

첫째 이야기는 다음과 같습니다. 어느 날, 크라테스는 마로네이아의 메트로클레스(Metrocles)가 자살하려 한다는 소식을 듣습니다. 메트로클레스는 좋은 삶을 살기 위해서는 평판이 중요하다고 생각하는 아리스토텔레스주의자였는데, 강의 중에 그만 방귀를 뀌고 말았습니다. 그러고는 부끄러운 나머지 스스로 굶어 죽으려 했던 것이지요. 크라테스는 메트로클레스를 찾아가 말합니다. 사람이 방귀를 뀌는 것은 당연한 일이니 당신은 잘못한 것이 없다고요. 메트로클레스가 듣지 않으려 했지만, 크라테스는 그럴 때마다 그 앞에서 방귀를 뀌고 철학을 논하면서 방귀를 뀌는 것이 결코 부끄럽지 않음을 보여주었지요. 결국 메트로클레스는 우울에서 회복되어 키니코스학파가 되었다는 이야기입니다(94).

둘째 이야기는 이러합니다. 메트로클레스의 여동생 마로네이아의 히파르키아(Hipparchia of Maroneia)가 크라테스와 사랑에 빠집니다. 그래서 다른 구혼자들을 모두 무시해버리고는 크라테스와 결혼하지 못하게 하면 자살하겠다고 가족들에게 으름장을 놓았지요. 결국 그들은 크라테스를 찾아가 당신이 마음을 바꾸라고 말했습니다. 이에 크라테스는 히파르키아를 찾아가 자신과 결혼해서는 안 된다고 말했지만, 그래도 그의 마음을 돌리지는 못했지요. 그러자 크라테스는 옷을 벗어버리고는 말합니다. "여기 신랑이 있고, 그의 소유물이 있다. 그러니 선택하라. 당신이 나와 같은 삶의 방식을 공유하지 않는다면 내 동반자가 될 수는 없다." 크라테스는 벌거벗음으로써 자신의 가난과 나이 든 육체를 드러내면 히파르키아가 더 이상 그를 좇지 않을 것이라 기대했습니다. 그러나 히파르키아는 키니코스학파에 평생을 바쳤습니다(96).

크라테스는 결혼했고 친구가 있었으며, 키니코스학파 철학을 실천하려는 노력으로 서로를 지지했습니다. 그의 우정이 다른 사람들과, 그리고 아마도 오늘날의 많은 우정과 다른 점은 사람들과 맺는 가장 깊고 친밀한 관계를 강조했다는 것입니다. 그것은 자연스러워야 하고, 인간의 취약성과 불완전성을 부끄럽지 않게 드러내야 합니다. 인간의 취약성을 두고 아첨하거나 심지어 수사적으로 꾸미는 것은 결코 우정에 도움이 되지 않습니다. 오히려 자연적인 기능에 편안함을 느끼고 인간의 결함에 대해 개방적인 태도를 취하는 것이 좋습니다.

키니코스학파는 발전에 대한 고상한 이상을 경고합니다. 그들은 자급자족하며 개개인이 가진 특성을 키우는 데에 초점을 맞춥니다. 사람들의 결점과 자연스러운 존재 방식을 무시하거나 다른 사람이 되기를 바라는 것이 아니라, 그대로 받아들여야 한다고 말하면서요.

5
에피쿠로스의 우정론

에피쿠로스의 쾌락

나는 노동법 교수로 사십 년을 살았습니다. 첫 수업 시간이면 학생들에게 묻곤 했습니다.

여러분은 노동자의 자녀입니까?

여러분은 노동자가 되고 싶습니까?

그래서 노동법을 배우는 것입니까?

그러면 노동자의 자녀라고 답하는 학생은 종종 있어도 노동자가 되려고 노동법을 배운다는 학생은 거의 없습니다. 그러면 나는 세상 사람들은 대부분 노동자이고 노동자로서 살아간다고 설명하며 노동자의식 없이 노동법을 배우는 것은 문제라고 지적합니다. 하지만 반응은 시큰둥하지요. 대부분의 학생이 판검사가 되기 위해 법학부에 들어온다지만, 실제로 판검사가 되는 비율은 1퍼센트도 되지 않고 결국은 일반 직장에 취직한다고 말해주면 반감이 더 큽니다. 그래서 수강 신청을 취소하는 학생들이 많았습니다.

끝까지 남아서 나의 강의를 들은 소수의 학생들도 놀라는 경우가 가끔 있었습니다. 내가 '성노동자'라고 부르는 창녀의 노동이나 노동조합에 대해 말할 때도 그랬습니다. 성노동자를 만나 대화를 하거나 사랑을 나눌 수도 있다고 하면서 톨스토이의 『부활』이나 도스토옙스키의 『죄와 벌』 같은 소설 이야기를 하면 학생들은 더더욱 놀랐습니다. 특히 여학생들의 반발이 컸습니다. 대학 밖에서 노동자들에게 같은 이야기를 하는 경우에도 마찬가지였습니다. 여성 노동자들이 반발했지요.

나는 중학교에 다니기 위해 대구에 있는 친척 집에 살러 가기 전까지는 한 번도 성노동자를 본 적이 없었습니다. 당시 친척 집은 그 도시의 최빈곤층이 사는 동네에 있었습니다. 그곳에는 '자갈마당'이라는 집창촌과 싸구려 성인영화관이 몇 개 있었고, 일용직 노동자들과 그들의 가족, 성노동자들이 먹고 마시는 싸구려 술집과 시장 등도 있었습니다. 그 동네에서 몇 년을 사는 동안 나는 성에 눈뜨는 사춘기를 지났고, 문학이나 철학 등의 책들을 읽게 되었습니다. 특히 『부활』과 『죄와 벌』 등을 읽고 감동했습니다. 나는 항상 노동자들을 보며 살았습니다. 그들과 함께 영화를 보았고, 가끔 이야기를 나누기도 했습니다.

내가 다닌 중고등학교는 대구에서 소위 일류에 속하는 학교였습니다. 1960년대 초인데도 자가용으로 등교하는 아이들이 있었고, 점심시간에 먹는 도시락에서 빈부 차이라는 것이 분명히 드러났지요. 나는 점심 도시락을 가져오지 못하는 고아원의 장애인 친구와 함께 도시락을 나눠 먹었습니다. 학창 시절 내 별명은 데카당이었습니다. 철학책 같은 것을 들고 와서 수업 시간에 몰래 읽거나, 미술실에 처박혀 어두운 그림을 그렸기 때문이었습니다.

중학교 때 철학책을 처음 읽으면서 가장 싫어한 것이 쾌락주의였습니다. 쾌락이란 '육체적이고 말초적인 자극에서 오는 즐거움'을 뜻하는데 그런 것을 좋다고 하면서 인생의 목표로 삼는다니, 너무나도 천박해 보였습니다. 성노동자들을 비롯한 주변 빈민들의 삶은 물론이고, 성적을 올리려고 경쟁하는 학교 공부, 돈벌이나 권력투쟁에 몰두하는 엘리트들도 전부 천박해 보였습니다. 적어도 에피쿠로스가 주장한 쾌락주의는 내가 생각한 것과 반대이며, 도리어 내가 지향하는 삶의 목표와 같다는 것을 알게 된 것은 한참 뒤의 일입니다.

에피쿠로스를 쾌락주의자라고 부르는 것은 옳지 않다 싶습니다. 사실 에피쿠로스는 그 반대인 금욕주의자이기 때문입니다. 쾌락주의의 원어인 'Hedonism'은 '즐거움'을 뜻하는 고대 그리스어 헤도네(Hedone)에 '-ism'을 붙인 단어입니다. 우리말로 하자면 '즐거움주의' 정도로 번역할 수 있겠는데, 영 이상하지요? 그래서 하는 수 없이 나또한 쾌락주의라는 말을 그대로 쓰도록 하겠습니다.

에피쿠로스의 친구 공동체에는 성노동자들이 많았습니다. 남존여비가 지배적이었던 당시에 그곳에 드나들 수 있는 여성은 거의 성노동자가 유일했으니까요. 여성 노예도 많았는데, 그중에는 노예해방에 힘쓴 여성들도 있었습니다. 에피쿠로스 공동체는 남녀노소 누구나 환영했습니다. 나이도, 계급도, 재산도, 국적도 문제되지 않았습니다. 반면 앞에서 본 피타고라스는 귀족만을, 그리고 소크라테스나 플라톤, 아리스토텔레스는 노예를 제외한 남성만을 우정의 주체로 보았습니다. 나는 남녀노소 누구나 노동자로서, 그리고 인간으로서의 가치와 존엄성을 보장받는 세상을 꿈꾸기에 평생 노동법을 공부하고 가르쳐왔습니다.

헬레니즘 시대의 철학

서양사의 시대를 크게 고대-중세-근대로 구분합니다. 서로마 제국이 멸망(476년)하고 게르만 민족의 대이동(4세기~6세기)이 있었던 5세기 이전을 고대, 그 이후부터 르네상스(14~16세기)를 지나 근세(1500~1800년)가 시작되기 전까지를 중세, 그 이후를 근대라고 봅니다. 고대와 중세 사이에 헬레니즘 시대를 두기도 합니다. 헬레니즘이란 '그리스화(化)'라는 뜻으로 고대 그리스 이후 시대, 즉 그리스화가 근동에서 행해진 시대를 지칭합니다. 헬레니즘 시대의 범위에 관해서도 그 시작을 알렉산드로스의 죽음(기원전 323)에 두는 등 여러 설이 있습니다.

헬레니즘 시대는 도시국가가 권력의 중심이었던 시대에서 알렉산드로스 제국이 마케도니아, 셀루시드, 프톨레마이오스 제국과 같은 여러 제국으로 나누어지는 전환기에 시작되었습니다. 그리고 그 세 제국 중 마지막 제국이 로마 장군 옥타비아누스(Octavianus, 뒤에 아우구스투스)와의 악티움 해전에서 패배한 기원전 31년에 끝납니다. 이러한 변화는 그리스 문화와 학문이 급성장하는 로마 제국에 통합되는 것뿐만 아니라, 우정과 좋은 삶에 관한 철학적 이론과 우정의 정치적 형태에도 상당한 영향을 미쳤습니다.

알렉산드로스의 세계 침략과 그의 사후 후계자들 사이에 전개된 권력투쟁은 세상을 인간성이 무시되는 참혹한 전장으로 변화시켰습니다. 어제의 적이 오늘은 친구가 되고 어제의 친구가 오늘은 적이 되어 피 튀기는 전투가 거듭되는 나날이었습니다. 육지에는 산적이, 바다에는 해적이 출몰하고 마을은 강도로 뒤덮였습니다. 하지만 권력자들은 그들을 평정하기는커녕 정치적으로 이용하고 방치했습니다. 마을이나 도시가 공격을 당하면 남녀노소 가리지 않고 노예로 팔려 나갔습니다. 부유층은 돈을 써서 풀려날 수 있었지만, 빈곤층은 자손 대대로 노예가 될 수밖에 없었습니다. 이처럼 급변하는 상황 속에서 철학은 새로운 세계의 기본 구조와 세계 속의 인간을 이해하기 위한 통합체계가 되어야 했습니다.

헬레니즘 시대는 고대의 도시국가 시대와 매우 달랐습니다. 알렉산드로스의 정복으로 인해 그리스 문화가 지중해 동부 지역으로 전파되면서 그리스 도시국가인 폴리스의 정치 단위는 알렉산드로스 제국이 분열된 다양한 왕국에 가려졌습니다. 고대에 자치 국가였던 폴리스가 광대한 영토를 가진 제국의 도시로 포함되면서 시민들의 공적 생활이 크게 변화했습니다. 즉 '특수성'이 상실되며 '보편성'이 강조되고, 폴리스 공동체 의식 대신 보편 인류 의식(코스모폴리타니즘)과 개인주의가 시대정신이 되었습니다. 철학은 공동체(폴리스)와 결별하여, 보편주의적인 스토아 및 에피쿠로스 철학으로 바뀌고 개인의 영혼 구제가 철학의 핵심 주제로 자리했습니다.

헬레니즘 우정론의 특징

헬레니즘 시대 철학에는 몇 가지 특징이 있습니다. 첫째, 소크라테스, 플라톤, 아리스토텔레스의 정치사상이 도시국가라는 배경을 당연하게 여긴 반면, 헬레니즘 시대의 철학자들은 도시국가보다 더 크거나 더 작은 개념을 중시했습니다. 이는 한편으로 키니코스학파와 스토아학파처럼 모든 이성적 존재들의 공동체를 구상하고 코스모폴리테(kosmopolitês) 또는 '세계 시민'이라는 용어를 만들어낸 반면, 에피쿠로스(Epicurus, 기원전 341~271) 같은 철학자들로 하여금 세계의 더 넓은 문제에 정치적으로 개입하는 것을 피하고 소규모의 자급자족 공동체 내부로 물러나도록 권하기도 했습니다.

둘째, 헬레니즘 시대의 철학은 더 많은 청중을 대상으로 했습니다. 플라톤은 철학에 참여할 수 있는 사람이 거의 없다고 상상했고, 아리스토텔레스도 마찬가지로 엘리트주의적이어서 훌륭하고 고상한 것을 이해할 수 있는 신사로 제대로 자라지 않은 이상 윤리학 강의를 듣는 것은 아무 의미가 없다고 했습니다. 이와 대조적으로, 에피쿠로스는 철학이 모든 사람에게 유익할 수 있다고 주장했습니다.

셋째, 헬레니즘 시대의 철학자들은 철학의 구원론적 성격을 더욱 분명하게 표명했습니다. 철학은 구원에 이르는 길, 사람에게 닥칠 불행으로부터의 탈출구였습니다. 이 구원은 개인적이면서 무조건적인 것이었습니다. 시대의 불확실성으로 인해 독립성과 정치적 활동을 빼앗긴 그리스 사람들은 자유롭고 순수하게 과학적인 세계관 대신 실천적 문제에 관심을 갖게 되었습니다. 그러니 철학이 삶의 비참함으로부터 도피처를 제공하는 데서 가장 중요한 가치를 찾는 것도 당연한 일이었습니다. 따라서 스토아학파와 에피쿠로스학파의 우정론은 고전 시대 우정의 이상보다 더 엄격하고 제한적이었습니다.

넷째, 헬레니즘 시대에는 시민적 우정이나 정치적 우정(philia politikê)에 대한 고대 철학의 논의 맥락이 변화했습니다. 특히 신뢰하는 부하들에게 '친구(필로이)'라는 공식 칭호를 부여한 헬레니즘 궁정에서는 왕이 자신의 친구들에 둘러싸였고, 그 친구들은 왕과 가까운 지위에 임명되어 양 당사자 모두에게 이익이 되는 친밀한 관계를 즐겼습니다. 왕은 그들에게 토지를 선물로 보상하여 그들 사이를 확고하게 했지요. 왕의 통치를 유지하는 데에는 그들의 지지가 필수적이었습니다.

이는 앞에서 논의한 기원전 5세기와 4세기 그리스의 정치적 파벌 내의 우정과는 상당히 대조적인 것이었습니다. 그러한 우정 그룹에서는 부, 명성, 영향력이 실제로 동등하지 않아도 구성원 간에 최소 개념적 차원의 평등이 구가되었습니다. 반면 왕정 제도는 이를 상당히 변화시켰습니다. 그러나 이것이 헬레니즘 그리스의 정치 세계에서 우정이 특징을 이루는 유일한 방식은 아니었습니다.

당시의 조약과 법령에는 '친구' '친구들' '우정'이라는 용어가 자주 사용됩니다. 여기서 때때로 '동맹(alliance)'이라는 용어와 연관되는 우정은 일반적으로 영토 보전을 존중하고 필요할 때 군사 지원을 제공하겠다는 약속을 포함했습니다. 이는 헬레니즘 그리스인의 정치적 세계에서 특수한 우정의 역할과 성격을 보여줍니다. 예를 들어, 프톨레마이오스 2세 왕은 민병대에게 '혜택을 주어' 그들의 '우정'을 '갚을' 것이라고 말했습니다(기원전 262년경). 아탈로스 2세는 그 앞 조상 때부터의 손님-우정을 정치적으로 반영하여 그 자녀들에게 교육비를 제공했습니다(기원전 160/159년). 그래서 로마인과 그리스인 사이의 관계를 설명하기 위해 공식 문서에서 '우정'이라는 용어가 자주 사용되었습니다. 여기서 우정은 대개 로마인에게 도시에 대한 통제권을 부여하는 그리스인과 관련 있는 것입니다. 그 대가로 그리스 도시는 자체 법률에 따라 스스로 통치할 수 있도록 허용되었지요.

실제로 실천되고 경험된 개인적인 우정도 헬레니즘 시대와 로마 시대의 그리스인들에 의해 만들어졌습니다. 우정론의 정치적 용도는 헬레니즘 시대의 새로운 정치 형태와 함께 바뀌었지만, 개인적인 우정과 혈족 간의 관계에는 연속성이 있었습니다. 가령 남자가 사업이나 공적인 문제에서 친구를 대신하여 행동하는 것이나, 친구가 없는 동안 친구의 가족을 돌보는 일이 흔했지요. 또한 친구들은 서로를 위한 봉사, 특히 '돈을 빌리거나 빌려주거나 모으거나 운반하는 일'을 자주 수행했습니다. 이는 '친구를 돕는다'는 필리아의 지배적 원리가 여전히 상식이었음을 보여줍니다. 또한 우정은 정치적인 것과 평행을 이루었고 여전히 가족 관계로 확장되었습니다. 혼란의 시대에는 가족이 무엇보다도 중요했기 때문입니다.

아리스티포스와 키레네학파

에피쿠로스 앞에 아리스티포스(Aristippus, 기원전435경~350경)라는 사람이 있었습니다. 그에 의하면 쾌락은 인생의 목적이자 최고선이지만,

그것을 갖기 위해서는 식견과 극기, 절제가 필요합니다. 아리스티포스가 창시한 키레네학파(Cyrenaics)에는 그의 딸 아레테도 참가하였습니다. 아레테는 철학사상 최초로 나타난 여성이라 알려졌습니다. 그는 교양을 잃기보다는 차라리 거지가 되는 것이 낫다고 말하였던 것으로 전해집니다.

아리스티포스의 명성 중 일부는 창녀(hetairai)와의 공개적인 교제에서 비롯되었습니다. 그는 "쾌락을 절제하기보다 쾌락을 이기고 쾌락에 굴복당하지 않는 것이 더 낫다"고 했습니다(『유명한 철학자들의 생애와 사상』, 2권 75). 자녀에 대한 태도도 똑같이 도전적이었습니다. 특히 "가래도 이도 우리한테서 나왔다는 것을 알지만, 쓸모없기 때문에 가능한 멀리 내던진다"는 말로 친자 관계를 잔인하게 부인했지요(2권 81).

기원전 4세기 후반과 3세기 초에 아리스티포스를 중심으로 키레네학파가 만들어졌습니다. 키레네학파는 행복이 우리의 모든 노력이 지향해야 할 목표와 동일시되어야 한다는 생각을 거부했습니다. 행복이란 개인의 일생에 걸친 즐거운 에피소드의 총합이라고 주장했지요. 그에 딱 들어맞는 것이 우정이었습니다. 공리를 위해 친구를 사귄다는 주장도 있었지만, 유용성에 주목해서 친구를 선택했기 때문에 감사, 우정, 자비 같은 것은 전혀 없다고 주장하는 사람도 있었습니다(2권 93).

키레네학파는 내부 불일치로 인해 오래가지 못했지만, 다른 쾌락주의자들에게 영향을 주었습니다. 에피쿠로스는 즐거움에 대한 키레네학파의 개념을 실질적으로 바꾸었습니다. 키레네학파에게 즐거움은 우리가 원하는 것을 얻는 과정이었지만, 에피쿠로스는 이러한 종류의 운동적 또는 과정적 즐거움이 훨씬 더 큰 이익, 즉 우리가 정말로 필요한 모든 것을 갖고 있는 상태에 종속된다고 가정했습니다. 그래서 키레네학파 쾌락주의의 향락적 성격을 거부했지요. 즐거운 삶을 만들어주는 것은 술자리, 파티, 소년 및 여성과의 성적 교제, 사치스러운 식탁에서 먹는 산해진미가 아니라, 모든 선택과 회피의 이유를 밝히고 인간 영혼의 가장 큰 혼란의 근원인 의견을 몰아내는 각성한 헤아림의 능력이라는 것입니다(10권, 132).

따라서 우리에게 정말로 필요한 것은 육체적 고통과 정신적 고통으로부터의 해방에서 오는 평온뿐입니다. 에피쿠로스는 육체적 고통으로부터의 자유는 당연한 것이라고 보았기에 정신적 혼란이나 고통으로부터의 해방을 강조합니다. 이 상태는 우리를 방해하는 모든 것이 영구적으로 말소되었을 때 이루어지는 것입니다. 이를 위해서는 죽음과 신의 형벌에 대한 두려움을 없애야 합니다. 또한 '더 많은 것이 더 좋지 않다' '필요한 것은 찾기 쉽다'와 같은 진실을 실제로 배우고 완전히 내면화해야 합니다. 에피쿠로스에 따르면 우정은 고통과 불안으로부터 자유로워지는 데 중요한 역할을 합니다. 우리는 친구들에게 작은 도움을 받아 심리적으로 치유될 수 있습니다. 또한 우정은 배고픔과 거처 없음으로 인한 육체적 고통을 예방할 수 있다는 일종의 안정감을 제공합니다.

에피쿠로스의 행복론

지금 우리는 그리스철학이라고 하면 바로 소크라테스·플라톤·아리스토텔레스를 떠올리지만, 고대에는 에피쿠로스가 더 유명했고 추종자도 더 많았습니다. 에피쿠로스는 소크라테스 등의 목적론적 세계관에 반대했습니다. 특히 신이 인간 세계를 지배한다는 생각을 비판했지요. 동시에 기계론이나 결정론에도 반대했습니다. 에피쿠로스는 우연성과 인간의 자유를 강조했으며, 인간 사회에 질서를 부여하는 것 중 가장 중요한 게 우정이라고 보았습니다.

앞에서 보았듯이 에피쿠로스가 기원전 341년 피타고라스의 고향인 사모스섬에서 태어났을 때, 그곳은 아테네의 식민지였습니다. 아테네는 가난한 시민들을 여러 식민지로 보냈습니다. 에피쿠로스는 18세에 아테네와 마케도니아의 전쟁에 참전했다가 아테네 측이 패배하자 아테네에서 온 다른 사람들과 함께 추방당했습니다. 에피쿠로스도 가족과 함께 기원전 322년 이오니아로 갔지요.

에피쿠로스는 플라톤의 영향을 거의 받지 않았습니다. 그는 데모크리토스(Democritus, 기원전 460~380)의 영향을 받은 스승에게서 철학을 배웠는데, 에피쿠로스가 훗날 발전시킨 철학은 여러 면에서 유물론적인 데모크리토스 원자론과 유사합니다.

에피쿠로스는 기원전 306년에 추종자들과 함께 학자들의 도시인 아테네로 이주하여 토지를 구입하고 같은 생각을 가진 친구들과 원시적 공동체를 형성했습니다. 그곳을 '정원(Ho Kepos)'이라 이름하였지요. 그들은 그곳에서 채소를 가꾸고 끝없는 대화를 이어갔습니다. 에피쿠로스의 '정원'은 친구들의 공동체였습니다. 이때 그곳에 같이 사는 '친구'란 사전에 엄선된 사람들이 아니었습니다. 정원에 살기를 원하는 사람이라면 누구나 친구가 될 수 있었습니다. 그곳의 입구에는 다음과 같은 안내판이 붙어 있었다고 합니다.

이곳을 처음 찾아온 이여!
당신은 여기에 머물 수 있습니다.
이곳 사람들이 추구하는 최선의 선은 즐거움입니다.
이 집의 관리자인 친절한 집주인이 당신을 맞이하려고 기다리고 있습니다.
그는 당신을 빵으로 대접하고 충분한 물을 주며 이렇게 말을 건넬 것입니다.
"여태까지 충분히 대접받지 못했습니까?
이 정원은 당신의 욕망을 자극하지 않고, 그 욕망을 해소해줄 것입니다."

정원은 주변 도시와 의도적으로 분리되었고, 공적 생활과도 단절되었습니다. 플라톤, 아리스토텔레스를 비롯하여 키케로나 플루타르코스에 이르는 사람들이 이 점을 들어 에피쿠로스를 비판했습니다. 당시 아테네의 철학계는 플라톤의 아카데미와 아리스토텔레스의 학원이 지배하여 가장 재능 있는 추종자들을 끌어들였습니다. 그들은 철학을 공공 생활에 적용하는 데 중점을 두었습니다. 에피쿠로스는 우정을 행복의 재료로서 중요히 여겼고, 정원에 정기적으로 여성들과 노예들을 받아들임으로써 그리스인에게 근본적인 인간 평등 사상을 소개하고 신을 숭배하는 전통을 깨트렸습니다.

에피쿠로스에 의하면 행복은 실천을 통해서만 가능한 것입니다. 즉 스스로 삶의 즐거움을 추구하고 있다고 인정하고, 삶의 고통을 주는 원인을 원천 제거하면서 행복은 시작됩니다. 그것은 가장 단순한 삶을 최대한 즐기고, 친구들과 어울리는 것입니다. 에피쿠로스와 그의 친구들은 이를 위해서는 먼저 신을 두려워하지 말아야 한다고 말했습니다. 그들은 고대 최초의 무신론자였습니다. 원자와 허공으로 이루어진 세상에 신은 있을 수 없다고 주장했는데, 당시 사람들에게는 이 또한 엄청난 충격으로 다가왔습니다. 죽음을 걱정하지 않고 사후세계를 믿지 않았다는 점 역시 당시 플라톤처럼 영혼 불멸을 믿은 그리스인들에게는 충격이었습니다.

에피쿠로스는 인간에게는 세 가지 욕망이 있다고 말합니다. 첫째는 의식주와 같이 생존에 필요하고 자연스러운 욕망입니다. 둘째는 식탐이나 성적 욕망과 같이 자연스럽지만 불필요한 욕망입니다. 셋째는 명예와 권력처럼 자연스럽지도 않고 필요하지도 않은 것들입니다. 에피쿠로스에게 선은 단순하고 검소한 의식주입니다. 이는 누구나 조금만 노력하면 얻을 수 있는 것들이지요. 그래서 에피쿠로스는 말합니다. 선한 것은 얻기 쉽다고요. 그리고 최악의 상황도 견딜 만하다고 합니다.

우정에 대한 에피쿠로스의 생각과 정원 내 우정의 실천은 우리에게 남자와 여자 사이의 우정에 대한 철학적 이상을 제시합니다. 이는 압도적으로 남성주의적인 다른 그리스 철학자들의 저술에서는 볼 수 없는 생각입니다. 에피쿠로스주의 도덕 철학의 중심은 즐거움이 유일한 선이라는 주장이었고, 고대 그리스 사상에서 즐거움은 분명히 여성적인 연관성을 갖고 있었습니다.

　에피쿠로스는 무신론자였지만, 초기 기독교 공동체와 에피쿠로스 정원 공동체 사이에는 놀라운 유사점이 있습니다. 첫째, 둘 다 의도적으로 그리스·로마 전통의 '고급문화'를 무시했다는 점입니다. 각각의 경우에 공동체의 구성원들은 인간이자 신성으로 간주되는 누군가를 모방함으로써 구원을 추구했습니다. 정원 공동체의 구성원들은 자신들이 선택한 현자를 모방하면서 서로를 돕기 위해 친구들 사이에서 솔직하게 말하는 기술을 활용했습니다. 그리고 기독교인들은 일반적으로 에피쿠로스 치료 철학의 많은 기술을 채택했지만 내용은 상당히 달랐습니다. 마지막 유사점은 여성이 성별 간 우정을 누렸다는 점입니다. 정신적 또는 영적 건강을 달성하려는 목표를 중심으로 구축되고 발전 과정에서 서로에게 유익을 주기 위해 노력하는 친구 공동체의 이상 구원에 대한 일종의 반문화적 개념을 향한 경향은 서구 지적 생활에서 계속해서 발생합니다. 에피쿠로스의 이름이 붙어 있지 않더라도 그것은 에피쿠로스학파라고 할 수 있겠습니다.

에피쿠로스의 즐거운 우정론

에피쿠로스는 고대 그리스의 철학자로서는 보기 드물게 삼백여 권의 책을 저술했습니다. 하지만 전해지는 것은 그중 몇 권뿐입니다. 에피쿠로스는 철학의 목적을 행복하고 평온한 삶을 사는 데 두었습니다. 그것은 평정, 평화, 공포로부터의 자유, 무통(無痛, aponia)을 특징으로 하는 삶입니다. 쾌락과 고통은 무엇이 좋고 악한지를 판단하는 척도이고, 죽음은 몸과 영혼의 종말이기 때문에 두려워하지 말아야 하며, 신은 인간을 벌주거나 보상하지 않고, 우주는 무한하고 영원하며, 세상의 모든 현상은 궁극적으로는 빈 공간을 움직이는 원자들의 움직임과 상호작용으로부터 나온다는 것이 에피쿠로스의 사상입니다.

우정과 공동체는 에피쿠로스학파의 핵심입니다. 에피쿠로스는 플라톤이나 아리스토텔레스와 달리 추종자들에게 정치나 공직 생활에 참여하지 말고 우정과 사회적 유대를 중시하라고 적극적으로 권고했습니다. 당대의 정치는 국가가 제공하는 보호 혜택을 받기 위해 국가 제도에 복종하는 암묵적 계약에 근거한 것이었습니다. 이는 만약 따르지 않으면 피해를 볼 수 있다는 두려움에 기반을 둔 시스템과 같으므로 정의롭지 않다고 에피쿠로스는 생각했습니다. 그래서 두려움에 근거한 공공 규칙이 아니라 우정으로 서로 돕고 보살피는 공동체를 만들고자 했습니다. 공동체에서 사람들은 다른 사람을 해할 동기가 없고 정의로 가득 차 있기에 법과 형벌을 필요로 하지 않습니다.

또한 정원에 여자와 노예도 들어갈 수 있었다는 것은 당시로서는 그야말로 혁명적인 일이었습니다. 정해진 물을 마시고 보리빵을 먹는 등 단순한 삶을 살았다는 점도 마찬가지였습니다. 에피쿠로스는 검소하고 저렴한 생활방식의 미덕을 굳게 믿었습니다. 정원에는 성적인 문제도 거의 없었습니다.

에피쿠로스는 최초의 인간은 어떠한 사회적 구조도 없고 단지 무작위적으로 번식할 뿐인 고독한 생물이었다고 보았습니다. 그러나 결혼하고 가족을 형성하면서 서로를 더욱 보호하게 되었고, 나아가 화재나 야생 동물과 같은 자연적 위험을 막거나 서로 경고해줄 수 있는 집단을 형성할 수 있었으며, 장기적인 인간 생존을 보장하는 우정과 동맹의 유대를 더욱 강화한 도시, 국가를 만들게 된 것이지요. 이처럼 에피쿠로스는 사회계약을 처음으로 주장하고, 인간 사회는 발달한다는 사회학적 개념을 처음으로 도입한 철학자이기도 합니다. 그리고 그러한 것들의 핵심이 우정이라고 보았습니다.

그래서 에피쿠로스는 『주요 교리 *Vatican Saying*』에서 말합니다.

인생 전체에 걸쳐 행복을 보장하기 위해 지혜로 얻을 수 있는 모든 수단 중에서 가장 중요한 것은 친구를 사귀는 것이다. (27)
우리는 애도가 아니라 사려 깊은 관심을 가지고 친구들의 고통에 대한 우리의 감정을 표현한다 (66)
자유로운 사람은 많은 부를 얻을 수 없다. 왜냐하면 그것은 대중이나 권력에 예속되지 않고는 쉽게 성취될 수 없기 때문이다. 대신 그는 이미 필요한 모든 것을 풍부하게 가지고 있다. 그러나 우연히 그가 큰 부를 갖게 된다면, 그는 쉽게 그것을 동료들과 나누어 그들의 호의를 얻을 수 있다. (67)

이어 68에서는 우정을 '불멸의 선(agathon)'이라고 했습니다.

에피쿠로스는 우정의 가치를 '도움이 필요할 때 도움을 받을 수 있다는 사실'과 '나에게 도움을 줄 사람이 있다는 믿음'으로 나누어 설명합니다. 첫째, 만약 내가 누군가의 진정한 친구라면, 그 친구가

제1부 근대 이전의 우정론

어려움을 겪을 때 나는 그를 도울 것입니다. 이때 친구 간의 도움은 단순 지인이 돕는 방식과는 다른 큰 도움입니다. 둘째, 실제로 우리가 큰 어려움에 빠지는 경우가 없고 친구에게 현실적인 도움을 요청할 일이 없다고 해도, 언젠가 내가 위기에 처했을 때 언제든 나를 도울 사람이 있다는 사실은 삶에 안정감을 줍니다. 중요한 것은 직접적인 도움이 아니라 언젠가 내가 무언가를 필요로 할 때 도와줄 손길이 가까이에 있다는 확신입니다. 이에 대해 에피쿠로스는 『주요 교리』 34에서 "친구들의 도움이 우리를 돕는 것이 아니라, 친구들이 나를 도우리라는 믿음이 우리를 돕는다"고 했습니다. 친구는 삶에 대한 불안을 제거해줌으로써 에피쿠로스 철학의 목표인 마음의 평온에 도달하는 데 도움이 됩니다. 그래서 52에서는 "우정은 전 세계에서 춤을 추며 우리 모두를 불러일으켜 축복을 깨우치게 한다"고 한 것입니다.

에피쿠로스가 우정을 중시하는 것은 물질적 지원뿐만 아니라 정신적인 안녕에 중요한 역할을 할 수 있기 때문입니다. 에피쿠로스는 『주요 교리』 78에서 "고귀한 사람은 주로 지혜와 우정에 관심을 갖는다. 전자는 필멸의 재화이고 후자는 불멸의 재화다"라고 말함으로써 우정을 지혜 위에 두었습니다. 지혜는 죽지만 우정은 불멸이기 때문입니다.

우정과 즐거움

에피쿠로스의 우정에는 두 가지가 있습니다. 하나는 일반적인 우정이고, 다른 하나는 특수한 우정으로서 정원에서 함께 사는 친구들과의 우정입니다. 에피쿠로스가 주로 설명하는 것은 후자의 우정이며, 이는 즐거움(쾌락)에 대한 논의와 직결됩니다. 그에 의하면 자연은 쾌락에 양적인 한계를 주었습니다. 가령 음식이 줄 수 있는 쾌락의 한계란 기아의 충족일 뿐입니다. 따라서 사치스러운 식사를 해도 쾌락은 양적 한계를 넘어 증대하지 않고, 한계 내의 쾌락의 질을 변화시킬 뿐이지요. 기아가 충족되면 신체적 쾌락은 충족되는 것입니다. 그런 이유로 에피쿠로스 정원의 식비는 지극히 적었습니다. 가끔 포도주 한 잔 같은 부식물이 제공되기는 했지만 대부분 물과 빵만을 먹었습니다.

신체적 쾌락의 충족은 우정에서 생기는 즐거움(쾌락)을 얻기 위한 예비조건입니다. 친구는 음식물과 같이 생활필수품이지만, 친구가 되기 위해서는 일정한 수준에 이르러야 합니다. 서로의 이익을 위해서 맺는 친구 관계는 오래 가지 않습니다. 에피쿠로스는 말했습니다.

우정도 도울 필요가 있기 때문에 생겨난다. 그러나 그에 앞서서 친구에게 스스로 도움을 주어야 한다. 이는 수확을 얻기 위해서는 먼저 대지에 씨앗을 뿌려야 하는 것과 같다. 그런데 우정은 즐거움으로 충만한 사람들과 교제함으로써 형성된다. (『유명한 철학자의 생애와 사상』, 10권 120.)

이처럼 우정에 특별한 의미를 부여한 결과, 에피쿠로스 정원의 공동생활은 침식을 함께 하는 것에 그치지 않고 신비롭고 종교적인 분위기를 지니게 되었습니다. 에피쿠로스학파는 영혼의 불사나 신의 섭리를 부정했지만, 종교적 행사가 갖는 도덕적 영향에 민감했고, 부모 형제나 동료를 위한 잔치를 관습적으로 열었습니다. 이러한 관행은 친구들의 우정이 불멸이라는 확신을 조장했습니다.

에피쿠로스의 우정론은 사제지간에도 적용된다는 점에서 뒤에 양명학에서 보게 될 사우론(師友論)을 연상하게 합니다. 에피쿠로스 정원에는 에피쿠로스를 정점으로 하는 일종의 위계제가 있었지만, 이는 교육을 위한 것이지 상하 계급과 같은 신분제의 그것은 아니었습니다.

앞서 말했듯이 나는 사십 년간 대학에서 가르치면서 친구와 같은 스승이라는 사우가 되기 위해 노력했지만, 한국의 대학에서는 그렇게 되기가 쉽지 않습니다. 그런 분위기가 전체적으로 형성되어 있지 않은 사회에서 교수가 학생들을 친구로 대하고 친밀한 관계를 맺기란 쉬운 일이 아닙니다. 도리어 오해받기 쉽지요. 특히 교수와 학생의 성별이 서로 다를 때는 더더욱 그렇습니다.

에피쿠로스의 개인주의적 우정론

에피쿠로스는 쾌락주의자이자 개인주의자였습니다. 앞서 보았듯이 우정이 위험으로부터 안전을 제공하고 자신감을 가지고 미래를 맞이할 수 있게 해주기 때문에 가치 있다고 주장한다는 점에서 개인주의자이지요. 그러면서도 이타주의적인 측면을 보입니다. 예를 들어 "현자는 때때로 친구를 위해 죽을 수도 있다"고 말하거나(『유명한 철학자의 생애와 사상』, 10권 121), 현명한 사람은 친구를 자신만큼 사랑하고, 친구에 대해서도 자기 자신처럼 똑같이 느끼며, 자신의 즐거움을 위해 노력하는 것과 마찬가지로 친구의 즐거움을 위해 힘쓴다는 주장 등이 그러합니다.

여기서 개인주의와 이타주의에 대해 생각해볼 필요가 있겠습니다. 흔히 이타주의는 심리적·윤리적으로 나 자신의 이익보다 다른 사람의 이익을 선호하는 것으로 여겨집니다. 이런 점에서 이타주의를 '자기희생'을 의미하는 것으로 간주한다면, 에피쿠로스가 자기희생적 우정을 말했다고 할 수 있습니다. 그러나 그는 다른 사람의 이익을 위해 자신의 이익을 희생해서는 안 된다고 생각했으며, 자신의 이익보다 다른 사람의 이익을 바라야 한다고 말하지도 않았습니다. 즉 에피쿠로스의 우정은 자기 행복의 일부이지 타인의 행복이 아닙니다. 아리스토텔레스가 주장하는 미덕의 우정과 달리, 에피쿠로스는 친구의 이익은 그 자체로 가치 있는 것이 아니라고 주장합니다. 그런 점에서 그의 우정은 자기 존중적입니다. 이러한 자기 존중적 우정은 노년기의 우정에서 가장 아름답습니다.

에피쿠로스는 노년이란 아무런 제약을 받지 않고 광범위한 주제에 대해 생각할 수 있는 특별한 기회라고 생각했습니다. 노년에게 그런 기회가 주어지는 이유는 신체적 쇠약으로 인한 성적 욕망의 쇠퇴를 포함하여 정치나 경제 등의 모든 욕망으로부터 자유로울 수 있기 때문입니다. 나는 그러한 자유가 신체적 능력의 쇠퇴에 따라 어쩔 수 없이 주어지는 것을 노년만의 축복이라고 생각합니다. 정치활동이나 경제활동은 물론 성적인 욕망 등에 빠져 있으면 마음이 제약을 받아 사회에 대한 인습적인 생각을 벗어나지 못합니다.

　　　　　　　　　　　제1부 근대 이전의 우정론

에피쿠로스에 의하면 노인에게는 미래에 대한 두려움이 없으므로 마음을 열고 새로운 사상을 받아들이기에 아주 이상적인 상태입니다. 인생의 승부나 경쟁 같은 것에 시달릴 이유가 없으니 삶에 조바심을 낼 필요도 없습니다. 무엇이든 자유롭게 선택할 수 있습니다. 친구도 마찬가지로 스스로 자유롭고 평등하게 선택할 수 있습니다. 나는 노년이 인생의 경험이 많아 더 현명하다거나 지혜롭다는 말은 믿지 않습니다. 설령 그렇다 해도 사람마다 차이가 클 것이고, 일단 나 자신은 나이가 들어 보다 현명해졌다고는 생각하지 않습니다. 그러나 모든 욕망으로부터 어느 정도 벗어날 수 있는 것만은 분명하다고 생각합니다. 그래서 나는 에피쿠로스가 노년이 인생의 절정이자 최상의 단계라고 한 다음의 말에 동의합니다.

운 좋은 사람은 젊은이가 아니라 일생을 잘 살아온 늙은이다. 혈기 왕성한 젊은이는 신념에 따라 마음이 흔들리고 운수에 끌려 방황하지만, 늙은이는 항구에 정박한 배처럼 느긋하게 행복을 즐긴다.

노년에는 친구에게서 아무것도 원하지 않기 때문에, 여전히 직업 생활과 그 관계에 몰두하는 젊은이의 지향과 근본적으로 다릅니다. 에피쿠로스에 의하면 우정의 즐거움이란 가장 사랑하는 동료들과의 친밀하고 종종 철학적인 토론에서부터 알려지거나 알려지지 않은 사람들과 거리에서 만나 나누는 즉석 교류에 이르는 인간의 광범위한 상호작용을 의미하는데, 이는 노년에 이르러서야 비로소 가능해지는 것입니다.

아리스토텔레스와 에피쿠로스의 비교

아리스토텔레스는 '우정'이 공동체를 하나로 묶는 유대이고, 입법자들은 정의보다 우정에 더 많은 중요성을 부여하는 것 같다고 썼습니다. 이러한 자기 공동체 중심의 배타적 우정 개념은 극도로 위험한 당시의 역사적 상황 속에서 발전했습니다. 아주 작은 그리스 도시 국가의 경우, '친구는 또 다른 자아'라거나 '애착의 기초는 평등과 유사성' '가장 유사한 것이 친구'라고 하는 등의 희소한 친족 관계 어휘를 의도적으로 많이 차용했습니다. 이는 앞에서 본 고대 중국 이후 동아시아 유교권에서 친구에 대해 가족 차원의 호명을 많이 사용하는 것과 유사합니다. 물론 서양에서는 그러한 현상이 일찍 끝났으나, 동양에서는 지금도 계속되고 있지요.

이와는 매우 다르게 에피쿠로스와 그의 추종자들의 단편 속에서 우정은 필록세니아*나 손님, 낯선 사람, 외국인에 대한 사랑으로 해석됩니다. 그 속에서 아리스토텔레스의 필리아 모델은 가장 즉각적인 도전에 직면합니다. 그리고 아리스토텔레스와는 대조적으로, 낯선 친구에 대한 이러한 충성의 윤리는 폴리스의 인종적 배타성에 대한 원칙적인 혐오에 근거하고 있습니다. 필로데무스(Philodemus)는 주장했지요. "만약 인간이 우정을 가장 파괴하고 가장 적대감을 낳는 것이 무엇인지 알아내기 위해 체계적인 탐구를 한다면, 그는 그것을 폴리스 체제에서 발견할 것이다."**

---

*   Φιλοξενία. 이방인을 친구처럼 맞이하는 그리스인의 환대를 뜻합니다.

**   Benjamin Farrington, The Faith of Epicurus, Weidenfeld & Nicolson, 1967, p. 31.

제1부 근대 이전의 우정론

국지적이든 세계적이든 어떤 종류의 우정은 감정적으로 위험합니다. 정서적 의존의 불안으로 고요한 에피쿠로스인을 괴롭힐 수도 있지요. 특히 낯선 사람이나 외국인에 대한 우정은 언제든지 '중범죄에 대한 죄'를 구성할 수 있기 때문에 예외적인 위험을 수반합니다. 국가보다 친구를 선택하는 행위는 의심할 여지 없이 정치적이고, 위험 요소가 있습니다.

7

스토아학파와 키케로의 우정론

스토아학파

스토아학파(Stoicism)의 스토아라는 말은 스토아 포이킬레*에서 유래했습니다. 폴리그노트스(Polygnotus, 기원전 475~447)를 비롯한 당대 저명 화가들이 그린 전쟁 장면의 벽화로 장식된 그곳에서 스토아학파학자들이 강의를 했거든요. 스토아학파는 기원전 4세기 말경에 페니키아 키티온의 제논(Zeno of Citium, 기원전 335경~263)에 의해 시작되었습니다.

제논이 스토아학파를 설립하게 된 결정적인 계기는 에피쿠로스의 아테네 이주(기원전 307/306)였던 것 같습니다. 제논은 에피쿠로스가 인간이 인간일 수 있는 것은 이성(로고스) 때문이라는 점을 완전히 간과했다고 생각했습니다. 그래서 스토아 철학은 이성주의와 금욕주의를 핵심으로 합니다. 스토아 철학은 '있는 그대로의 삶(kata

---

*   stoa poikile. 채색 현관 또는 주랑을 말합니다.

tén physin zén)'을 이상으로 봅니다. 스토아학파에는 여러 철학자가 있으나, 여기서는 로마 황제 네로의 스승이었던 세네카, 노예였던 에픽테토스, 로마 황제 마르쿠스 아우렐리우스의 우정론을 살펴볼 것입니다. 라틴어로 쓴 세네카, 그리스어로 쓴 에픽테토스와 마르쿠스 아우렐리우스를 포함하여 스토아학파를 채택한 로마인들의 저작은 풍부합니다.

스토아학파는 키니코스학파의 영향을 받아 고대 로마의 대중적인 철학을 형성했습니다. 그들은 개인이 자연에 따라 생활하고, 세상을 있는 그대로 받아들이고, 덕과 지혜의 삶을 살기 위해 노력해야 한다고 여겼습니다. 행복해지기 위해서 아무것도, 그 누구도 필요하지 않다고 했지요. 스토아주의자들은 다른 사람들이 갖고 있는 '좋은 것' 중 어떤 것도 필요로 하지 않을 수 있지만, 갖지 않는 것보다는 갖는 것이 더 좋다고 생각합니다. 반면 키니코스학파는 둘 사이에 구별을 두지 않았습니다. 필요하지 않은 것을 원할 이유가 없지 않겠습니까? 스토아학파는 '무관심(apatheia)'이라는 개념을 도입하여 이러한 모순점을 완화했습니다. 우리는 어떤 일의 대가가 우리의 미덕을 손상시키지 않는 한, 인생이 우리에게 제공하는 모든 것을 자유롭게 즐길 수 있습니다. 즉 우리가 지불해야 하는 대가에 어리석음·비겁함·과도함·불의가 포함되지 않는다면 부를 자유롭게 획득하고 누릴 수 있다는 것입니다. 이로써 그들은 필요하지 않은 것을 원할 수 있게 되었습니다.

스토아학파는 소크라테스가 주장한 명제, 즉 도덕적 미덕은 행복을 위해 필요하고 충분하다는 명제를 진심으로 받아들였습니다. 인간이 질병보다 건강을, 극심한 가난보다 물질적 풍요를 더 선호하는 것은 자연스럽고 이성적이지만, 이러한 것들은 행복(에우다이모노스)에 대한 질문과는 전혀 무관하다고 보았습니다. 그들이 말하는 '무관심'은 단지 도덕적인 삶을 위한 원재료일 뿐이고, 이러한 무관심을 선하게 추구할 때에만 행복하다고 본 것입니다. 중요한 것은 건강·부·안전과 같은 목표를 도덕적으로 추구하는 것이지, 그것을 실제로 성취하는 것이 아닙니다. 스토아학파는 정의·자제력·용기와 같은 도덕적 미덕을 합리적 이해 또는 인식과 동일시했습니다. 때문에 우리의 행복은 전적으로 우리의 합리적 본성의 완전성 또는 완전한 실현에 달려 있습니다.

또한 스토아학파는 엄격한 인과결정론자였습니다. 그들은 모든 사건은 자연법에 따라 발생한다고 보았습니다. 그리고 이때 자연법은 모든 것을 상호 관통하고 단일하며 지극히 합리적인 모든 것을 가져오는 신의 존재와 동일시되었습니다.

스토아학파의 우정론

에픽테토스(Epictetus, 55~135)는 노예 출신의 장애인 철학자입니다. 그는 철학이 단순한 이론적 학문이 아니라 삶의 방식이라고 가르쳤습니다. 그에 의하면 모든 외부 사건은 우리의 통제 범위를 벗어난 영역에 있으므로, 우리는 무슨 일이 일어나든 침착하고 냉정하게 받아들여야 합니다. 그러나 개인은 자신의 행동에 책임이 있으며 엄격한 자기 훈련을 통해 이를 조사하고 통제할 수 있다고 에픽테토스는 보았습니다. 그는 소유물이 거의 없이 매우 단순한 삶을 살았고, 오랫동안 독신이었지만, 노년기에 방치되어 죽을 지경에 놓였던 친구의 아이를 입양해 한 여인의 도움을 받아 키웠습니다. 주요 작품은 『담론The Discourses』이며 원본 8권 중 4권이 전해집니다. 에픽테토스는 자기 훈련과 내면의 힘의 중요성을 강조하여 개인이 역경에 직면했을 때 내면의 평온과 회복력을 기르도록 격려했습니다. 그는 말했습니다.

아프면서도 행복하고, 위험하면서도 행복하다. 죽어가면서도 행복하다. 추방 선고를 받았지만 행복하다. 명성을 잃었지만 행복하다.
(『담론』, 2.19)

따라서 스토아학파는 외부 세계가 줄 수 있는 것은 아무것도 필요로 하지 않고 자급자족합니다. 부나 건강, 심지어 생명 그 자체도 필요로 하지 않습니다. 다른 사람의 승인은 물론 친구도 필요 없습니다.

에픽테토스는 "건강은 잘 사용하면 좋고, 나쁘게 사용하면 나쁘다(담론 3.20)"고 합니다. 또한 "우리가 거부해야 할 것은 가난이 아니라 그에 대한 우리의 판단"이며, "그러면 우리는 평화롭게 될 것"이라고 말합니다(담론, 3.20). 우정도 마찬가지입니다. 우정이 없어도 살수는 있지만, 우정이 있으면 인생이 더 좋아집니다. 에픽테토스는 말합니다.

작은 개들이 서로 놀면서 아첨하는 것을 볼 때 '이보다 더 친한 모습은 없다'고 생각하지 않았는가? 하지만 가운데 고기를 던져보면

이 우정이 무엇인지 알게 될 것이다. (담론 2.22)

마찬가지로 서로 사랑하는 형제가 권력을 두고 다투는 것을 보기로 들기도 했습니다.

마르쿠스 아우렐리우스는 모든 사람은 형제라며 "방해하고, 배은 망덕하고, 오만하고, 불충하고, 질투하고, 이기적인" 사람들을 만나도 화를 내지 말라고 했습니다.

나는 범죄자가 육체적 의미가 아니라 나와 신성을 공유하는 이성적인 존재로서 내 형제임을 깨달았다. (⋯) 나는 형에게 화를 낼 수도 없고 미워할 수도 없다. (『명상록』. 2.1)

따라서 그에게는 거짓 우정이 문제되지 않습니다. 그것은 그저 무지에서 비롯되었을 뿐이므로 화를 낼 수 없다는 것입니다.

나아가 세네카는 우정이란 무엇인가를 얻는 것이 아니라 주는 것이라고 했습니다.

그러면 나는 어떤 목적으로 친구를 만드는가? 내가 대신해서 죽을 수 있고, 그를 따라 유배될 수 있고, 그 죽음에 내 생명을 걸고, 서약금도 갚을 수 있는 누군가를 갖기 위해서다. (『인생론』)

그럼에도 불구하고 누구나와 차별 없이 친구가 될 수는 없습니다. 친구라면 신뢰할 수 있어야 하니까요. 그러므로 친구를 선택할 때는

제1부 근대 이전의 우정론

매우 조심해야 하지요. 그래서 세네카는 말했습니다.

누군가를 우정으로 받아들여야 할지 오랫동안 고민하라. 그러나 그를 인정하기로 결정했다면 온 마음과 영혼을 다해 그를 환영하라. 자신과 같이 담대히 그에게 말하라. 그를 충성스러운 자로 여기라. 그리하면 그를 충성스럽게 만들리라.(『인생론』)

요컨대 스토아학파는 우정이 반드시 필요하다 여기지는 않지만 그것을 소중히 여기고, 친구가 자신을 배신해도 화내지 않습니다.

스토아학파가 진정한 우정은 감정이 없는 스토아학파 현자들 사이에서만 가능하다고 주장했다는 견해가 있지만, 이는 스토아학파의 세계시민주의와 모순됩니다. 여하튼 스토아학파가 주장하는 우정은 이타적이고 경계가 없습니다. 그것은 '친구를 자신처럼 대하는 삶과 관련된 모든 것에 속하는 일종의 공동체'입니다.

여하튼 스토아학파의 우정은 필연적으로 매우 엄격한 우정의 이상입니다. 스토아학파는 우정의 기초를 인간의 필요에서 찾지 않았습니다. 친척에 대한 애정과 세상에서 '우정'이라고 부르는 다른 형태의 연합은 우리가 아직 이성적인 본성을 완성하지 않았기 때문에 우리 안에서 자연스럽게 발생하지만, 우리가 될 수 있는 모든 것이 되면 진정한 우정은 우리 삶의 공백을 메우지 않습니다. 친구가 스토아학파 현인에게 유익을 주지 않는다는 말은 아닙니다. 사실 스토아학파는 모든 현명한 사람이 자신이 알고 있든 모르든 간에 그가 행한 모든 일로 말미암아 특정 현인에게 유익을 준다고 주장합니다.

스토아학파의 현명한 사람은 오직 한 가지, 즉 미덕과 덕행을 위해 아낌없이 노력합니다. 미덕은 합리적 능력의 완성이기 때문에, 현명한 사람은 오직 합리적이기를 추구하고, 자신을 둘러싼 세상이 이성의 규범적인 지시에 따르도록 노력합니다. 이성적인 존재들이 이해할 수 있도록 세상을 질서 있게 정돈한 신이 그렇게 행했습니다. 다른 스토아학파 현자들과 그들이 살았던 인간 세계도 합리적으로 똑같이 행동했습니다. 따라서 스토아 현인은 모두 '신 안에서 형제', 즉 제우스의 품 안에서 형제입니다. 따라서 서로에 대한 그들의 엄격한 형태의 우정은 단순히 윤리적 목표에 대한 전적인 헌신으로 이루어진 유대로서, 그러한 목표-성공에 대한 최우선적인 헌신을 공유한 타인을 위한 모델을 형성할 수 있습니다.

우정은 인류의 공통성

스토아학파 우정론의 가장 큰 특징은 우정이 친구를 넘어 자신과의 친밀한 관계는 물론 온 인류에게 공통된다 파악했다는 점입니다. 2세기의 스토아학파 철학자 중 히에로클레스(Hierocles)라는 사람이 있습니다. 그의 생애에 대해서는 거의 알려진 바가 없지만, 아울루스 겔리우스는 그가 그와 같은 시대의 인물이며 엄중하고 경건한 자라고 묘사했습니다. 히에로클레스는 저서『윤리학의 원리들』에서 원 안의 중심에 있는 나에서부터 가장 가까운 원 순으로 가족, 동료 시민, 동료 국민, 인류가 있다고 말했습니다. 그리고 다른 원에 있는 사람들을 같은 배에 탄 자들이라 생각하고 나와 연관 있는 동료처럼 여겨 가깝게 지내기를 원했지요. 그는 제자들에게 이방인들을 형제 자매라 부르고, 나이 많은 자들을 삼촌이나 숙모라고 부르라 말했습니다.

따라서 스토아학파는 세계시민주의입니다. 그것은 우리는 모두 감정과 의식을 지닌 존재로서 같은 세상에 속한다는 것으로, 아우렐리우스가 말하는 자비 사상도 이와 관련됩니다. 스토아학파의 창시자인 키티움의 제논은 '국가'라는 제목의 저술을 했습니다. 지금은 분실되어 이 작품 안에 무엇이 포함되어 있었을지 확실하게 판단하기가 어렵지만, 아마도 플라톤의 동명 저작에 반대하는 내용이었을 것으로 짐작됩니다. 스토아학파가 알렉산드로스 대왕의 세계 국가 건설이라는 야망에 동의했다는 소문이 있지만 확실하지는 않습니다. 제논의 『국가』는 사람들이 각각 고유한 법과 규범으로 규정되는 도시국가나 자신의 특별한 이웃에 거주한다고 생각해서는 안 되며, 오히려 모든 사람을 동료 시민이자 이웃으로 생각해야 한다고 말하는 것을 목표로 합니다.

키케로 우정론의 성립 배경

로마에서 우정에 관해 가장 중요한 철학적 목소리는 고전 시대의 도시국가와 헬레니즘 왕국이라는 두 가지 다른 것이 이상하게 혼합된 정치적 맥락에서 나왔습니다. 키케로는 로마 공화국의 공식적 멸망과 율리우스 카이사르(Gaius Julius Caesar, 기원전 100~44)의 죽음, 로마에 황제가 계승되는 전쟁이 시작되는 것을 목격했습니다. 로마 공화국은 도시국가가 아니라 헬레니즘 왕국과 같은 강대한 제국이었음에도 불구하고, 제한된 민주주의의 흔적을 지녔습니다. 키케로는 그리스 철학 저술에 정통한 사람이면서 동시에 로마의 실용적인 감성을 지닌 로마인이었습니다.

천병희는 키케로의『우정에 관하여』옮긴이 서문의 제목을 '키케로는 왜 전설적 인물인가'라고 달았지만, 그 답은 명쾌하지 못합니다. 키케로는 고대 로마의 정치인이자 작가입니다. 카이사르와 동시대 사람이지만, 카이사르와 달리 군인이 되는 것에는 관심이 없었습니다. 그는 연설에 능한 정치인이었지요. 민중과 민회를 배제하고 이전처럼 소수의 원로원 귀족계급 중심의 공화정을 수호하는 데 앞장섰습니다.

공화정 말기에는 카이사르와 안토니우스를 비롯하여 대규모의 사적 무장 집단을 거느린 유력자들이 권력투쟁을 반복했습니다. 당시 로마에는 전쟁 승리를 축하하는 개선식의 경우를 제외하고는 무장한 채 시내에 들어오는 것을 금지하는 법률이 있었습니다. 그래서 기원전 133년에 그라쿠스 형제(Gracchi)가 시가전에서 죽임을 당했을 때 사람들은 큰 충격을 받았지요. 그러나 그 뒤 오십 년쯤 지나 키케로가 정계에 입문할 때에는 그때까지 독재한 마리우스와 술라의 권력투쟁으로 인해 공문화(空文化)된 법률이 되었습니다. 그 뒤 로마의 거리는 무장한 사병(私兵)들에 의해 계속 점거되었고 시가전도 자주 벌어졌습니다.

게다가 기원전 1세기 전반에 로마는 이집트를 제외한 지중해 연안의 대부분을 차지했습니다. 그 결과 전통적 절차에 따라 로마 시민 중에서 모집하는 전력으로는 그 광대한 영토를 유지하기가 불가능해졌습니다. 또한 여러 지역에 이민족들이 살고 있었기 때문에 새로운 정치 형태가 필요했지요. 그러나 무장 권력투쟁과 독재는 룰을

제1부 근대 이전의 우정론

경시하게 만들고, 사회의 일체감도 사라지게 했습니다. 그 결과 이익을 둘러싼 집단 간의 투쟁과 분열이 더욱 극심해졌지요.

키케로는 이러한 시대에 무장 병력 없이 연설로 출세한 유일한 정치인이었습니다. 당시에는 연설이 유일한 여론 형성 수단이었습니다. 그는 변론의 달인일 뿐 아니라 뛰어난 이론가였습니다. 변론술에 대한 그의 저술은 19세기까지 유럽에서 교과서로 통했습니다. 그러나 그는 신념이 강한 인간은 아니었습니다.

키케로가 귀족 출신이 아닌 자로서는 처음으로 집정관(Consul)에 올랐을 때 그의 나이 43세였습니다. 로마에서는 예외적이라고 할 정도로 젊었지요. 그 뒤 원로원에게 '국부'라는 칭호를 받을 정도로 정치적 수완을 발휘했으나, 중요한 정치적 문제에 대해 해결책을 제시하지는 못했습니다. 그가 집정관을 그만둔 뒤 기원전 60년에 카이사르, 폼페이우스, 크라수스의 제1차 삼두정치가 시작되어 로마의 전통적인 공화제 시스템이 무너졌습니다.

키케로는 처음에는 독재자가 될 가능성이 있는 카이사르를 경계했으나 그 뒤로 그와의 관계가 일관되지 못하여 평판이 나빠졌고, 카이사르와 폼페이우스와의 관계에서도 기회주의적으로 처신하여 당대는 물론 그 뒤에도 오랫동안 '인간관계에 문제가 있는 자'라는 비난을 받았습니다. 당시 갈리아에 있던 카이사르가 루비콘강을 건너 이탈리아로 돌아오자 로마에 있던 폼페이우스는 군대를 거느리고 로마를 떠나 동방으로 도피했는데, 그때 키케로도 함께했습니다. 당시 키케로는 폼페이우스를 지지했기에 그와 좋은 관계를 유지하고 있었습니다. 그런데 그 뒤 폼페이우스가 파루살로스 전쟁에서 카이사르에게 패하여 이집트로 갔다가 암살당합니다. 당시 카이사르가 폼페이우스를 뒤쫓았을 때, 키케로는 카이사르에게 찾아가 자신의 행동을 변명했습니다. 그로써 유일하게 문책을 면했지만, 정치가로서의 평판은 떨어졌습니다.

게다가 부인들과의 문제도 많았고, 특히 그 문제가 돈과 관련된 것이어서 비난을 샀습니다. 키케로는 결혼을 두 번 했으며 두 번 모두 이혼했습니다. 최초의 아내는 전형적인 악처로 정치에 관심이 많았습니다. 키케로는 아내의 강요로 법정에서 지인에게 불리한 증언을 하여 궁지에 몰리기도 했습니다. 또한 아내 때문에 빚을 많이 져서 결국 육십 세에 이혼하고, 이듬해 사십오 세 연하와 재혼했습니다. 그로써 많은 사람을 실망시켰는데, 이는 그가 처가가 부유하여 빚을 갚을 수 있다는 이유로, 결국 돈 때문에 재혼한 것이었기 때문입니다. 재혼 직후 키케로의 딸이 사망했습니다. 이때 아내가 냉담한 태도를 보여 키케로는 분노했고, 재혼은 한 해도 안 되어 파탄을 맞았습니다.

키케로는 삼십 년 이상을 정치인으로서 파란만장하게 살다가, 클레오파트라의 연인으로도 유명한 안토니우스(Antonius)의 부하들에게 살해당했습니다. 키케로에 대해서는 여러 가지 평가가 있으나, 나는 그가 민중과 민회에 반대하고 공화정-귀족정을 추구한 점에서 '전설적 인물'이라고 평가할 수는 없습니다.

키케로는 정치가로 후반생을 보낸 뒤 철학적 저술에 전념했습니다. 그중 하나가 기원전 43년 암살당하기 한 해 전에 쓴 『우정에 관하여』입니다. 나는 키케로의 다른 대화편과 마찬가지로 『우정에 관하여』도 '전설적인 인물이 쓴 전설적인 책'이라고 생각하지 않습니다. 키케로의 책은 대부분 헬레니즘 시대 선배 철학자들의 견해를 요약한 것이고, 그 자신만의 독창적인 점은 거의 없기 때문입니다. 마찬가지로『우정에 관하여』에도 우정은 좋은 것이며 착한 사람들 사이에서 마음이 맞아야 우정이 된다고 하는 정도의 일반론 외에 키케로만의 독창적인 우정론이라고 할 수 있는 점이 거의 없습니다. 우정의 어떤 점을 높이 평가하는지도 알 수 없으며, 기타 문맥의 혼란과 같은 문제도 있습니다. 그럼에도 지금까지 우정론의 고전으로 여겨지는 것은 그 책이 우정의 한계에 대해 말하기 때문입니다.『우정에 관하여』는 우정을 무조건 좋다고 말하는 것은 위험하다고 하여 그 부정적인 측면을 강조한 책으로서 가치가 있다고 평가됩니다.

키케로 우정론의 구조

『우정에 관하여』는 가공의 대화편입니다. 그러나 모든 등장인물은 실제 인물이고, 그 장면도 역사적 배경을 고려하여 구체적으로 설정되어 있습니다. 주인공이자 키케로의 분신은 가이우스 라일리우스(Gaius Laelius, 기원전 234경~160경)라는 선배 정치가입니다. 기원전 129년 라일리우스의 친구인 푸블리우스 스키피오(Publius Cornelius Scipio Aemilanus, 소 스키피오, 기원전185~129)가 사망한 직후 당시 고령이었던 라일리우스가 두 사위에게 친구 스키피오를 회상하고 자신의 경험을 반추하면서 친구와 우정에 대해 말하는 것이 그 책의 내용입니다. 라일리우스-키케로는 자신과 스키피오의 우정을 본보기로 들면서, 테세우스와 페이리토스, 아킬레우스와 파트로클로스, 오레스테스와 필라

데스, 다몬과 핀티아스의 우정 등 역사에 남은 다른 우정들과 비교합니다(4-15).

고대 그리스의 아리스토텔레스는 우정을 공적인 것으로 보고 추상적인 우정론을 전개했습니다. 그와는 달리 고대 로마의 키케로는 사적 친구와의 우정을 구체적으로 논의합니다. 라일리우스-키케로에 의하면 우정의 요체는 "취향과 목표와 의견이 완전히 일치하는 것(4-15)"이고 "지상에서나 천상에서나 모든 사물에 관한, 성의와 호감을 곁들인 감정의 완전한 일치(6-20)"입니다. 따라서 성숙하기 전에 맺은 우정은 안정적으로 지속될 수 없습니다. 성격이 달라지면 취향도 달라지고, 취향이 달라지면 우정은 소멸합니다. 또한 취향과 목표와 의견에 차이가 있기에 선한 사람이 악한 사람의 친구가 될 수는 없습니다(20-74). 우정은 선한 사람들 사이에서만 가능한 것입니다(5-18).

라일리우스-키케로는 스토아학파와 같이 지혜와 선, 덕과 지(智)를 같이 보는 것을 들어 "사회생활에 그다지 도움이 되지 않는다(5-18)"고 비판하지만, 곧이어 "미덕이 없이는 우정이 존재할 수 없다(6-20)"거나, "우정은 찬란한 미덕이 빛을 내뿜고 유사한 성질의 영혼이 그것에 애착심을 느낄 때 맺어진다(14-48)"고 하며 스토아학파의 주장을 지지합니다. 특히 『우정에 관하여』의 마지막 문장이 그렇습니다.

우정은 미덕 없이는 존재할 수 없는 만큼 미덕을 높이 평가하되, 미덕 다음에는 우정보다 더 탁월한 것은 아무것도 없다. (27-104)

또한 우정은 부·권세·관직·쾌락 등이 각각 소비나 존경, 명망이나 쾌락 등을 개별적인 목적으로 하는 것 이상으로 그 모든 목적에 이바지한다고 했습니다. "생활필수품이라는 물이나 불과 마찬가지로 언제나 우정이 필요하다(6-22)"고 주장했지요. 그러면서도 다시 쾌락을 주장하는 에피쿠로스학파를 비판했습니다(15-52). 그러나 앞서 보았듯이 에피쿠로스는 "삶의 행복을 위한 지혜 중 가장 중요한 것이 우정의 획득"이라고 하면서 친구들과 함께 '우정의 정원'을 만들었습니다.

여하튼 라일리우스-키케로에 의하면 "우정은 어떤 인간사보다 우선(5-18)"입니다. 이후에도 세속적 우정 예찬이 끝없이 이어지지만 더 이상 반복할 필요는 없을 것 같습니다. 라일리우스-키케로의 우정론에서 검토할 만한 가치가 있는 것은 우정의 위험성에 대한 11장 이하의 논의로서, 블로시우스라는 인물과 관련되는 것입니다.

블로시우스

『우정에 관하여』에서 주인공 라일리우스는 기원전 2세기 후반에 있었던 그라쿠스 형제의 사회 개혁과 관련하여 가이우스 블로시우스(Gaius Blossius)라는 인물을 거론합니다. 블로시우스는 이탈리아 남부 나폴리 부근에 있는 쿠마이(Cumae)의 귀족 출신으로, 젊어서 그리스에 가 철학을 공부했다는 점 외에는 알려진 바가 없습니다.

여기서 당시 로마에 대해 잠시 살펴볼 필요가 있습니다. 로마는 기원전 510년에 에트루리아 출신의 왕을 추방하고 기원전 27년에 아우구스투스에 의해 제정이 시작되기까지 약 오백 년간 공화정을 유지했습니다. 그 공화정 시대란 귀족과 평민의 투쟁 시대였지요. 특히 기원전 2세기 후반에는 3회에 걸친 포에니 전쟁의 결과로 영토가 확장되어 급격한 사회 변화가 일어났습니다. 대토지를 소유하는 귀족과 자영 농민 사이에 빈부 격차가 커진 것입니다. 건국 이래 로마군의 핵심이었던 자영 농민은 병역 부담이 커져서 농지를 경작할 수 없게 되었고, 결국 몰락했습니다. 이는 로마군의 약화와 농지의 황폐화를 초래했지요.

바로 이때 그라쿠스 형제가 개혁가로 등장합니다. 그라쿠스 형제란 기원전 2세기 공화정 시대 고대 로마에서 활동한 정치가 티베리우스 셈프로니우스 그라쿠스(Tiberius Sempronius Gracchus, 기원전 163~132)와 가이우스 셈프로니우스 그라쿠스(Gaius Sempronius Gracchus, 기원전 154~121)를 말합니다. 그들의 아버지는 집정관을 지낸 티베리우스 셈프로니우스 그라쿠스(대 그라쿠스)이고, 어머니는 제2차 포에니 전쟁의 영웅인 스키피오 아프리카누스의 딸 코르넬리아 아프리카나입니다. 이들 형제는 아버지를 일찍 여의고 홀어머니 밑에서 훌륭한 교육을 받으며 자랐습니다.

형인 티베리우스는 『우정에 관하여』의 집필 연대인 기원전 129년으로부터 사 년 전인 133년 호민관(護民官, Tribunus Plebis)에 취임했습니다. 평민 계급의 대표인 호민관은 한 번에 열 명씩 민회에서 선출되었습니다. 호민관은 신체에 대한 신성 불가침권, 민회를 통한 입법권, 원로원 결의에 대한 거부권 등 상당히 강력한 권한을 지녔습니다. 그러나 그라쿠스 형제 이전까지는 호민관들이 자신의 권한을 그다지 적극적으로 사용하지 않았습니다. 그렇지만 그라쿠스 형

제1부 근대 이전의 우정론

제가 호민관의 권한을 적극적으로 사용한 뒤 호민관은 민중파가 되어 원로원과 대결했습니다.

그라쿠스 형제는 호민관으로서 로마 공화정 내에서 자작농을 육성하는 토지개혁을 비롯하여 빈민과 무산자를 돕는 여러 가지 개혁을 시행하려고 했으나, 로마 원로원과 보수적인 귀족 반대파에 밀려 끝내 죽임당하고 개혁은 실패했습니다. 티베리우스는 약 30세, 가이우스는 33세에 죽었으나, 그들의 개혁안은 훗날 군인 황제들에 의해 강제적으로 받아들여졌고, 그 후 그들은 로마의 고결한 양심의 상징이 되었습니다. 여기서 원로원파인 키케로는 그라쿠스 형제와 대립했습니다.

그라쿠스 형제가 암살된 뒤 그 사건을 조사하기 위한 위원회가 설치되었으나, 당시 로마에서는 귀족은 물론 평민들도 형제의 과격한 개혁을 좋아하지 않았습니다. 위원회도 그들의 사회개혁이 사회질서에 대한 도전이라는 이유로 도리어 그들을 고발하였으며, 그라쿠스 형제를 지지한 사람들을 체포하고 처벌했습니다.

키케로의 우정론

키케로에 의하면 블로시우스는 암살당한 그라쿠스 형제의 친구로, 형제의 개혁을 지지하고 협력한 집단에 속했습니다. 어느 날, 블로시우스가 라일리우스를 방문합니다. 라일리우스는 조사위원회에서 조사받기 전 유력자인 그에게 자기 입장을 해명하러 온 것이라고 추측했습니다. 그러나 블로시우스가 실제로 한 말은 블로시우스 자신의 기대에 반하여 라일리우스의 분노를 불러일으켰습니다. 블로시우스가 죽은 친구를 존경하므로 그를 위해서라면 무슨 일이든 하겠다고 하자, 라일리우스는 분노하여 그라쿠스가 로마 신전에 불을 지르라고 해도 그럴 것이냐고 묻습니다. 이에 블로시우스는 그라쿠스가 그런 부당한 요구를 하지는 않겠지만, 만일 요구한다면 그렇게 하겠다고 답합니다(11-37).

이는 곧 블로시우스가 우정은 범죄를 정당화하고, 친구를 위해서라면 법을 위반할 수도 있다고 보고 있음을 뜻하는 말이었습니다. 이 말에 대한 라일리우스의 대답은 나오지 않는데, 아마도 너무 놀라 말문이 막혔을지도 모르겠습니다. 그로부터 사 년 뒤 라일리우스는 대화 상대에게 "자네들도 보다시피, 이 얼마나 불경한 말인가!"라고 개탄합니다(11-37).

그 뒤 블로시우스는 로마에서 사라져 반로마 반란에 가담하지만 실패하여 자살합니다. 라일리우스는 이 사실을 두고 "겁이 나서 아시아로 도망쳐 적과 결탁하였다가 나라에 대한 범죄의 대가를 톡톡히 치렀다(11-37)"고 말합니다. 그 아시아란 소아시아를 뜻하는 아나토리아 반도입니다. 블로시우스는 그곳의 도시인 페르가몬으로 갔던 것입니다. 당시 그곳에는 페르가몬 왕국이 있었으나, 기원전 133년 국왕 아타로스 3세가 자신의 사후에 왕국을 로마와 병합하라는 유언을 남기고 죽자 그 말대로 되었습니다. 그런데 그의 조카인 아리스토니코스가 반란을 일으킨 것입니다. 그는 블로시우스를 페르가몬으로 불러들였고, 블로시우스는 반란에 가담했습니다. 그렇게 한 이유는 아리스토니코스가 그라쿠스 형제처럼 개혁적인 인사였기 때문입니다. 그러나 그 반란은 『우정에 관하여』의 대화가 행해진 기원전 129년에 진압되었고, 블로시우스는 자살합니다. 키케로는 라일리우스의 입을 빌려 블로시우스가 "조국에 불충한 죄로 엄중하고 정당한 형벌을 받았다(11-37)"고 퉁명스럽게 결론 내립니다. 키케로는 친구를 위한다는 이유로 무슨 짓이든 정당화하는 블로시우스를 나쁜 친구라 비난한 것입니다.

그런데 라일리우스-키케로의 이러한 견해는 스스로 모순되는 것입니다. 키케로는 상대를 수단이나 도구로 이용하는 이기적인 자를 악질이라고 비난하는 보통의 견해와는 다른 견해를 가지고 있었기 때문입니다. 키케로는 친구로부터 자기에게 이익이 되는 것을 확보할 수 있다면 무엇이든 확보해도 좋다고 생각하는 사람이 있다 해도 심각한 사태를 야기하지 않는다고 했습니다. 왜냐하면 이익을 뺏기는 상대는 "완전한 지혜를 갖춘(11-38)" 우수한 자이고, 우수한 자의 친구는 우수한 자이며, 우수한 자가 우수한 친구에게서 확보하고자 하는 것도 우수할 뿐이니 부당한 이익이나 손해가 발생할 우려가 없다는 것입니다.

라일리쿠스-키케로는 블로시우스뿐 아니라 그라쿠스 형제를 "조국을 배신한(12-41)" 악당들로 비난하는데, 그것이 당시의 일반적인 견해였습니다. 키케로를 비롯한 고대 로마에서는 그라쿠스 형제를 비난했고, 그들이 그런 일을 한 것은 블로시우스처럼 친구가 하는 짓이라면 무엇이든 하는 친구가 있기 때문이라고 생각했습니다. 범죄의 배후에는 반드시 나쁜 친구가 있다는 것이지요. 여기서 키케로는 우정을 반사회적 행동과 연결합니다. 친구와의 우정은 반사회적인 행동의 원인이 되기도 한다는 것입니다. 그래서 키케로는 우정이 아무리 좋은 것이라 해도 사회질서를 문란하게 하는 친구는 용서할 수 없다고 주장했습니다. 그러나 현대 역사학에서는 그라쿠스 형제의 개혁을 높이 평가하지요.

키케로의 『우정에 관하여』는 우정이 반사회적 행동을 낳을 수 있음을 경고한 최초의 책입니다. 그런데 우정에는 본래 그런 위험성이 도사리고 있습니다. 친구로서의 연대감이나 일체감은 우정의 본질적 요소가 아니라 부산물에 불과하고, 그 때문에 우정이 일탈하기도 하기 때문입니다. 키케로는 우정과 공공성의 관계에 대해 나름의 견해를 가지고 있었습니다. 그러나 아무리 친구를 위해서라 해도 모든 행동이 허용되는 것은 아니라는 키케로의 답변은 모든 사람을 만족시키지는 못했습니다. 즉 최종적 해결로 인정되지 못했다는 것이지요. 우정이 위험하다는 키케로의 주장이 타당하다면 우정이란 범죄나 공사 구별 문제에 불과한 것이 됩니다. 사실상 범죄에서 우정은 문제가 되지 않고, 공모자 등으로 문제될 뿐이지요.

고대 그리스·로마에서 우정은 사적인 것이 아니었습니다. 반면 노동과 가정은 사적인 영역으로 여겨져 공적인 영역과는 비교도 할 수 없을 정도로 무시되었지요. 공적인 영역은 구성원 전원의 이해관계에 관련된 '공공 사항'을 토의하고 합의하는 시민적 공공성이 지배했습니다. 그래서 라틴어로 국가는 공공 사항을 뜻하는 res publicas라고 불렸습니다. 우정도 공적 영역에 속했지요.

키케로는 아리스토텔레스와 마찬가지로 우정을 공적인 것으로 이해했습니다. 그가 말한 아미시티아는 개인 간의 우정만이 아니라 국가와 개인 또는 국가 간 우정을 뜻합니다. 아리스토텔레스를 비롯

제1부 근대 이전의 우정론

한 고대 철학자들은 우정을 공동체의 기초가 되는 공공적인 것으로 여겼으며, 친구와의 교제도 공적이라 보았습니다. 우정이 공동체의 기초라면 공공의 룰도 우정을 전제로 합니다. 그런데 키케로는 우정은 공공에 저촉하는 행동의 원인이 될 수 있고 우정이 공공의 룰과 대립하면 후자가 전자에 우선한다고 보았다는 점에서 아리스토텔레스의 우정론과는 다릅니다.

그러나 그들의 우정론이라는 것의 실체는 과연 무엇일까요? 소크라테스-플라톤의 진리 탐구 우정론이라는 것이 동성애를 정당화하기 위함이라면, 키케로의 우정론은 키케로 자신의 보수주의를 정당화하기 위한 것이 아닐까요?

키케로가 살았던 시대는 내란 상태라고 할 정도로 어지러웠습니다. 그런 시대를 산 그의 눈에 우정이란 동료나 동지와의 연대감이나 의리 같은 것이었고, 당시 로마의 혼란은 우정에 의한 행동으로 질서가 교란되었기 때문이라고 생각했습니다. 그런 행동을 보여준 전형적인 인물이 블로시우스였지요.

키케로와 세계시민주의 및 세계 제국

『우정에 관하여』는 서유럽에서 우정에 관한 학식 있는 라틴어 토론을 지배했습니다. 키케로는 이 책에서 스토아학파와 마찬가지로 모든 것에 대해 완전한 동일성(그러나 그리스식 동성애가 아닌 라틴적인 의미의 조화)이라는 관점으로 우정을 정의합니다. 스토아학파처럼 그도 덕이 우정을 낳고 유지하며, 덕이 없으면 우정도 불가능하다고 주장했습니다. 그러나 실제적인 로마식 방식으로 키케로는 자신이 '덕'을 일부 철학자들의 거창한 의미가 아닌 일반적인 의미로 사용한다는 점을 강조했으며, 일반적으로 사람들을 덕이 있는 계층에 포함했습니다.

『우정에 관하여』에서 키케로는 스토아학파 우정의 이상을 더욱 현실적으로 만들고자 했습니다. 『법률론De Legibus』에서 키케로는 자연법에서 정의의 기원을 확인하고 이를 스토아학파의 용어로 정의합니다. 즉 우리 모두는 자연법의 지배를 받으며, 모든 사람이 완전히 합리적이라면 우리는 이 자연법에 따라 살아갈 것입니다. 그러나 선하고 이성적인 사람들은 자연법에 의해 금지되어 있다는 단순한 사실만으로 그 일을 하지 않는 반면에, 사악하고 비합리적인 사람들은 그러지 않습니다. 그렇다면 우리의 우주 공동체 내에 있는 사악하고 비합리적인 사람들에 대해 우리는 어떻게 해야 할까요?

키케로는 필요하다면 강제로라도 동료 세계 시민들을 이성의 빛으로 밝혀야 한다고 생각했던 것 같습니다. 그리고 이때 로마의 힘보다 더 좋고 더 고귀한 힘이 어디 있겠습니까? 키케로의 『국가』 3권 3.33 이후의 내용은 매우 단편적이지만, 마치 로마 제국의 정당성을 강화하는 것처럼 보입니다. 가령 "우리 국민은 동맹국을 방어함으로써 전 세계에 대한 지배권을 얻었다(3.35)"고 하는 식입니다. 뒤에 아우구스티누스는 『신국』에서 키케로의 주장을 다음과 같은 말로 특징짓습니다.

이 상황(로마의 지배)**은 예속이 속주와 같은 사람들의 이익을 위한 것이고, 그것이 그들의 이익을 위해 확립되었다는 점에서 정당하다.**
(19.21)

제1부 근대 이전의 우정론

키케로는 로마가 로마의 지배를 받는 모든 사람의 이익을 위해 행동했기 때문에 실제로는 제국이라기보다 세계의 보호국이라고 부르는 것이 더 정확하다고 했습니다.

통치하고 있는 민족들에 대한 로마의 관대하고 자비로운 태도의 근거는 키케로가 말하는 우정의 기초와 동일했습니다. 『우정에 관하여』에서 키케로는 가장 높고 가장 적절한 형태의 우정의 기초가 미덕의 유사성에 있다고 합니다. 좋은 사람이 역시 좋은 사람에게 매력을 느끼는 것은 전적으로 자연스러운 일이고, 그것이 우정의 원천이라는 것입니다. 따라서 로마인들은 그들의 미덕을 통해 "보편 공동체(populos universos)를 보호하고 그들의 행복을 위한 최적의 조치를 계획하는 데 관심이 있다(50)"고 합니다.

키케로가 제국을 정당화하기 위해 스토아학파를 원용했다는 것은 논쟁의 여지가 있는 문제입니다. 그러나 키케로와 같은 로마 지식인들이 정치적 우호에 대한 스토아학파의 설명을 바탕으로 로마 제국을 정당화하려고 시도하는 것은 전적으로 가능한 일이었습니다. 물론 그러한 정당화를 냉소적으로 바라보며 단순화로 간주하기는 쉽습니다. 그것이 로마 제국이든, 중동에 민주주의를 가져오려는 최근 미국의 우호적 시도이든 상관없습니다. 아마도 어떤 사람들은 다른 사람들에 대한 우정이 우리의 침략을 요구할 수도 있다고 진심으로 믿고 있을 것입니다.

플루타르코스의 우정론

헬레니즘 시대의 마지막 우정론으로서 플라톤주의자인 카이로니아의 플루타르코스의 철학적 작품에서 발견되는 필리아에 대한 조언을 간략하게 살펴볼 필요가 있습니다. 우리에게는 『플루타르코스 영웅전』의 저자로 유명한 그는 고대 그리스의 철학자이자 정치가이기도 합니다. 키케로를 제외하면, 고전 시대의 영광을 대표하는 사람으로 많은 관심과 존경을 받은 고대 작가는 그뿐입니다. 물론 플루타르코스에게 이러한 명성을 안겨준 것은 그의 철학적 저작이 아니라 오히려 그의『영웅전』이지만요. 플루타르코스의 우정론은 그의 『모랄리아』에 있는 에세이들, 가령 「친구와 아첨꾼의 구별」(1권 4), 「많은 친구를 갖는 것에 대해서」(2권 7) 등에 나옵니다.

플루타르코스는 당대의 다른 철학자들과 다른 몇 가지 사항을 우정론의 역사에 제공했습니다. 첫째, 그는 남편과 아내 사이의 우정을 상당히 긍정적인 관점에서 고려하고, 가족애, 특히 형제간의 우정에 대해서도 고려했습니다. 플루타르코스는 친구 사이의 우정보다 가족 관계를 더 중요하게 여겼고, 이로 인해 이전의 많은 철학자와 충돌하게 되었습니다. 또한 그는 후대 작가들이 절실히 느꼈던 우정에 관한 몇 가지 문제를 다루었습니다. 가령 '친구의 수와 우정의 질 사이에 상충관계가 있는가' '친구와 단지 호의를 베풀기 위해 아첨하는 사람을 어떻게 식별할 수 있는가' 하는 것 등입니다. 이러한 질문들에 대해 플루타르코스는 스스로 플라톤주의자로서 스토아 철학과 에피쿠로스 철학에 반대하는 많은 작품을 썼음에도 불구하고 다양한 철학적 전통을 자유롭게 끌어와 종합적인 견해를 보여줍니다.

플루타르코스의 『영웅전』이 14~15세기에 라틴어와 기타 현대 언어로 번역되는 데 큰 비중을 차지한 반면, 그의 도덕적 에세이 『모랄리아』는 1509년 에라스무스에 의해 편집되었습니다. 에라스무스는 또한 플루타르코스의 『모랄리아』에 포함된 「친구와 아첨꾼의 구별」을 포함하여 다수를 번역했습니다.

플루타르코스는 『모랄리아』 「많은 친구를 갖는 것에 대해서」에서 "요즘 많은 사람이 여관, 체육관, 시장에서 함께 한잔 마시거나 공놀이를 하거나 도박을 하거나 같은 지붕 아래에서 하룻밤을 보내면서 친구라는 이름을 얻는"다며 그러한 유행을 비난합니다(94A). 플루타르코스는 우정은 도덕적으로 심각한 일이라 보고, 그런 식으로 '우연히 알게 된 사람'과 친구가 되어서는 안 된다고 경고합니다. 오히려 사람들은 '돈을 쓴 후에만' 친구를 삼아야 합니다. 그들을 판단하는 데는 오랜 시간이 걸립니다. 그렇다면 누군가를 친구로 삼기 전에 우리가 판단해야 할 특징은 무엇일까요? 플루타르코스가 말한 진정한 우정의 특성에서 그 대답을 도출할 수 있습니다. 진정한 우정은 무엇보다도 세 가지, 즉 '좋은 것으로서의 미덕' '즐거운 것으로서의 친밀함' '필요한 것으로서의 유용성'을 추구한다는 것입니다 (94E; 94F; 94B). 이는 아리스토텔레스의 말 그대로입니다.

여하튼 플루타르코스에 의하면 누군가를 친구로 받아들이기 전에, 그가 고결하고 유용하며 그와의 친밀함이 가능한지 판단해야 합니다. 플루타르코스에게 친밀감은 중요합니다. 친밀감은 즐거움을 가져오니까요. 플루타르코스는 우정의 즐거움을 강조합니다.

우정은 세상에서 가장 즐거운 것이다. 그보다 더 큰 기쁨을 주는 것은 없다. (「친구와 아첨꾼의 구별」, 51B)

이 말 또한 아리스토텔레스의 답습이지요.

친구와 아첨꾼의 구별

즐거움은 우정에 있어 중요하지만, 전부는 아닙니다. 따라서 항상 즐거움을 목표로 삼는 사람은 친구가 아니라 아첨하는 사람입니다. 필요할 때는 친구의 방식을 교정하고 도덕적 건강을 유지하거나 회복시키는 것이 친구의 임무입니다. 그러므로 때로는 친구에게 상처를 주어야 할 때도 있습니다. 그러나 오직 의사처럼 친구를 돕기 위해서여야만 하지요. 상처를 주어 우정을 파괴해서는 안 되며, 쏘는 말을 하더라도 친구의 도덕적 건강을 회복하고 보존하는 약으로 쓰기 위해서여야 합니다. 친구는 항상 해야 할 일을 하기 때문에 때로는 기분 좋을 때도 있고 때로는 마음에 들지 않을 때도 있는 것입니다.

플루타르코스가 우정을 덕의 추구로 본 것은 친구의 임무가 친구의 도덕적 건강을 회복하고 보존하는 것이기 때문이었습니다. 플루타르코스에게 이 임무는 우정의 유용함을 보여주는 것이었습니다. 친구의 도덕적 건강이 위험에 처해 있는지, 친구에게 어떤 일이 일어났는지 알아차릴 수 있는 사람은 오직 덕망 있는 사람뿐입니다. 따라서 플루타르코스는 미덕을 진정한 우정의 가장 중요한 부분이라고 봅니다. 하지만 친구들이 도움이 되는 다른 이유도 있습니다. 그들은 피난처와 보호를 제공하며, 상담·공적 생활·야망에서 서로를 돕습니다. '환대를 베푸는 것'이지요. 나아가 외국을 여행하다가 친구와 합류할 수도 있습니다. 이 외에도 친구는 소송에서 판사로서 함께 앉아 변호에 힘을 실어줄 수 있고, 물건 구매 및 판매 관리를 도와줄 수도 있습니다. 결혼식을 축하해주고 장례식에서 함께 슬퍼합니다. 우정은 친구의 걱정·집착·고민을 함께 나누는 것을 의미합니다(「많은 친구들을 갖는 것에 대해서」, 94C, 94D, 95C, 95E).

플루타르코스는 친구가 제공한 봉사에는 보답해야 한다고 강조합니다. 플루타르코스는 "상호의 친절한 행동(95A)"이 우정을 맺는다고 생각했습니다. "동일한 참여를 유지할 자격이 있는 사람, 즉 능력이 있는 사람하고만 친구가 되어야 한다(96D)"고 말한 것도 그런 이유에서입니다. 그의 말에 따르면 우정은 힘든 일임이 분명하므로 친구를 많이 갖는 것은 불가능합니다. 물론 "친구들이 함께 음식과 와인, 심지어는 환희와 말도 안 되는 소리를 함께 즐길 때가 있다"고도 말합니다. 플루타르코스는 그러한 가벼운 순간을 환영하고 이를 우정의 "고귀하고 진지한 면을 위한 일종의 향신료"라고 불렀습니다(「친구와 아첨꾼의 구별」, 54F).

우정의 결과 중 하나는 적대감입니다. 친구의 잘못이나 불명예를 공유하는 것이지요. 또 다른 결과는 완전한 유사성입니다. 우정은 성격·감정·언어·추구 및 성향에서 철저한 유사성을 얻으려고 노력합니다(「많은 친구들을 갖는 것에 대해서」, 96A – B, 97A). 아첨꾼은 모방하지만, 진정한 친구는 모든 것을 모방하지도 않고 모든 것을 칭찬할 준비가 되어 있지도 않으며, 오직 가장 좋은 것만을 칭찬합니다(「친구와 아첨꾼의 구별」, 53B, 50A – B, 52F – 53C, 53A, 53C). 친구는 가장 좋은 것을 칭찬함으로써 우리의 도덕적 건강을 보존하고 회복시킵니다.

플루타르코스의 형제와 부부 등의 우정론

플루타르코스는 「형제 사랑에 대하여De fraterno amore」에서 형제들 사이에 필리아가 형성되고 보존되도록 하려면 무엇을 해야 하는지에 대해 많은 조언을 남겼습니다. 그러한 조언이 필요한 이유에 대하여 그는 다음과 같이 말했습니다.

> **형제 사랑은 고대 사람들 사이에 형제 미움이 있었던 것처럼 우리 시대에도 드물기 때문이다. 오늘날 모든 사람은 서로에게 좋은 형 제를 만나면 그들을 이상하게 여긴다.** (478C)

하지만 다른 사람들과 달리 플루타르코스는 형제간의 우정을 관심의 초점으로 삼았습니다. 형제의 화합을 통해 가족과 집안이 건전해지고 발전하며(479A), 가정이 건전하다면 국가도 건전할 것이기 때문입니다(『정치적 조언』, 824D‒825F).

플루타르코스는 부부 사랑에 관해서도 말합니다. 그에 의하면 다른 어떤 우정도 "남자와 여자가 마음을 합하여 함께 살 때(『오디세이』 6.183)"만큼 훌륭하고 부러워할 만큼 존경할 만한 요소를 갖고 있지 않습니다(『모랄리아』, 9권, 「사랑에 대하여」, 769F). 부부 사이의 이러한 필리아는 섹스의 결과라고 플루타르코스는 말합니다. 섹스는 어떤 위대하고 성스러운 의식(hierônmegalôn koinônêmata)에 공동으로 참여하는 것과 같기 때문입니다. 즐거움 자체는 중요하지 않습니다. 그것은 서로에 대한 존중과 은혜와 만족이며, 결혼애(結婚愛)를 낳는 것에서 나오는 신뢰입니다(769A).

그러나 플루타르코스에게 남편과 아내 사이의 우정은 평등한 관계가 아닙니다. 그리스인과 로마인은 남성과 여성의 성적인 역할을 종속 관계의 지표로 여겼습니다. 플루타르코스는 결혼 생활을 지배하는 것은 항상 남편의 리더십과 선호이며, 아내는 자기 친구를 사귀어서는 안 되고 남편의 친구를 함께 사귀어야 한다고 말했습니다.

플루타르코스는 키케로와 마찬가지로 로마 통치하에 살고 있는 그리스 정치인들에게 로마인의 친구가 되어야 한다고 조언했습니다. 그러나 그리스 정치가가 상대해야 했던 대상은 로마인들뿐만이 아니었습니다. 자기가 사는 도시의 주민들도 상대해야 했지요. 플루타르코스는 친구가 "정치인의 생활 도구이자 사고 도구(『국가정책』, 807D)"라고 말했습니다. 아리스토텔레스는 동일한 방식으로 노예를 묘사했지요. 그에게 노예는 자동화된 도구였습니다(『정치학』, 1253b28).

고대 그리스의 철학자들은 이후 유럽의 고급문화에 다양한 우정의 이상을 남겼습니다. 이러한 이상은 현대인이 동반자 우정이라고 부르는 것뿐만 아니라 혈족, 동료 시민, 심지어 신과의 관계까지도 지배했습니다. 그들은 명시적으로 규범적이라는 의미에서 이상이었습니다. 그들은 우정이 어떤 것이며 무엇에 기초해야 하는지, 진정으로 친구가 될 수 있는 사람은 어떤 사람인지에 대해 말합니다. 이러한 이상은 허공에서 뽑아낸 것이 아닙니다. 오히려 그들은 남성과 여성의 본성, 사회, 심지어 신의 본성에 관한 경쟁적인 철학 이론에 의존했습니다. 이러한 철학적 이론은 인간을 쾌락을 추구하는 물질적이고 필사적인 원자의 창조체로 묘사하는 것(에피쿠로스학파)에서 인간이 불행하게도 일시적으로 육체에 갇혀서 원래의 별(하늘)로 돌아가기를 갈망하는 타락한 영혼으로 묘사하는 것(신플라톤주의)까지 다양했습니다.

이러한 각각의 철학적 자기 개념은 서로 다른 시기에 서로 다른 사람들에게 매력적으로 다가갔고 그들은 우정이라는 거대 이상을 이어왔습니다. 우정에 대한 그리스의 철학적 이상은 또 다른 면에서도 이상적이었습니다. 뒤따르는 우정에 대한 지적 논의의 대부분은 그리스 철학에서 효과 있는 우정 개념을 수확하려는 욕구에 지배받았습니다. 이는 실제로 사람들은 대부분 약하고, 실수하기 쉽고, 이기적이라는 것을 전제로 그런 사람들을 위한 적절한 우정 개념으로서 나온 것들이었습니다.

　　　　　　　　　　　　　　제1부 근대 이전의 우정론

8

기독교의 우정론

기독교의 우정론

앞에서 보았듯이 C. S. 루이스는 네 가지 사랑을 애착, 애정, 우정, 자비(아가페)로 구분했습니다. 종래 기독교에서는 모든 사람에 대한 조건 없는 사랑인 영적 사랑이나 이웃사랑인 아가페를 크게 강조한 반면, 감정적 차원의 배타적 편애인 애정(애인에 대한 배타적 사랑)이나 우정(친구에 대한 배타적 사랑)은 그다지 중요하게 다루지 않았습니다. 특히 쇠렌 키르케고르(Søren Aabye Kierkegaard, 1813~1855)가 그랬습니다. 그의 저서『사랑의 역사(役事)』에 잘 나타나 있습니다. 이러한 기독교의 태도는 고대 그리스·로마에 아가페에 해당하는 사랑의 개념이 없다는 점과 대조적입니다. 신약성서『누가복음』6장에서 예수는 말했습니다.

> 너희가 만일 너희를 사랑하는 자만을 사랑하면 칭찬받을 것이 무엇이냐. 죄인들도 사랑하는 자는 사랑하느니라. 너희가 만일 선대하는 자만을 선대하면 칭찬받을 것이 무엇이냐. 죄인들도 이렇게 하느니라. (32~33절)

또 자기를 청한 자에게 이르시되 네가 점심이나 저녁이나 베풀거든 친구나 형제나 친척이나 부한 이웃을 청하지 말라. 두렵건대 그 사람들이 너를 도로 청하여 네게 갚음이 될까 하노라. 잔치를 베풀거든 차라리 가난한 자들과 몸 불편한 자들과 저는 자들과 맹인들을 청하라. 그리하면 그들이 갚을 것이 없으므로 네게 복이 되리니 이는 의인들의 부활 시에 네가 갚음을 받겠음이라 하시더라. 함께 먹는 사람 중의 하나가 이 말을 듣고 이르되 무릇 하나님의 나라에서 떡을 먹는 자는 복되도다 하니. (12~15절)

기독교의 사랑인 아가페를 우정론으로 다룰 수 있는가에 의문이 있을지도 모르겠습니다. 실제로 우정론의 계보에서는 다루어지지 않는 것이 보통입니다. 그런데 현대 신학을 대표하며 평생 우정의 신학을 주장한 사람으로 유명한 위르겐 몰트만(Jürgen Moltmann, 1926~)은 아리스토텔레스의 우정을 '닫힌 우정', 기독교의 사랑을 '열린 우정'이라 하며 서로 대립시켰습니다. 몰트만은 1977년 저서 『성령의 능력 안에 있는 교회』에서 처음으로 열린 우정에 대한 자신의 생각을 광범위하게 논의했고, 약 반세기가 지난 2015년에도 저서 『살아 계신 하나님과 풍성한 생명』에서 한 번 더 다루었습니다. 물론 그 사이의 다른 많은 저술에서도 이 주제를 계속 다루었지요. 열린 우정은 그의 전체 신학의 핵심입니다. 십자가에 못 박힌 그리스도에게 우정이란 서로 다른 사람들과의 우정이자 다른 사람들과의 연대입니다. 또한 유사하고 아름다운 것에 대한 사랑(필리아, 우정)이 아니라, 다르고 이질적이며 추한 것에 대한 창조적 사랑(아가페)

입니다.『생명의 영』에서 그는 동일한 사회적 지위를 가진 닫힌 동료들만을 포함하는 아리스토텔레스의 우정 개념에 반대하고, 아리스토텔레스가 우정의 기초로서 유사성을 지나치게 강조하고 낯선 사람에 대한 환대를 망각했다고 비판했습니다. 이러한 몰트만의 주장은 뒤에서 볼 데리다의 주장과도 같습니다.

한편 플라톤과 아리스토텔레스, 키케로 등 고대 그리스와 로마의 철학자들은 '정의는 법과 일치한다'고 했습니다. 하지만 신약성서의 대부분을 쓴 사도 바울의 생각은 그 반대입니다. 법이 정의를 생산할 수 없고, 정의와 법 사이에 화해할 수 없는 불화가 있으며, 정의가 실제로 있으려면 법으로부터 떨어져 나가야 한다는 것이 바울의 결론입니다. 바로 무법적 정의로서 말입니다.

구약성서의 우정론

구약성서의 원어인 히브리어에는 우정을 뜻하는 말이 없었습니다. 신약성서에도 그리스어 필리아는 단 한 번,『야고보서』4장 4절 "세상과 우정을 쌓는 것이 신의 적이 된다는 것을 알지 못하는가"에만 등장합니다. 야고보는 아브라함을 '신의 친구(2:23)'라고 합니다. 이외『잠언』에 "사랑이 언제나 끊이지 않는 것이 친구(17:17)"라는 말이 나옵니다.

구약에는 사람들의 우정도 나오는데, 그것들을 참된 우정과 거짓 우정으로 나누어 볼 수 있습니다. 참된 우정의 보기는 다윗과 그를 "자기 목숨처럼 사랑하는(삼상 18:3)" 요나단의 우정입니다. 다윗은 소년 시절 골리앗과의 싸움에서 이긴 뒤 사울 왕의 아들 요나단과 영혼이 굳게 결합되어 그를 자신의 영혼처럼 사랑하게 되었습니다. 그러나 사울은 다윗을 질투하여 그를 죽이려 하였고, 요나단은 다윗을 구하려 힘썼습니다. 다윗과 요나단 두 사람의 우정은 성경에 나오는 유일한 우정으로, 오랫동안 동성애로 해석되어왔습니다. 다윗 이야기를 제외하면 구약의 우정은 신과의 우정을 말합니다. 즉 아브라함, 모세, 예언자들이 신과 맺은 우정입니다.

그러나 요나단과의 우정을 들어 다윗을 마냥 칭송할 수만은 없습니다. 『구약성서』에 따르면 그는 최소 아내 여덟 명에 스무 명의 자식을 거느린 권력자였습니다. 이는 비단 다윗에게만 해당하는 일은 아니었습니다. 당시 족장이나 판관, 왕과 같은 권력자들은 아내와 첩을 많이 얻고 하인 및 노예와도 성관계를 맺어 수많은 자식의 아버지가 되었습니다. 다윗과 함께 이스라엘의 가장 위대한 왕으로 알려진 솔로몬은 최소 칠백 명의 여성들과 결혼했고 삼백 명을 첩으로 삼았습니다. 『열왕기상』 4장 11~14절 등에서 아예 축첩을 '남자의 기쁨'이라 부르기도 했습니다.

흔히 구약은 유대인의 종교인 반면 신약은 이웃과 원수에 대한 사랑을 말한 점에서 전 인류의 종교라고 합니다. 그러나 구약에도 '이웃에 대한 사랑'이 언급됩니다. 『레위기』 19장 18절은 "동족에게 앙심을 품어 원수를 갚지 말며, 네 이웃을 내 몸처럼 아껴라"라고 합니다. 그런데 그 앞의 17절에서 형제를 미워하지 말라고 합니다. 그러므로 여기서 말하는 '이웃'은 '인류'를 말하는 것이 아니라, 형제보다 그 범위가 확대된 '직계 친족' 또는 '대가족'을 말하는 것입니다. 이는 당시 히브리인들이 천막을 치고 직계 친족이나 대가족끼리 모여 살았다는 성경의 서술로도 알 수 있습니다. 따라서 히브리인들이 아닌 족속은 없었는데,『출애굽기』32장 26~28절은 그들 사이에 분쟁이 심해져, 약 삼천 명이 죽은 사건도 있었다고 기록합니다. 그래서 당시 히브리인의 지도자 모세는 집단을 결속시키기를 원했고, '이웃을 사랑하라'는 말이 나온 것입니다. 이어 모세는 1만 2천 명을 모으고 미디안을 쳐서 남자를 모두 죽였다고『민수기』31장 7~12절은 기록합니다. 이때 히브리인들이 미디안의 여자들을 살려둔 것에 대해 화를 내며 여자들은 물론 아이들도 다 죽이라고 명했다는데, 히틀러와 스탈린의 얼굴이 떠오릅니다.

예수의 우정론

C. S. 루이스는 예수와 제자들의 관계를 친구 사이라고 했습니다. 예수와 함께 여행하고 매일 사역에 참여한 베드로·요한·마태·유다·막달라 마리아·나사로를 예수의 친구로 보는 견해도 있고, 그중 베드로·야고보·요한을 '빅3'라 보는 견해도 있습니다. 각자 취향에 따라 어떻게 선발하든 여기서 더 따질 필요는 없고, 열두 제자 모두 예수의 친구라고 보면 되겠습니다. 예수 스스로 제자들을 일컬어 친구라고 했기 때문이지요.『요한복음』15장 14절에서 예수는 제자들에게 말합니다.

너희가 내가 명하는 것을 준행하면 너희는 내 친구니라.

그 명령이란 서로 사랑하는 것이라고 17절에 설명하지요. 그런데 명령에 복종해야 친구라고 하는 것이 조금은 이상합니다. 또 같은 장 15절에서는 말합니다.

이제부터는 너희를 종이라 하지 아니하리니 종은 주인이 하는 것을 알지 못함이라. 너희를 친구라 하였노니 내가 내 아버지께 들은 것을 다 너희에게 알게 하였음이라.

친구라고 하기 전에는 종이라고 했지만, 신에게 들은 것, 즉 사랑하라는 말을 나누어주었으니 이제는 친구라는 것입니다.

여기서 '친구'란 어떤 의미일까요? 예수 생전에 우정이라는 말은 후원자가 고객의 일부 요구 사항을 제공하는 후원자-고객 관계에 적용되었다고 보는 견해가 있습니다. 로마 세계에서 친구는 종종 자신에게 은혜를 베푼 정치적 동맹자이거나 의지할 수 있는 더 강력한 후원자였다고도 합니다. 그러나 예수의 제자(친구)들을 정치적 동지나 사업상 지인이라고 생각할 수는 없으므로, 성경에서 친구라고 한 것은 그런 당시의 통념과는 달랐을 것 같습니다.

『요한복음』 15장 13절에서는 "사람이 친구를 위하여 자기 목숨을 버리면 이보다 더 큰 사랑은 없나니"라고 합니다. 이는 고대 우정에 충성심과 비밀 공유가 중요했으며 그리스인들은 친구를 위해 죽는 것을 충성심의 가장 높은 표현으로 여겼음을 보여줍니다. 예수는 자신에게 가장 가까운 사람들을 선택하는 데 주의를 기울였으므로 그런 고대의 우정론에 충실했을 것입니다. 즉 예수가 아무나 친구, 즉 제자로 부른 것은 아니었습니다.

예수의 가르침에서 가장 중요한 개념은 사랑입니다. 그런데 우리말로는 똑같이 사랑이라 하지만 성경 원문에는 두 가지 단어를 사용합니다. 하나는 형제애와 우정과 같은 개념을 나타내는 필로스입니다. 대부분 필로스와 같은 사랑은 형제애나 우정과 의리, 인정과 같은 개념으로 사용됩니다. 그런데 우정과 의리를 나타내는 필로스는 예수가 주장하는 사랑과 다른 개념입니다. 예수가 주장하는 사랑은 아가페, 필로스와 달리 헌신적이고 희생적인 사랑입니다. 예수의 아가페는 자기를 희생하여 상대를 유익하게 하는 행위를 말합니다. 따라서 『요한복음』 21장에서 예수가 베드로에게 "네가 나를 사랑하느냐" 물었던 것은 '네가 나를 아가페하느냐'라는 질문이었습니다. 아가페 사랑이라야 예수의 가르침을 따르고 행할 수 있기 때문입니다.

예수는 필로스와 아가페를 구분하여 사용했습니다. 『마태복음』 5장 43~44절의 "또 네 이웃을 사랑하고 네 원수를 미워하라 하였다는 것을 너희가 들었으나 나는 너희에게 이르노니 너희 원수를 사랑하며 너희를 박해하는 자를 위하여 기도하라"에서 사랑은 필로스가 아니라 아가페입니다. 이웃을 사랑하고 원수는 미워해야 한다는 것은 어떤 사회에서나 통용되는 상식이지만, 예수의 사랑은 이웃뿐만 아니라 원수를 사랑하며, 박해하는 자를 위해서도 기도하는 것입니다.

그러나 이를 두고 예수의 사랑이 대상과 범위의 제한 없이 모든 사람을 사랑하고 선의와 호의로 대하는 것이라고 볼 수 있는지는 의문입니다. 앞서 보았듯이 구약에서는 '이웃'을 직계 친족 정도로 보았는데, 『마태복음』 5장 17~30절에서 "내가 율법이나 예언서의 말

씀을 없애러 온 줄로 생각하지 마라. 없애러 온 것이 아니라 오히려 완성하러 왔다"고 한 예수가 그 '이웃'을 달리 해석했다고 보기 어렵기 때문입니다.

이와 관련하여 『갈라디아서』 3장 28절에서 바울이 "너희는 유대인이나 헬라인이나 종이나 자유인이나 남자나 여자나 다 그리스도 예수 안에서 하나이니라"라고 한 말이 인간의 평등을 주장한 것으로 주목됩니다. 그러나 이 말은 인간의 평등을 선언한 것이 아니라, 누구나 그 신분 그대로 예수 안에서 하나라는 뜻입니다. 특히 유대인이나 헬라인이나 같다는 것은, 헬라인이 유대교로 개종하는 경우 반드시 할례를 받지 않아도 예수 안에서 같다는 선언입니다. 즉 누구나 예수를 믿으면 천국에 갈 수 있다는 것이지요. 여하튼 예수 이래 1800년 이상 노예는 노예로 계속 살았습니다. 이에 대해 기독교는 물론 그 어떤 종교도 이의를 제기하지 않았습니다. 도리어 교황 니콜라오 5세는 노예제도를 열렬히 찬성하는 칙서(Dum Diversas, 1452)를 내리기도 했지요.

이는 구약의 『레위기』 등에서 다른 민족을 노예로 삼는 것을 용인하고(25장 44절)*, 신약에서 노예를 인정한 것**의 답습에 불과합니다. 18세기 말에 기독교인들을 중심으로 노예제 폐지 운동이 시작되었

---

* 대부분의 민족은 전쟁 포로를 노예로 삼았고, 자민족에서 노예를 둔 예는 한반도 뿐이라는 견해가 있지만, 구약에 의하면 히브리 사람들끼리도 노예를 인정했습니다. 단 육 년만 부리게 하고 칠 년째에는 자유롭게 하라고 한 것이 한반도의 경우와 다르다면 다릅니다(『출애굽기』 21장 2절).

** 『에베소서』 6장 5절, 『디모데전서』 6장 1~2절, 『디도서』 2장 9~10절 등.

지만, 그것에 반대한 사람들도 기독교인들이었습니다. 노예제도를 폐지한 것은 계몽주의자들을 중심으로 한 이성적 논증이었고, 그 뒤에 흑인과 소수자, 여성과 어린이, 동성애자의 자유와 평등이 이어졌습니다.

아우구스티누스의 원죄론과 우정론

아우구스티누스(Augustinus, 354~430)는 오늘날 알제리에 해당하는 로마 제국의 식민지인 북아프리카의 소도시 타가스테에서 태어나 그곳에서 초등교육을 받았습니다. 16세에 카르타고에 가서 키케로의 『호르텐시우스Hortensius』를 읽고 철학에 심취하였으며, 마니교의 이성적이고 체계적인 교리에 매력을 느껴 마니교도로서 십여 년을 지냈습니다. 그러다 그 지도자들의 지적 수준이 그다지 높지 않다는 데 회의를 느껴 잠시 신플라톤주의자가 되기도 했습니다. 이후 마니교도 동료의 추천으로 타가스테, 카르타고, 로마, 밀라노 등에서 수사학과 철학을 가르쳤지요. 그 후 밀라노의 주교인 성 암브로시우스의 강론을 듣고 크게 감동하여 386년 세례를 받고 북아프리카로 돌아와 수도 생활을 하면서 신학을 연구했습니다.

　아우구스티누스에 의하면 신은 인간을 죄도, 고통도 없는 상태로 창조하였는데, 아담과 이브가 처음으로 신에게 거역하고 에덴동산에서 추방당하는 사건이 발생했습니다. 그리고 인간의 타락에 대한 벌로 악이 생겼습니다. 즉 아담과 이브가 인류의 의지를 타락시킨 원죄 때문에 사악한 의지에 의한 부도덕한 행위가 계속된다는 것이지요. 그러나 예수 그리스도의 구원을 받아들이면 천국에 이를 수 있다고 했는데, 이를 신정론(神正論) 또는 변신론(辯神論)이라고 합니다. 신은 완전한 선이고 무에서 세계를 창조하였으며 악은 오로지 인간의 원죄에서 비롯된 결과라고 보는 견해입니다.

13세기의 신학자 토마스 아퀴나스도 아우구스티누스와 유사한 신정론을 펼쳤습니다. 신은 선하며 그 안에 악이 없고, 악이 존재하는 것은 인간의 실책 때문이라는 것이지요. 장 칼뱅 또한 아우구스티누스의 영향을 받았습니다. 그리하여 악이 자유 의지의 산물이며 죄가 인간을 전적으로 타락시키기 때문에 도덕과 구원의 길잡이를 주는 신의 은총을 구하여야 한다고 주장했지요.

모든 인간을 죄인으로 보는 원죄론은 숭배의 대상이 되었던 최고 권력자를 보통 사람으로 보게 만들어 모든 형태의 인간숭배와 권위주의를 거부하게 한 점에서 사회 개혁적 측면이 있었습니다. 그래서 서구에서 등장한 다양한 사회비판 사상의 기원은 국가와 정치를 죄의 산물로 보는 기독교의 원죄론에서 찾을 수 있다고 보는 주장도 있습니다. 인간에 대한 인간의 지배를 용납하는 국가는 하나님이 원하던 공동체가 아니라는 이유에서 종교개혁이 일어났고, 그로부터 17~18세기의 사회계약론이 나타났습니다. 그러나 아우구스티누스는 이성 중심의 철학에 매몰되지 않고 사랑과 우정의 중요성을 강조했습니다.

아우구스티누스에 의하면 에덴동산은 본래 우정과 사랑이 지배하는 곳이었으나 아담과 이브의 타락으로 우정도 타락하고 죽음으로 인해 허무하게 끝나게 되었습니다. 하나님에 대한 간음인 헛된 우정과 달리 참된 우정은 하나님의 나라에서만 가능한데, 그 둘의 간극을 죄인인 인류를 위해 대신 죽어 우리의 참된 친구가 된 예수 그리스도의 사랑이 메워준다고 합니다. 참된 우정이란 덕을 추구하는 것이 아니라 그리스도를 닮아가는 것이라고 보는 점은 고대 그리스·로마 철학자들의 우정론과 다릅니다. 또한 우정이 소수가 아니라 모든 사람을 대상으로 한다고 본 점에서도 다릅니다. 지상과 달리 천국에는 우정만이 존재한다는 것이지요.

아우구스티누스의 우정 경험

아우구스티누스의 『고백록』(397~400)은 13권으로, 그중 9권까지는 자신의 과거사, 10권은 대주교로서의 자신에 대한 고찰, 11권부터 13권까지는 창조의 신비와 창세기의 은유적 해석에 대한 이야기로 구성됩니다. 그 책은 장 자크 루소, 레오 톨스토이의 고백과 함께 세계 3대 고백문학으로 꼽힙니다. 루소의 우정론에 대해서는 뒤에서 언급하겠습니다.

아우구스티누스는 우정을 세 단계, 즉 소년기·청년기·성인기의 우정으로 구별합니다. 소년기 우정 체험 이야기는 2권 4장 「배 도둑질」에 처음 나옵니다. 아우구스티누스는 자신이 당시 배를 도둑질했던 것은 배를 먹고 싶다거나 어떤 목적이 있어서 그랬다기보다는 도둑질 자체를 사랑해서 그랬던 것 같다고 말합니다. 그리고 8장에서는 그것을 친구들과의 우정 탓으로 돌리지요(2.8.16). 이는 아담이 선악과를 따먹은 것은 이브에 대한 육욕 때문이 아니라 우정 탓이라는 것과 같은 이야기이고, 키케로가 그라쿠스의 범죄를 블로시우스 탓이라고 하는 것과 같습니다. 이러한 "비우호적 우정(2.9)"은 당연히 마음에 평화가 아니라 공허와 갈증만을 줍니다. 이처럼 청소년기 우정은 본질적으로 이기적인 동지애입니다.

이와 반대로 4권에는 청년 시절의 친밀한 우정 이야기가 나옵니다(4.4.7). 이는 사랑에 기반을 두고 있으며, 공유된 관심과 경험, 그리고 서로가 서로에게서 배운 것을 바탕으로 성장했습니다. 그래서 친구가 죽었을 때 아우구스티누스는 극도로 슬퍼했지요(4.7.12). 그에게 친구는 영혼의 반쪽이고 그 자신 또한 친구에게 있어 마찬가지의 존재였습니다. 그래서 자신도 친구를 따라 죽으려고 하기도 했지만, 뒤에 『재고록Retractationes』(427)에서는 그것이 무모한 생각이었으며 친구와의 관계가 '참된 우정(caritas)'이 아니었다고 말합니다. 성령의 사랑에 의한 것이 아니었기 때문입니다. 세속적 우정은 공통의 기호에 근거할 뿐, 신에 대한 사랑이나 덕에 대한 공통의 관심에 근거하지 않습니다(4.4.7). 그래서 그 우정은 참된 사랑을 결여한 이기심의 발로입니다.

아우구스티누스는 참으로 사랑한 친구의 죽음을 체험하면서 생명이 유한한 인간에 대한 우정에는 한계가 있으며 참다운 우정은 하나님 안에서 친구를 사랑하는 것임을 깨닫습니다(4.5-11). 그래서 수도공동체를 설립하고 동료들과 함께 하나님을 추구하며 살게 되지요. 수도공동체에서 아우구스티누스는 수도자들에게 사랑과 함께 존경을 요구하는데, 뒤에서 보겠지만 이는 임마누엘 칸트(Immanuel Kant, 1724~1804)의 우정론에 영향을 줍니다.

아우구스티누스 우정의 세 번째 성숙 단계인 성인기는 그가 '그리스도 안에서' 다른 사람들을 사랑한다는 점에서 초월적입니다. 초점은 그리스도에 있고 우정의 요점은 친구들과 함께합니다. 그리고 친구들을 통해 그리스도께 더 가까워지는 것입니다. 아우구스티누스는 이를 9권에서 '마음의 형제'라고 부른 고향 친구이자 신앙의 친구인 알뤼피우스와의 우정을 들어 말합니다(9.4.7). 알뤼피우스도 아우구스티누스와 같이 타락했다가 종교인이 되었습니다. 서로 우정의 부정적 측면과 긍정적 측면을 함께 보여주고서 회심 이후에 참된 친구가 되었다는 것입니다.

아우구스티누스의 우정과 사랑

『고백록』이후 아우구스티누스는 우정을 하나님 사랑 및 이웃 사랑과 연관시켜 설명합니다. 아리스토텔레스는 『니코마코스 윤리학』에서 신과 인간 사이에는 엄청난 차이와 간극이 있으므로 우정이 불가능하다고 보았으나(1158b), 앞에서 보았듯이 성경에도 신과 인간의 우정에 대한 언급이 있고, 아우구스티누스도 인간이 타락하기 이전에는 신과 우정을 나누었으니 기독교 신앙을 충실히 지키면 다시 신과 친구가 될 수 있다고 보았습니다.

또한 아리스토텔레스는 『니코마코스 윤리학』에서 우정의 대상을 소수의 친구에 한정했으나(1170b), 키케로는 『우정에 관하여』에서 모든 현자로 확대하고(5.18), 아우구스티누스는 사랑받아야 할 모든 사람이라는 의미의 이웃, 즉 원수까지도 포함하는 개념으로 더욱 확대했습니다. 그러나 여기서 문제가 생깁니다. 모든 사람으로 확대하는 경우 친밀한 우정이라는 개념은 없어질 수 있기 때문입니다. 아우구스티누스는 신의 도움으로 모든 사람에까지 친밀한 우정이 가능하다고 하지만 현실적으로는 문제가 많을 수 있습니다.

아우구스티누스에 의하면 인간은 태어나면서부터 부모의 사랑 (amicitia)을 경험하고 이것이 우정으로 나아갑니다. 그러나 그 사랑 은 루이스가 말하는 애착에 해당합니다. 또한 아우구스티누스의 우 정은 남녀 간이나 여성 간이 아니라 남성 간에 국한되어 있다는 점 에서 시대적인 한계가 분명합니다. 여성이 우정의 대상으로 등장하 는 것은 기독교에서 클레르보의 베르나르두스(Bernardus Claraeval- lensis, 1090~1153)와 리보의 엘레드(Aelred of Rievaulx, 1110~1167) 이후 입니다.

리보의 엘레드

아우구스티누스가 말한 기독교적 우정은 '영적 우정'이라고 할 수 있 습니다. 이 용어가 문헌에 처음 등장한 것은 이탈리아 놀라의 주교였 던 폴리누스(Paulius of Nola, 353~431)에 의해서였습니다. 그는 친구인 팜마치우스(Pammachius)와의 우정을 들어 '세속적인 것이 아니라 영 적인 것'이고 '하나님에게서 온 것'이며, 둘은 '그리스도 안에서 형제' 라고 묘사했습니다. 그러나 4세기에 수도원주의(Monasticism)가 처음 시작될 때만 하여도 파벌과 질투 및 선동 등을 우려해 우정은 권장되 지 않았습니다.

'영적 우정'이 본격적으로 언급된 것은 12세기 리보의 시토회 수 도원장이었던 엘레드가 『영적 우정De spiriti amicitia』에서 성경과 키케로의 『우정에 대하여』, 아우구스티누스의 『고백록』 등에 근거 하여 수도사들의 우정을 묘사한 이후입니다. 엘레드는 처음에 키케

제1부 근대 이전의 우정론

로의 책을 좋아해 그 대화 형식을 채택했으나 뒤에 아우구스티누스의 책을 읽고 그것에 따랐습니다. 즉 엘레드는 키케로와 달리 우정의 목적은 우정 그 자체가 아니라, 유한한 존재인 인간이 지상에서 누릴 수 없는 충만함을 누리게 하는 천상의 것, 즉 소수의 친구와 공유하면서 하나님 안에서 사랑하는 것이라고 합니다. 그리고 자비는 친구뿐 아니라 적도 사랑하는 것이지만, 우정은 마음을 나누는 친구하고만 나누는 지상의 사랑이라 하면서 둘을 구분합니다(1, 31-32). 이처럼 엘레드는 수도원 생활에서 우정의 중요성을 강조함으로써 기독교 전통 주류는 물론이고 그가 속한 베네딕트 수도원의 규칙에서도 벗어났습니다.

토마스 아퀴나스

이탈리아 출신 토마스 아퀴나스는 기독교 세계에서는 위대한 신학자로 꼽힙니다. 그는 기독교 교리와 아리스토텔레스의 철학을 종합하여 스콜라 철학을 대성한 중세 기독교 최대의 신학자입니다. 우정에 관해서도 그는 아리스토텔레스의 필리아와 기독교의 아가페(카리타스)가 양립할 수 있다고 보았습니다. 그의 우정론은 주저인 『신학대전』(I, II 1266-1272, III 1272-73, 미완성)의 제2부 1권 26~46문(아모르에 관하여)과 2권 23~46문(카리타스에 관하여), 『니코마코스 윤리학 주해』에서 다루어집니다. 그 복잡한 논의는 대체로 앞에서 본 아리스토텔레스와 아우구스티누스의 주장을 기본으로 하지만 다른 점도 있습니다.

아퀴나스는 카리타스는 우정이라고 말합니다(2-2, 23). 또한 아리스토텔레스가 우정은 훌륭한 사람들 사이에서 성립한다고 본 반면,

아퀴나스는 원수와 죄인을 포함한 이웃에 대해서도 우정이 성립한다고 보았습니다. 또한 아리스토텔레스의 자기애를 수용하면서도 더 나아가 자기애를 포함한 모든 사랑의 토대는 신의 사랑인 아가페라고 했습니다. 이처럼 아퀴나스는 아리스토텔레스의 필리아를 카리타스 설명에 사용하면서 필리아의 외연을 확장하고 의미를 심화했습니다.

토마스 아 켐피스

중세 후기의 신학자 토마스 아 켐피스(Thomas à Kempis, 1380~1471)는 저서 『그리스도를 본받아』에 그리스도를 닮는 데 유익한 말들을 구체적으로 제시했습니다. 이는 데보티오 모데르나(Devotio Moderna) 운동으로 잘 알려진 '공동생활 형제단'의 영성을 대변합니다. 아 켐피스는 영적 진보를 위해 사람들과 지나치게 친밀하게 지내는 것을 경계하고 하나님과 가까이 지내라고 권고하지만, 모든 사람과의 교제를 부정적으로 평가하지는 않습니다. 즉 모든 사람과 친밀하게 지내는 것은 유익하지 않지만, 모든 사람을 사랑하는 마음이 필요하다는 것입니다. 그래서 '겸손하고 소박하며, 경건하고 덕 있는 사람들'과 사귀면서 '덕을 세워가라'고 명시합니다.

아 켐피스도 아우구스티누스나 아퀴나스와 마찬가지로 친구와의 사귐에서 가장 중요한 것은 그리스도 안에서 사귀는 것이며, 그리스도로 인해 사랑해야 한다고 강조합니다. 사람을 사랑할 때 애착을 갖지 말아야 하며, 애착을 버릴 수 없다면 차라리 사람들과 교제 없이 사는 편이 더 낫다고 했습니다. 이는 우정을 부정하는 것이 아니

라, 사람들이 주는 위로에 연연하지 않고 자신 안으로 더 깊이 들어
갈 때 하나님께로 더 높이 오를 수 있다는 말입니다.

9
근대 이전 동아시아의 우정론

유교의 변화와 우정론

유교는 앞에서 본 춘추전국시대의 제자백가(諸子百家) 중 한 학파에 불과했으나, 한(漢) 왕조의 권력이 안정되며 그 통치를 정당화하는 이론으로 중시되어 정통 정치사상이 되었습니다. 그리하여 중국에 왕조정치 체제가 존속한 이천 년 동안 유교는 한나라, 당나라, 송나라, 명나라, 청나라 등 고대 및 중세 중국의 이데올로기로 유지되었지요. 도교나 불교가 국가 핵심 이념이 될 때도 있었지만 일시적이었고, 어디까지나 근본은 유교였습니다. 유교는 고대의 훈고학적 유교를 거쳐 송나라 때 신유학과 도교의 형이상학적 개념을 받아들여 주희(朱熹, 1130~1200)와 정자(程子)*에 의해 성리학으로 발전하였습니다.

---

* 중국 송나라의 정명도(程明道, 1032~1085)와 정이천(程伊川, 1033~1107) 두 형제를 말하며 이(二)정자라고도 합니다. 그들은 하늘(天)을 이(理)라고 하여 냇물에 달의 모습이 비치듯이 천하 만물은 이 유일하고 절대인 이를 구현하고 있는 것이고, 천리(天理)가 일정한 목적하에 우주의 질서를 세운다고 하는 목적론적 세계관을 수립하였습니다. '부자·군신'도 '천하의 정리'(天下之定理)이므로 어느 누구도 이 관

앞에서 보았듯이 유가는 도덕적 실천 측면에서 우정을 중요시했습니다. 『대학』에서 제시된 도덕적 영향력의 과정은 수신제가치국평천하(修身齊家治國平天下), 즉 자기 수양·가족 규제·국가 통치에서 세계 평화로 이동합니다. 자기 수양은 여전히 중요한 출발점이고, 우정은 자기 수양의 전제 조건으로 여겨졌기 때문에 우정은 모든 인간관계의 기초로 승격될 수 있었습니다. 이는 명나라 후기 양명학자들이 특히 주장한 내용이었으나, 다른 사회적 관계를 충족함에 있어 우정이 주는 도움을 강조하는 것은 결코 새로운 생각이 아니었습니다. 예를 들어 성리학의 주희는 다음과 같이 말했습니다.

군주와 신하, 아버지와 아들, 형과 동생, 부부의 교류의 도를 어김없이 이루기 위해서는 도덕적으로 권면하고 인의 실천을 돕는 친구가 필요하다. 친구 외에 누가 이 일을 도와줄 수 있는가? 그러므로 우정의 힘은 가벼워 보이지만 가장 중요한 일과 관련 있다. 우정 관계는 멀게 느껴지지만 그것은 마음의 가까운 일과 관련이 있다. 우정의 상태는 중요하지 않은 것 같지만, 그 기능은 매우 중요하다. 그렇기 때문에 고대의 성인들은 도를 닦고 가르침을 세울 때 결코 우정을 소홀히 하지 않았다. (晦庵先生朱文公文集, 81.15a-16b)

주희는 사람들의 도덕적 실천과 도의 추구를 돕기 위해 하늘이

계로부터 벗어날 수 없다고 하여 불교의 출세간(出世間)주의를 비판하고 현실의 봉건적 신분질서를 절대화했습니다.

우정을 정했다고 주장했습니다. 주희의 제자이자 사위인 황간(黃榦, 1152~1221)도 '우정의 길을 잃으면 다른 네 가지 인간관계가 제대로 기능하지 못한다'고 했습니다. 그러므로 우정은 다른 인간관계의 핵심이었지요(勉齋先生黃文肅公文集, 19.501-502).

이처럼 송나라의 성리학자들은 도덕적 수양에 있어 우정의 필요성을 강조하면서도 친구 집단과 가정생활 사이의 긴장을 강조하지는 않았습니다. 그 긴장은 명나라 말기 양명학자들의 글에서 뚜렷이 나타났습니다. 그들은 가족에 대한 책임과 개인적인 영적 추구 사이의 긴장을 표현했습니다. 또한 선비들이 친목을 도모하면서 직면하는 상황, 개인의 깨달음을 추구하고 삶과 죽음의 의미를 고민하려는 선비들의 열정 등을 반영했습니다.

뒤에서 보듯이 하심은(何心隱, 1517~1579)이나 이지(李贄, 1527~1602)*와 같은 학자들은 주로 전통적인 사회질서와 의례(名教)보다 개인적인 도(道)의 추구를 중시하는 경향이 있어서 이단시되었습니다. 마찬가지로 고대소(顧大韶, 1576~미상)는 우정은 마음의 연결이고 부자관계는 육체의 연결이며, 마음은 결코 죽지 않지만 육체는 죽은 후에 멸망하므로 우정은 오륜 중에서 가장 중요한 것이라고 주장해 오륜의 위계질서를 뒤집었습니다(明文海, 99.2b-4b). 그러나 그는 우정이 다른 사륜을 파괴하는 것이 아니라 사륜을 완성하도록 돕는 힘임을 강조했습니다.

---

* 호는 탁오(卓吾)인데, 한국과 일본에는 이지라는 이름으로 유명합니다.

제1부 근대 이전의 우정론

조선 이전의 우정론

유교는 한자가 한국에 전래된 시기에 더불어 자연스럽게 전파되었을 것으로 추정됩니다. 조선 이전의 우정론을 볼 수 있는 문헌은 풍부하지 않지만, 몇 가지 특이한 면모는 살펴볼 수 있습니다. 신라 진흥왕 때 창설된 화랑 제도는 "효제충신은 나라 다스림의 대요(敎之以 孝悌忠信 亦理國之大要也)"라고 하여 유교 이념을 근본으로 삼았습니다. 화랑도는 구성원 스스로의 의사에 따라 결합되어 공동목표를 위해 일정 기간 동안 수련하는 단체였던 만큼 구성원 간의 인적 결합 관계가 매우 긴밀했습니다. 가령 사다함의 경우, 동료인 무관랑(武官郎)과 죽는 한이 있어도 서로 저버리지 아니한다는 사우(死友)를 약속했고, 무관랑이 병으로 죽자 통곡한 나머지 그 자신도 병사할 정도로 깊은 관계였습니다. 이를 두고 화랑도 구성원 사이에 일종의 동성애가 행해진 것은 아닐까 하는 추측도 있으나 확실한 것은 알 수 없습니다. 어떻든 화랑도 구성원 간의 우정이나 단체의식은 매우 강해 구성원 중 누군가가 억울한 일을 당하는 경우에는 가해자에 대해 일종의 사법권을 행사하는 일도 서슴지 않았습니다.

고려 시대에는 형제의 우애보다 친구 간의 의리를 중시하는 풍조가 있었다거나 우정이 다른 윤리에 비해 느슨했다고 보는 모순된 견해*가 있으나, 이곡(李穀, 1298~1351)이나 이색(李穡, 1328~1396)이 쓴 글 한 편씩에 따른 짐작이어서 의문이 듭니다. 서원의 규약 등을 통한

---

*   강민구, 「우리나라 중세 우도론에 대한 고찰 1」, 『동방한문학』, 71집, 7~62쪽.

조선 전기에 대한 논의도 마찬가지입니다.

이율곡의 우정론

조선 중기의 위대한 성리학자 퇴계 이황(退溪 李滉, 1501~1570)과 26년 연하인 고봉 기대승(高峯 奇大升, 1527~1572)의 아름다운 우정과 학문 교류는 유명한 사실입니다. 많은 저술이 나와 있고, 최근 오페라 《조선 브로맨스》까지 만들어졌지요. 이황은 58세 때 성균관 대사성으로 재직할 때 기대승을 만납니다. 그 전에도 33세 때 성균관에서 하서 김인후(河西 金麟厚, 1510~1560)와 만나 의기투합한 것을 비롯하여 환로에서 면앙정 송순(俛仰亭 宋純), 석천 임억령(石川 林億齡), 금호당 임형수(錦湖堂 林亨秀), 칠계 김언거(漆溪 金彦琚) 등 수많은 호남 선비와 교류했지요. 김인후와 유희춘의 우정도 유명합니다. 그러나 그들에게서 우정론을 찾기는 어렵습니다.

우리가 찾아볼 수 있는 16세기의 우정론으로는 율곡 이이(栗谷 李珥, 1537~1584)의 우정론이 있겠습니다. 그는 남의 단점과 실수를 결코 용납하지 못하는 까다로운 성격으로 인해 스스로 친구가 별로 없다고 하고 교우 관계도 그리 원만한 편이 못 되었으나, 학문적·정치적·문학적으로 인연을 맺게 된 친구들과 끊임없이 교유했습니다. 특히 당시 성리학의 대가였던 우계 성혼(牛溪 成渾, 1535~1598)이나 노비의 후손인 구봉 송익필(龜峰 宋翼弼, 1534~1599), 뛰어난 정치가였던 송강 정철(松江 鄭澈, 1536~1593) 등과의 우정이 유명합니다.

그중 이이와 성혼의 우정에 대해 간단히 살펴봅시다. 한 해 연상인 성혼이 이이에게 편지를 보내 스승이 되어달라고 간청한 것이 우정의 시작이었습니다. 이이가 성혼을 처음 만난 것은 이이가 모친의 삼년상을 마친 19살 때로 금강산에 들어가기 직전이었습니다. 이후 두 사람의 우정은 죽는 날까지 이어졌습니다. 이이와 성혼은 이웃해 살았던 것은 물론, 학문으로 이어진 친구 사이였습니다. 1572년 한 해 동안 모두 아홉 차례 글을 주고받은 것을 우율논변(牛栗辯) 또는 우율 왕복문답서(牛栗 往復問答書)라고 합니다. 이이는 성혼을 높이 평가해 기회가 있을 때마다 임금에게 추천했습니다. 그리고 성혼은 계미삼찬(癸未三竄)* 등으로 이이가 어려웠을 때 그를 도왔습니다. 그러나 정치적으로 이이는 서인과 노론의 종장(宗匠), 성혼은 서인에서 분파한 소론의 영수(領袖)로서 파당을 달리하게 됩니다.

이율곡은 『율곡전서』 습유 권3 '이경로에게(贈李景魯序)'에서 다음과 같이 말합니다.

친구의 도가 끊어진 지 오래다. 어려서 한 떼의 물살이처럼 어울려 놀고 커서도 재능의 차이로 소원해지지 않는 이런 사람을 친구라고 하겠는가? 아니다. 한 동리에서 자라고 동문수학하여 단 하루만 보지 못해도 마치 삼추나 떨어져 있듯이 생각되는 이런 사람을 친구라고 할 수 있지 않을까? 아니다. 서로 부모도 뵙고 집안끼리 대대로 친하게 지내면 그야말로 정의 아교와 옻처럼 속마음을 털어 보일 만한 사람이 어찌 친구가 아니겠는가? 아니다. 친구

---

* 　1583년(선조 16) 동인 계열의 박근원(朴謹元), 송응개(宋應漑), 허봉(許篈) 등이 이이를 탄핵하려다 모두 유배된 사건입니다.

란 뜻을 친구하고 도를 친구하는 것이고 뜻이 같으면 말을 많이 하지 않아도 심정이 통하고 도가 같으면 자주 보지 않아도 정신이 잘 들어맞는다.*

어린 시절 함께 놀았거나 공부를 같이했거나 집안끼리 친하다고 해서 친구가 아니라고 합니다. 이러한 이율곡의 우정론은 앞에서 본 증자의 보인론이나 맹자의 우덕론과 같다고 할 수 있습니다. 오늘날의 상식적인 우정론과는 다르지만, 정통 유교의 우정론을 답습한 것이자 고대 및 중세 서양의 우덕론과 유사한 것이라고 할 수 있습니다.

왕양명의 사우론

양명학은 명나라 말기에 왕양명(王陽明, 1472~1526)에 의해 등장했습니다. 양명학의 등장은 사변적인 성리학에 대한 반발이었습니다. 당시 명은 밖으로는 주변 이민족의 침입이 잦고, 안으로는 각지의 도적들이 폭동을 일으키며, 간신배 환관들이 조정에서 부패 정치를 주도했습니다. 학문과 사상도 남송 이후 원, 명을 거쳐 관학으로서 지배적 지위를 차지했던 주자학이 교조화되어 학문과 사상이 고착되었습

---

* 朋友之道, 缺絶久矣。今世之所謂朋友者, 非吾之所謂朋友也。幼作同隊之魚, 長無頭角之疏者, 斯爲友耶? 曰非也。少而同里, 長而同學, 一日不見, 如隔三秋, 如是而可謂友耶? 曰非也。拜其親而通其家, 情如膠漆, 言吐肝膈者, 豈非友耶? 曰非也。友者, 友其志也' 友其道也。… 志之合則出言不剌剌, 而情已通焉, 道之合則相面不數數, 而神已契焉

니다. 과거 시험 문제조차 명 초기에 편찬된『사서대전』이나『오경대
전』에서 출제되었지요. 학자 대다수는 훈고와 문장, 시가에 빠져들어
허망한 지식을 갖고 놀며 겉으로 꾸미는 일에만 주력했습니다. 이들
은 주자학의 근본이 되는 자기 수양도 게을리했습니다.

1508년 37세의 왕양명은 당시 실권자였던 환관을 탁했다는 이유
로 유배를 당해 오천 킬로미터나 떨어진 용장(龍場)으로 떠났습니다.
묘족(苗族)이 살고 있던 유배지에서 왕양명은 '용강서원(龍岡書院)'이
라는 서당을 짓고 계속 학문을 익히며 가르쳤습니다. 왕양명은 제자
들에게 입지(立志)·근학(勤學)·개과(改過)·책선이라는 네 가지 교시
를 주었습니다. 이는 교사가 중심이 되는 것이 아니라 학생들 스스
로 경계하고 가르친다는 유교의 교학상장(教學相長)에 입각한 것이
었습니다. 특히 붕우의 도인 책선에 의해 잘못을 바로잡아주는 이가
스승이라고 했습니다. 전통적인 과거 중심의 주입식 교육과 다른,
토론과 실천을 통한 교육이었지요.

양명학에서는 인간의 자연적 심정에 대한 신뢰의 정조를 중시합
니다. 인간의 마음을 파악하는 방법에 있어, 주자의 성즉리(性卽理)
는 인간의 마음을 성(性, 이理)과 정(情, 현실의 마음 작용)으로 나누고 정
은 성을 현혹시킬 가능성이 있으니 성을 실현하기 위해 정을 규제해
야 한다고 생각했습니다. 반면 왕양명은 인간의 정 안에 이미 '양지
(良知)'가 갖추어져 있으며 자연의 심정으로 행동하면 성을 실현할
수 있다는 심즉리(心卽理)를 주장했습니다. 양지는 "깊이 궁리하지
않고서도 알 수 있는 것이 양지이다(所不慮而知者, 其良知也)"라는 『맹
자』의 글에서 나온 것입니다. 왕양명은 양지를 하늘(天)이자 하늘의

이치(天理)인 동시에 인간 마음의 본체로서 시비선악의 판단을 갖추고 있는 선천적으로 구비된 사려 이전의 자연스러운 것, 즉 '양심'에 가까운 것으로서 받아들였습니다. 이는 주희의 실천론에 비하면 자유로운 해방감을 수반하는 것이었습니다. 왕양명의 철학이 미친 영향은 유교적 담론과 실천을 훨씬 뛰어넘었습니다. 그것은 문학 글쓰기와 종교 활동을 포함한 광범위한 문화 활동에 영향을 미쳤으며 심지어 사회 계층 간의 경계를 넘었습니다. 왕양명이 살아 있는 동안 그의 사상은 폭넓게 연구되어 성공적으로 사상학파를 건설하였습니다.

양명좌파의 사우론

1529년 왕양명이 죽은 뒤 양명학은 여러 방향으로 전개되는데, 크게는 좌우파로 나누어졌습니다. 양명좌파(泰州派)의 우정론은 왕심제(王心齊, 1483~1540)의 제왕사론(帝王師論)으로 비롯됩니다. 사대부(大丈夫)가 제왕의 스승이고 천하만세(天下萬世)의 스승이라는 제왕사론은, 『논어』이래 도의 가르침이 스승으로부터 나온다는 전통에 입각했습니다. 그러나 이에 대해 군주를 무시한다는 비판이 제기되었습니다. 가령 왕심제의 친구인 왕용계(王龍溪, 1498~1583)는 사대부는 항상 스승이어야 한다는 왕심제의 주장에 반대하고, 사도(師道)와 함께 붕우의 도를 중시하면서 사우의 도를 부모 형제에까지 확대했습니다. 그에 의하면 우정의 중요성은 도덕적 함양을 돕고 더 나은 자아가 되게 하는 능력에 있습니다. 반면 효는 자아의 핵심이었지요. 그러므로 양명학에서는 우정의 중요성이 효의 중요성을 능가할 수 없었습니다. 우정은 가족 윤리의 보충 자료로 남아 있어야 했지요.

이처럼 왕용계는 효의 우선권에 도전하는 대신, 가족 관계의 이상과 가족 의무의 의미를 재정의했습니다. 그는 모든 가족 구성원이 도덕적 수양을 가족 의무의 최우선 과제로 삼아야 한다고 주장했습니다. 그러기 위해서는 가족끼리도 마음이 맞는 친구가 되어 현명한 배움에 참여해야 하지요. 왕용계의 제안에 따르면 우정과 효는 완벽하게 결합될 수 있으며, 그것의 역사적 모범이 성인 문왕과 주공, 정명도와 정이천 형제였습니다.*

유교에서 가족은 항상 핵심 가치였습니다. 그러므로 개인 추구와 가족 의무 사이의 긴장을 조화롭게 결합하는 이론이 필요했습니다. 이는 많은 유학자가 달성하려고 노력한 목표였으며, 명청 전환기 동안 명백한 문제가 되었습니다. 청나라 유학자 대부분은 양명학을 비판했습니다. 그들은 또한 양명학에서 심심(心心)의 실천을 거부하고, 성학의 전제로서 가족 의무를 강조하였습니다. 유교 성인은 효자여야 하며, 성스러운 학문을 할 수 있는 가장 적절한 곳은 가정 내라는 것입니다. 요컨대 명청 전환기 유교 재해석의 물결 속에서 의례와 규범의 중요성을 다시 공고하게 하기 위해서는 오륜 관계와 가족 윤리가 필요하다는 것이 지배적인 요구였습니다. 이는 가족의 책임과

---

* 문왕(文王, 기원전 1152~1056)은 중국 상나라 말기 주(周)나라의 성군으로 『주역』의 저자라고도 합니다. 주공은 주나라 문왕의 넷째 아들인 정치인으로, 중국 고대사의 최고 성인 중 한 명입니다. 정명도(程明道, 1032~1085) 정이(程頤川, 1033~1107) 형제는 중국 송나라 도학의 대표적인 학자들로 성리학과 양명학의 원류입니다.

개인의 영적 추구 사이의 긴장을 해소하려는 노력이기도 했습니다.

왕용계를 비롯한 명 말 양명학자들도 긴장을 해소하려고 노력했습니다. 그들은 우정의 정신으로 가족 간의 관계를 완성하고자 했습니다. 앞에서 보았듯이 맹자는 책선(責善)의 책임이 가족이 아니라 친구에게 있다고 했는데, 왕용계는 이것이 부적절하다고 생각했습니다.

고대인들은 아버지와 아들 사이, 형제 사이에는 도덕적인 훈계가 없다고 말했다. 도덕적 권고의 책임은 친구에게 있다. 이 말은 〔성학에〕 참여하려는 의지가 부족한 사람들을 가리킨다. 문왕과 주공, 명도와 이천(정 형제)의 경우에는 아버지와 아들, 형과 남동생과 같은 관계에 있었지만, 서로에게는 스승이자 친구이기도 했다. 가족 내에서의 일상생활에서는 가장하거나 숨기는 것이 특히 불가능하다. 결심이 동일하다면 천년이 지나도 마음은 여전히 반응할 수 있다. 뜻이 다르면 부자관계는 설령 야오와 주, 순과 준처럼 결실을 맺지 못할 것이다. (王畿集, 434-435)

왕용계는 가족이 함께 도덕적 추구를 할 수 없는 불완전한 상황을 언급한 맹자의 진술을 재해석했습니다. 이상적인 상황은 가족 구성원 간에 도덕적 권고를 나누는 것입니다. 문왕과 주공, 정 형제의 사례는 진정한 우정의 정신을 통해 혈연관계가 어떻게 개선될 수 있는지를 보여줍니다. 반면 성왕 요순(堯舜)의 아들들은 선왕의 도덕적 의지를 물려받지 못했지요. 문왕이나 주공에 비하면 요순의 부자관계는 도덕적으로 불완전했습니다.

그러므로 왕용계는 후손들에게 학문을 최고의 목표로 삼고 진정한 친구처럼 서로 도덕적으로 권면할 것을 요구하면서, 아들들에게 효의 의미는 성스러운 학문에 참여할 수 있는 데 있다고 말했습니다. 그와 그의 아들 왕잉지(王應吉)는 천신학에서 '동치관계'를 맺기로 맹세했습니다. 그들은 강회 활동에 참여하고 함께 현명한 학습을 추구했습니다. 왕용계는 도덕을 추구하고 삶의 의미를 실현하기 위해 혈연에 우정의 유대를 더할 것을 제안했습니다. 그는 효의 우선권이나 가족 의무의 필요성에 도전하지 않고, 가족 의무의 내용을 재정의했습니다. 맹자와는 반대로 그는 가족에게 우정의 정신을 불어넣으려고 노력했습니다. 가족 간의 참된 우애의 정신이 없이는 성왕이라 할지라도 완전한 부자관계를 이룰 수 없다고 했습니다.

하심은과 이지의 우정론

본격적인 사우론은 하심은과 이지에 의해 전개됩니다. 이들은 중국 명나라의 양명학파 학자들로서 유교의 대중화와 저변 확대를 이끌어내고 유교의 이상사회를 추구했습니다. 하심은은 당시 사회에서 상인의 지위가 크게 오른 것을 반영하여 사농공상의 순서를 바꾸어 상을 중시하고, 오륜에서도 개인들의 수평적 교섭인 붕우관계를 중시하여 나머지 사륜의 종속성을 극복하려고 했습니다. 즉 부부·부자·군신은 상하존비의 종속성을 갖는 편향성으로 인해 붕우처럼 순수한 수평적 관계와는 다르다는 의미에서 소교(小交)라고 하고, 모든 인간관계 중에서 "친구의 사귐이 가장 극진하다"* 하여 최고의 인간관계로 보았습니다.

당시 사회는 하심은의 주장을 받아들이지 않았습니다. 도리어 이는 붕우를 제외한 부부·부자·군신·장유를 버린 것이라고 비난했지요. 그러나 하심은은 그 넷을 버린 것이 아니라, 그 넷의 종속성을 양명학에서 말하는 도심(道心)의 공평무사한 대등성과 균일성에 의해 극복할 수 있다고 본 것입니다. 특히 군신과 붕우를 중시하여 군신은 위에서 인정(仁政)을 베풀고 붕우는 아래에서 교화를 담당하므로 양자는 천하 만민의 통솔에 불가결하다고 했습니다. 하심은은 붕우와 군신의 이륜을 더욱 중시하여 군신이 사우를 이루는 토대 위에 군신붕우표리론(君臣朋友表裏論)을 실현하는 것을 이상으로 삼고, 취화당(聚和堂)의 교육 활동을 통해 그것을 실현하고자 했습니다. 그는 "서로 사귀어 친구가 될 수 있으나 친구로 고정되지는 않고, 서로 친구하여 스승이 될 수도 있으나 스승으로 고정되지 않는"** 수평적 관계를 주장했습니다. 그에 의하면 군신과 부자도 사우관계가 되어야 했습니다.

강회(講會)가 우정의 가치를 높이는 데 중요한 사회적 환경을 제공했습니다. 강회는 취화당과 같은 양명학자들의 우호 결사였는데, 이상적인 우정 공동체이자 사회 참여를 촉진하고 사회 관습을 개선하는 수단이었습니다. 강회 활동을 통해 쌓는 우정의 유대는 학자들

---

*   하심은, 『하심은집』, 「논우(論友)」.
**   하심은, 『하심은집』, 「사설(師說)」.

의 도덕적 향상에 도움이 될 뿐만 아니라 사회적·정치적 동맹을 형성하기도 했습니다. 강회의 친구들은 학자들의 도덕 수양을 지도하고 검증하는 역할을 함으로써 양명학의 도덕적 주관주의의 위험성을 방지한다고 믿었습니다.

많은 양명학자가 강회에서 진정한 우정을 추구하고 지적·정신적 교류를 즐기기 위해 긴 여행을 했습니다. 그들은 우정을 쌓는 것을 배움을 위한 이상적인 장으로 여겼고, 때로는 가족 돌봄을 다른 가족 구성원에게 의존해야 했습니다. 그들의 글에서는 가정생활이 배움에 방해가 되는 것으로 간주되기도 했습니다. 그들은 또한 우정이 자기 수양의 전제 조건이자 모든 인간관계의 기초라고 주장했지만, 그럼에도 불구하고 우정에 관한 이러한 주장이 전통적인 유교적 가족 윤리에 도전했다고 보기는 어렵습니다. 왜냐하면 우정은 결코 그것들과 분리되지 않았기 때문입니다.

황실문화와 양명학에 나타난 효에 대한 고찰을 보면 효가 사회 정치 질서의 기초였음이 강조됩니다. 중국 효 문화의 지배적인 체계는 다양한 사회·정치적 세력의 지지를 받았으며 도전하기 어려웠습니다. 철학적 차원에서 효는 천명이 부여한 인간의 본성(양지)으로 간주되어 양명학에서도 중요한 위치를 차지합니다. 즉 효는 진정한 자아의 본질이었습니다.

이지는『분서(焚書)』(1591)를 비롯한 여러 저서에서 우정에 대해 언급했습니다.『분서』권5에서는 "친구가 없어진 지 오래다. 왜냐하면 모두가 이익을 탐하고 의리를 탐하지 않기 때문이다"라고 했습니다. 이지도 하심은과 같이 스승은 친구라고 하면서 세상에서는 "친구가 스승인 줄 모르고 네 번 절하여 가르침을 받은 자만을 스승이라고 하고, 스승이 곧 친구인 줄 모르고 단지 친밀하게 사귀는 자만을 친구라고 부른다"고 개탄했습니다.* 즉 스승과 친구가 같다는 것이지요.

황종희(黃宗羲, 1610~1695)는 중국 명 말 청 초의 학자이자 사상가입니다. 명대 전제 체제의 악폐를 통렬하게 비판하고, 그의 이상과 그것이 실현되기 위한 구체적 정책론을 전개한『명이대방록(明夷待訪錄)』(1663)을 썼지요. 그는 이 책에 다음과 같이 썼습니다.

군신이라는 명칭은 천하로 인하여 있는 것이다. 내가 천하의 책임을 맡지 않으면 군주에 대해서는 나그네요, 나아가 군주에게 벼슬을 할 때에는 천하로서 일삼지 않으면 군주의 복첩이 되지만, 천하로서 일삼으면 군주의 사우가 되는 것이다.**

즉 사대부를 군주와 사우관계로 보는 것이지요. 그래서 황종희는 군신의 명분을 강조하는 성리학자들을 소유(小儒)라고 비난하고, 그들이 명 왕조 창립기에 태조를 도와 군주 전제 체제를 강화하기 위해 역성혁명을 옹호한『맹자』를 과거 시험의 학과목에서 제외한 것을 비판했습니다. 이러한 상황에서 마테오리치의『교우론』이 나왔으니 이지를 비롯한 양명학자들이 적극적으로 관심을 표한 것은 당

---

*   이지,『분서』, 권2,「위황안 사인 진사」.
** 황종희,『명이대방록』,「원신(原臣)」.

연한 일이었습니다.

양명학자들은 우정의 중요성을 강조하면서도 유교적 가족 윤리의 정통성이나 제국 정치 체제의 정당성을 결코 의심하지 않았습니다. 그들의 견해에 따르면 평등은 유교 성인의 가르침이 아니라 불교의 이념이었습니다. 효를 중심으로 한 계층적 인간관계는 하늘의 명령이었지요. 그들은 황제가 효로 천하를 다스린다고 믿었는데, 이는 『효경』의 한 구절이었습니다(33-34). 효는 아버지와 아들 사이의 애정과 윤리적 의무일 뿐만 아니라, 중국 사회정치 질서의 핵심이자 국가의 기초였습니다.

마테오리치의 『교우론』

로버트 드 니로·제레미 아이언스 주연 영화 『미션 *Mission*』(1986)은 남미의 오지에서 선교 활동을 하다가 순교하는 예수회(Societas Iesu, Society of Jesus) 수도사들(Jesuit)의 삶을 그린 영화입니다. 예수회는 종교개혁 및 가톨릭에 대한 개신교의 도전을 극복하기 위하여 1534년 군인 출신 수사 이냐시오 데 로욜라(Ignacio de Loyola, 1491~1556)가 창립했습니다. 예수회 회원은 기도와 고행을 통하여 신의 능력을 받고 예수처럼 봉사하며 살아가려고 노력한다는 사명감을 가지고 있었고, 선교 활동에도 적극적이었습니다.

동방 항로 및 신대륙의 발견에 따라 예수회는 미개척 지역으로 가톨릭을 적극적으로 전파했습니다. 논리학·수학·과학·법학 등 학문적 지식이 뛰어난 선교사들이 인도 고아(Goa)를 근거지로 하여 동아시아로 선교 활동을 전개하였지요. 현지의 언어와 문자를 배워서 현지인들의 사상과 문화를 익힌 다음 지배 계층이나 지식인들과 학술적으로 교류하여 가톨릭 교리를 전파하였으니 일종의 적응주의 선교라 할 수 있겠습니다.

이탈리아 출신 예수회 수사인 마테오리치는 로마대학에서 법학을 공부한 뒤 1571년 예수회에 입회하여 1577년까지 예수회 신학교에서 공부했습니다. 1578년 인도 고아에서 선교 활동을 하고, 1582년 마카오에 도착하여 한문과 중국어를 배웠습니다. 불교 승려의 옷을 입고 중국 본토에 상륙하였으나, 그 당시 승려는 홀대를 받았으므로 유학자의 옷으로 갈아입고 선교를 시작했습니다. 1587년 난징(南京)에서 고위 관직자들에게 천문·지리·수학을 가르쳐 신망을 얻은 뒤 1610년 베이징에서 죽을 때까지 중국에서 선교 활동을 하며 많은 문인과 친구가 되었습니다.

그러나 중국에서 가톨릭은 그다지 번성하지 않았습니다. 중국의 1억 인구 중 마테오리치 당대의 천주교 신자는 23만 명이었으나, 그가 죽고 반세기가 지난 1662년에는 11만 명 수준으로 줄었습니다. 이는 전국시대(戰國時代, 1467~1573) 일본에서만큼의 수준도 되지 않는 수였지요. 반면 당시 일본에서는 임진왜란에 참전한 소서행장(小西行長)의 영지 내 주민이 모두 천주교 신자였을 정도로 천주교가 번성했습니다.

마테오리치가 한문으로 저술한 천주교 교리서 『천주실의(天主實義)』(1593~1594)는 비판하는 자들도 적지 않았으나, 고급 독서문화가 고양된 명나라 말기 사대부들에게 대체로 환영받았습니다. 가톨릭의 '하느님, 천주(天主)'가 중국의 고전인 『서경(書經)』에 나오는 '상제

제1부 근대 이전의 우정론

(上帝)'와 같다는 주장이 있었고, 인간에 대한 이해가 양명학과 비슷했기 때문이었습니다. 마테오리치는 이후 1601년 베이징에서 신종(神宗) 황제의 호의로 허가를 받아 사 년 후 천주당을 세우고 이백여 명의 신도를 얻어 천주교라 이름 붙였습니다. 그 무렵 한국에도 조선 중기에서 말기 사이에 『천주실의』를 통해 가톨릭이 '서학'이라는 학문으로 전래되었으며 점차 신도가 늘어 외부의 선교 활동 없이 자치 교회를 이루었습니다.

마테오리치는 1595년에 만난 건안왕(建安王)이 서양의 우정에 대해 질문하자 아리스토텔레스와 키케로 등의 우정론을 바탕으로 『교우론』을 집필하여 풍응경(馮應京)과 구여기(瞿汝夔)의 서문을 붙여 간행했습니다. 여기서 풍응경은 동서양의 마음과 이치가 같다는 점을 강조했습니다.

『교우론』의 내용과 출전

『교우록』의 내용과 출전은 다양합니다. 여기서는 그 내용을 다섯으로 분류하고 중요한 몇 가지 출전과 함께 살펴보고자 합니다. 먼저 다섯 가지 분류는 우정의 정의·목적·진위·원칙·태도에 따른 것입니다. 가장 많은 출전은 키케로와 플루타르코스로 각 23회씩입니다. 키케로의 『우정론』은 앞서 보았으며 이 외에도 『의무론』 등에서의 인용도 있습니다. 플루타르코스는 「친구와 아첨꾼의 구별」에서 주로 인용되었습니다. 그다음은 아우구스티누스가 9회, 아리스토텔레스가 8회, 세네카가 7회 등입니다.

이제 내용을 하나씩 살펴봅시다. 첫째로 우정의 정의입니다. 『교우론』의 1항은 다음과 같습니다.

나의 친구는 타인이 아니라 나의 반쪽이니, 바로 제2의 나다.

이는 앞서 보았듯이 아리스토텔레스의 『니코마코스 윤리학』(9.4. 1166a; 9.9.1170b)을 비롯하여 호라티우스의 『가집(歌集)』(1.3)이나 아우구스티누스의 『고백록』(4.6.11) 등에서도 반복된 말입니다. 박지원을 비롯한 많은 동양인이 이 말에 특히 감동했습니다.

이와 유사한 2항의 내용은 다음과 같습니다.

친구와 나는 두 몸이지만, 그 안의 마음은 하나다.

이는 아리스토텔레스의 말인데, 디오게네스 라에르티오스의 『철학자들의 생애와 사상』(5.1.20)에 나옵니다.

57항 "세상에 친구가 없다면 즐거움도 없다"는 『니코마코스 윤리학』(9.9)에, 79항 "세상에 친구가 없는 것은 하늘에 해가 없는 것과 같고, 몸에 눈이 없는 것과 같다"는 키케로의 『우정론』(13.47)에 나옵니다.

둘째는 우정의 목적입니다. 3항 "서로 의지하고 서로 돕는 것이 친구를 사귀는 이유다"는 키케로의 『의무론』(23.88)에 나오는 말입니다. 다음의 11항은 플루타르코스의 「친구와 아첨꾼의 구별」에 나옵니다.

걱정이 있을 때 친구의 얼굴을 보기만 해도 기쁘다. 근심스럽거나 기쁘거나 친구가 유익하지 않을 때가 있던가? 걱정이 있으면 걱정을 덜어주고, 기쁨이 있을 때는 기쁨을 더해준다.

46항 "친구의 직분은 의로움에 그친다"는 플루타르코스가 『수치론』(6)에 인용한 디오게네스의 말입니다. 76항 "친구란 가난한 자의 재산이 되고, 약한 자의 힘이 되며, 병든 자의 약이 된다"는 키케로의 『우정론』(7.23)에 나옵니다.

셋째는 우정의 진위 판정입니다. 5항의 내용은 다음과 같습니다.

평소에 아무 일이 없으면 친구의 진위를 가리기 어렵다. 그것은 어려움에 처하면 드러나는 것이다. 다급하면 참된 친구는 더욱 가깝게 친밀해지고, 거짓 친구는 더욱 소원해져 흩어진다.

이는 키케로 『우정론』(17.64)에 나옵니다. 66항 "좋은 친구와 사귀는 맛은 잃은 뒤에 더욱 깨닫게 된다"는 키케로가 『백성과 함께 감사드린 연설』(1.3)에서 한 말입니다.

넷째는 우정의 원칙입니다. 32항 "즐거움을 의로움보다 중시하는 사람은 오랜 친구로 삼아서는 안 된다"는 아우구스티누스의 『신국』(2.21)에 나옵니다. 7항 "친구를 사귀기 전에는 잘 살펴야 하고, 사귄 뒤에는 믿어야 한다"는 세네카의 『도덕서간』(1.3.2)에 나옵니다.

다섯째는 우정의 태도입니다. 6항 "실행하는 군자는 기이한 원수가 없고, 반드시 훌륭한 친구가 있다"를 「친구와 아첨꾼의 구별」

(4.36)에 나오는 디오게네스의 말이라고 하나,* 디오게네스는 친구와 함께 원수도 있어야 한다고 했기에 그의 말과는 조금 다른 것 같습니다. 7항 "친구와 사귄 뒤에는 믿어야 마땅하고, 친구와 사귀기 전에는 살펴야 마땅하다"는 세네카의 『도덕서간』(1.3.2)에 나옵니다.

9항의 내용은 다음과 같습니다.

친구가 친구에게 선물을 주고 나서 보답을 바라는 것은 선물이 아니다. 시장에서 물건을 바꾸는 것과 같을 뿐이다.

이는 성 암브로시우스의 『성직자의 의무』(3.221. 125)에 나옵니다. 다음의 13항은 발레리우스의 『기억할 만한 말과 행동』(7.3.3)에 나오는 피타고라스의 말입니다.

사람 일의 정리는 헤아릴 수 없고, 우의도 믿기 어렵다. 오늘의 친구가 나중에 혹 변해 원수가 되고, 오늘의 원수도 변하여 친구가 되니, 공경하고 삼가지 않을 수 있겠는가!

이외 29항 "친구의 물건은 공유해야 한다"는 『니코마코스 윤리학』(8.9)에 나오는 말이며, 40항 "친밀한 친구가 많다는 것은 친밀한 친구가 없다는 말이다"는 디오게네스 라에르티오스(5.1.11)에 인용

---

* 　　정민, 『서양 선비, 우정을 논하다』, 김영사, 2023, 38쪽.

된 아리스토텔레스의 말입니다.

『교우론』의 반향

『교우론』은 유교적 전통을 따르는 중국 지식인들에게 큰 호응과 반향을 일으켰습니다. 1603년 북경에서 재판되는 등 중국 여러 지역에서 여러 차례 중간되었고, 1629년 이지조(李之藻)가 편찬한 『천학초함(天學初函)』과 청나라 때 편찬된 『사고전서(四庫全書)』에도 수록되었습니다. 마테오리치가 쓴 다른 책 『천주실의』에 일부 비판적 태도가 따랐던 것과는 대조적으로 엄청나게 적극적인 환영이었지요. 특히 사우론을 전개한 양명학자들이 관심을 가졌습니다. 『교우론』이 나오고 사년 뒤인 1599년 명나라의 양명좌파 사상가인 이지는 72세에 마테오리치를 만났습니다. 이지는 마테오리치의 『교우론』에 특별한 관심을 기울여 제자들에게 읽게 했으나, 『교우론』에 대해 딱히 언급한 바는 없습니다.*

---

* 박성순은 「우정의 구조와 윤리─한중 교우론에 대한 문학적 사유」(『한국문화연구』 28집, 308~309쪽)에서 "다정함과 즐거움이라고 하는 정의 차원에서 비롯되는 교우를 경계하고 이성을 강조한 대목은 이지의 교우론에 상당히 부합되는 것으로 여겨진다"고 하고서 "동심을 바탕으로 하는 이지의 교우론"과 마테오리치의 교우론이 통한다고 합니다. 그러나 이성을 강조하는 마테오리치의 『교우론』은 도리어 이지가 비판한 정통 유교나 성리학과 통하는 것이 아닐까, 라는 의문이 듭니다. 한편 김문용은 「북학파 교우론의 사상사적 함의」(『한국실학연구』, 10집, 69~70쪽)에서 박제가·박지원·이덕무의 관계가 사제지간이자 친구라는 점에서 양명좌파와의 사우론과 "대비해 보는 일이 의미 있음을 추정해 볼 수 있다"고 합니다. 그러나 앞서 보았듯이 사우론은 그 이상의 정치적인 함의를 갖습니다.

그러나 그럼에도 불구하고 『교우론』의 영향은 제한적이었다고 보아야 합니다. 왜냐하면 거부감 없이 포교하기 위해 기독교적 색채를 가능한 한 없애려 했음에도 『교우론』에는 다음과 같이 가족과 혈통 중심의 유교 교의에 어긋나는 부분이 많았습니다.

하나님께서 사람에게 두 눈과 두 귀, 두 손과 두 발을 준 것은 두 친구가 서로 도와 일을 하여 이루도록 하고자 한 것이다. (56항)

친구의 물건은 모두 공유해야 한다. (29항)

친구는 친족보다 낫다. (50항)

이러한 조목들은 중국은 물론 조선에서도 수용되지 못했지요.

따라서 『교우록』의 영향은 우정의 중요성을 더욱 강조한 것, 특히 전통적인 유교 우정론을 강화한 것에 불과하다고 봄이 옳습니다. 그 영향을 과도하게 강조함은 옳지 못할 것입니다. 가령 『교우론』을 "동서 문화의 융합을 위한 의미 있는 시도"라거나 "스토아 철학과 유가 전통 간의 유사성을 바탕으로 우정이라는 동서고금의 공통적 주제를 통해 두 사상을 하나로 융합시켰다"*라는 평가에는 문제가 있습니다. 『교우론』은 기독교 포교용으로 쓰였고, 그 책에 인용된 서양의 우정론은 반드시 스토아 철학이라고 할 수 없습니다.

제1부 근대 이전의 우정론

스토아 철학자라고 할 수 있는 사람들은 세네카, 에픽테토스, 제논 정도이며 그들로부터의 인용도 각각 7회, 1회, 1회에 불과하기 때문입니다. 『교우론』에서 가장 많이 인용되는 키케로나 플루타르코스, 아리스토텔레스는 스토아 철학자가 아닙니다.

*	배주연, 「마테오리치『교우론』과 한중에서의 반향」, 『비교문학』, 제70집 (2016.10), 137~138쪽.

제2부
근대 이후의
우정론

10
몽테뉴의 우정론

몽테뉴와 라 보에시

솔 프램튼(Saul Frampton)은 몽테뉴에 대하여 『내가 고양이를 데리고 노는 것일까, 고양이가 나를 데리고 노는 것일까』라는 상당히 긴 제목의 책을 썼습니다. 그는 그 책의 제1장 처음에서 몽테뉴『에세』중 가장 유명한 것이 '우정에 대하여'라고 했습니다(25쪽). 반면 슈테판 츠바이크(Stefan Zweig, 1881~1942)의 유작인 몽테뉴 평전 『위로하는 정신』(1941)에는 우정에 대해서 전혀 언급하지 않습니다. 20세기 초 오스트리아 빈에서 수많은 걸작을 쓴 츠바이크는 1934년부터 나치에 쫓겨 세계 방방곡곡을 떠돌았습니다. 이 책은 그가 팔 년 뒤 브라질에서 자살하기 직전에 쓴 것입니다. 그때 그는 우정을 생각하지 않았던 모양입니다. 1919년 로맹 롤랑(Romain Rolland, 1866~1944)이 츠바이크에 대해 '우정이야말로 그의 종교'라고 말했는데도 말입니다.

프램튼은 몽테뉴와 에시엔 드 라 보에시(Étienne de La Boétie, 1530~1563)의 우정을 후자의 죽음과 관련하여 상술합니다. 라 보에시는 1530년에 태어났으니 몽테뉴보다 세 살 위였습니다. 그는 몽테뉴가 태어난 성으로부터 약 오십 킬로미터 떨어진 사를라(Sarlat)라는 곳에서 태어났습니다. 두 사람은 거의 비슷한 교육을 받아 휴머니스트가 되었다는 공통점을 지닙니다. 다른 점을 찾자면 몽테뉴가 스스로 시(詩)에 별로 재주가 없다고 했던 것과 달리, 라 보에시는 타고난 시인이었다는 점입니다. 그보다 더 중요한 점은 라 보에시가 최초의 아나키스트였다는 점이지요. 그가 17세에 쓴 『자발적 복종』은 인간의 자유에 대한 거의 최초의 외침이었고, 독재 타도론이었으며, 거의 최초의 아나키즘 책이기도 했습니다. 몽테뉴는 라 보에시를 만나기 전에 이미 그 글을 읽고 깊이 공감했습니다. 처음 만났을 때 몽테뉴는 25세, 라 보에시는 28세였습니다. 둘은 그 뒤 오 년간을 친구로 지냈습니다. 그런데 두 사람 모두 업무상 출장이 잦아서 오 년 중 삼분의 일은 떨어져 지내야 했지요.

두 사람에 대한 글을 읽다 보면 라 보에시가 몽테뉴보다 훨씬 현명해 보입니다. 그 이유 중 하나는 라 보에시가 어린 나이에 고아가 되었기 때문일 것입니다. 또 그때까지 미혼이던 몽테뉴와 달리 그는 기혼자였고 직장 내 지위도 높았으며 많은 사람에게 존경받았습니다. 또 라 보에시는 이미 책을 출판했지만 몽테뉴는 법률 관련 글 외에는 어떤 글도 써본 적이 없었습니다.

몽테뉴는 라 보에시를 평생 '유일무이한 친구' '완전한 우정'이라고 말합니다. 그만큼 그로부터 엄청난 영향을 받았지요. 적어도 그와 함께한 젊은 시절에는 분명 그랬을 것이고, 죽을 때까지도 친구를 회상하는 것을 보면 역시 평생 영향을 끼쳤으리라 추측됩니다.

라 보에시는 몽테뉴의 분신이라고 해도 좋을 인물입니다. 그가 없었다면 몽테뉴는 우정에 대한 글을 쓰지 않았을 것입니다. 두 사람이 만났을 때 라 보에시는 이미 휴머니스트로서의 지적 수준이 최고조에 이르렀습니다. 그러나 단순히 그 이유만으로 그들의 우정이 성립되었다고 하기는 힘들 것입니다. 분명 라 보에시에게 다른 특별한 매력이 있었을 겁니다. 그러나 몽테뉴는 그게 무엇인지 분명히 말하지 않습니다. 그들의 우정이 왜 특별한가에 대해서도 마찬가지입니다.

몽테뉴가 서른이 되던 해에 라 보에시가 페스트에 걸려 사망했습니다. 그로부터 다섯 해 뒤에는 그의 부친도 세상을 떠났지요. 이후 몽테뉴는 1570년 서른일곱의 나이에 은퇴를 선언하고 유산으로 물려받은 몽테뉴성의 탑 건물을 서재로 꾸몄습니다. 거기에 라 보에시에게 받은 책과 자신의 책 일천 권을 두고 벽면 곳곳에 54개의 라틴어 격언을 새겨 넣고서 『에세』를 집필했습니다. 그로부터 십 년 뒤인 1580년에 『에세』 초판이 출간되었습니다. 몽테뉴가 『에세』 제1권 제28장 「우정에 대하여」를 썼던 해는 대체로 라 보에시가 죽고 팔 년 뒤로 짐작됩니다.

프램튼은 몽테뉴의 우정론이 그 앞과 뒤의 우정론과 어떻게 다르고 어떤 특징을 갖는지, 우정론의 사상사에서 어떤 위치를 차지하는지 전혀 언급하지 않았습니다. 그가 밝히는 내용은 몽테뉴와 라 보에시라는 당대에 뛰어난 두 휴머니스트가 죽음에 이르러서도 서로의 우정을 절실히 느꼈다는 것과, 그들의 우정은 죽은 후에도 살아 있는 우정이었다는 찬양, 범인이 흉내 낼 수 없을 정도로 훌륭한 우정이었다는 것뿐입니다.

몽테뉴의 우정론

C. S. 루이스는『네 가지 사랑』에서 몽테뉴의 우정에 대해 전혀 언급하지 않지만, 몽테뉴가 키케로를 비판하면서 제기한 문제를 전혀 새로운 관점에서 검토하므로 살펴볼 필요가 있습니다. 앞에서 보았듯이 아리스토텔레스와 키케로는 우정을 공적인 것으로 본 점에서는 같지만, 아리스토텔레스는 우정을 긍정적으로 보았던 반면, 키케로는 우정을 부정적으로도 보았다는 점이 다릅니다. 그러나 루이스가 말하는 우정론은 그 두 사람의 우정론과는 다르고, 도리어 그 자신은 언급하지 않는 몽테뉴의 우정론과 유사하다고 할 수 있습니다,

앞에서 본 고대 그리스·로마의 시민적 공공성이라는 개념은 고대 말기 이래 18세기까지 서양에서는 자취를 감추었습니다. 아리스토텔레스나 키케로가 당연시한 그것은 16세기 후반의 몽테뉴에게도 당연한 것은 아니었습니다. 그러나 몽테뉴는 키케로의 문제의식을 정확하게 이해하고 자신의 경험에 입각하여 새로운 답을 냈습니다. 몽테뉴의 우정은 키케로의 그것과 달리 우리가 절친이라고 하는 친구와의 직접적인 일대일 관계를 말하는 것이라는 점에서 우리의 생각과 거의 같습니다. 그러나 우리가 그런 관계를 두 사람 이상으로 확대할 수 있다고 생각하는 반면, 몽테뉴는 오직 두 사람 사이에서만 이루어질 수 있는 것이라고 보았습니다.

몽테뉴는『에세』제1권 제28장「우정에 대하여」에서 라 보에시의『자발적 복종』에 대해 이야기한 뒤에 그와의 우정을 어떤 책에서도 읽을 수 없고, "삼세기에 한 번 이루어진다고 해도 큰 행운"이라고 자화자찬합니다. 세상의 다른 우정을 모르고서 이런 이야기를 함부

로 한다니 당치도 않다는 생각이 들지요. 여하튼 그러한 생각은 우정의 유일성에 대한 주장으로 나아갑니다. 우정의 유일성이란 우정이 둘 이상이면 완전할 수 없다는 것입니다.

몽테뉴를 이를 설명하기 위해 가난한 코린토스인 에우다미다스(Eudamidas)와 부자인 두 친구, 즉 시키온인 카리크세누스(Charixenus), 코린토스인 아레테우스(Aretheus)의 예를 듭니다. 에우다미다스는 죽으면서 두 친구에게 각각 어머니의 봉양과 딸의 결혼을 부탁하고, 만약 둘 중 하나가 죽으면 다른 이가 이어달라는 유언을 남겼습니다. 남은 두 친구는 그대로 행했습니다. 몽테뉴는 그 사례를 두고 완벽한 우정이지만 그 수는 흠이라고 평합니다.

몽테뉴는 아리스토텔레스가 『니코마코스 윤리학』에서 "입법자들은 정의보다 박애를 더 중시했다(1155a)"고 하면서 그가 말한 우정의 종류인 유용성이나 쾌락을 위한 우정은 우정 자체가 아닌 다른 동기나 목적, 결과를 섞기 때문에 아름답지도, 고결하지도 않고 깊이도 없다고 합니다. 여기서 몽테뉴는 아리스토텔레스가 "입법자들은 정의보다 박애를 더 중시했다"고 하기 전에 "우정은 공동체를 결속시키는 유대"라고 했고 그래서 정의보다 박애를 중시했다는 점을 생략했음을 주의할 필요가 있습니다. 몽테뉴는 우정을 공동체와는 무관한 개인적인 것으로 보기 때문에 아리스토텔레스를 자기 편리하게 인용하고, 아리스토텔레스의 우정론과는 무관하게 자신이 생각하는 '완전한 우정'을 말한 것입니다.

몽테뉴는 고대가 제시한 네 가지 인간관계를 생래적인 것, 사회적인 것, 상업적인 것, 성적인 것*이라고 하면서 그 어느 것도 우정이 아니라고 합니다. 첫째, 부자간은 아들이 아버지를 존경하는 것으로 일방적인 불균형 관계이므로 상호 간의 허심탄회한 대화로 유지되는 우정과 다릅니다. 형제 사이의 생래적인 관계도 부자와 마찬가지로 자유의지와는 무관하게 서로를 선택할 수 있는 자유가 없으므로 우정이 아닙니다. 반면 애정은 우정과 마찬가지로 자유의지에 의한 것이지만 우정과 구별됩니다. 몽테뉴에 의하면, 여성에 대한 애정은 우리의 선택에 의해 생기는 것이라 해도 우정에 견주거나 우정과 같은 범주에 넣을 수는 없습니다.

사랑에 대해서는 다음과 같이 말합니다.

우정의 경계로서, 의지의 조화라는 상태가 되면 소멸하고 쇠약해지며, 쾌락에 의해 죽는다. 애정의 목적은 육체에 있고, 포만에 이르면 싫증을 내기 때문이다. 반면 우정은 추구하는 만큼 만족되고 만족의 상태가 아니면 높아지고 길러지고 증대하지 않는다. 우정은 정신적인 것이고 정신은 쓸수록 정련되는 것이다. 이 완전한 우정의 지배하에서도 저 변덕스런 애정이 한때 내 안에서 별도의 자리를 차지했다.

즉 우정과 애정의 대립은 정신적인 것과 육체적인 것의 대립입니다.

---

*   몽테뉴는 이러한 네 가지가 어떤 사람의 의견인지 밝히지 않았습니다. 내가 상업적인 것이라고 한 것은 손님을 대접하는 관계를 말합니다.

이어 몽테뉴는 결혼은 "우정이 아닌 다른 목적을 위해 맺는 거래"라고 하면서 여성들은 우정에 맞지 않는다는 반여성적인 발언을 합니다. 이는 16세기의 일반적인 여성 멸시라고 볼 수 있습니다. 그리고 당시 프랑스에서는 그리스의 동성애를 혐오한다고 말합니다. 몽테뉴는 고대 그리스의 동성애가 우정이 아닌 이유로 "반드시 상당한 연령의 차이와 봉사행위의 차이가 있어서 우정의 완전한 일치나 화합을 볼 수 없기 때문"이라고 합니다. 그러면서 그리스 동성애가 왜 "추한 젊은이나 아름다운 노인에게는 주어지지 않는가"라는 키케로의 물음을 반복합니다. 그러고는 『심포시온』에서 플라톤이 동성애라는 "미치광이 같은 열정은 단지 신체 발달 과정에 불과한 거짓 이미지의 외적인 아름다움에 근거할 뿐"이라고 한 말을 인용하며, 자기 생각도 그러하다고 썼지요. 그러나 그 열정이 "보다 고상한 마음에 떨어지면 그 수단도 고상해진다"고 덧붙였습니다.

내가 말하는 우정은, 두 개의 영혼이 서로 상대의 안에 완전히 전면적인 혼합의 방식으로 용해되어, 그들을 결합시키는 매듭이 없어져 알아볼 수 없게 될 정도의 것이다. 누군가 왜 내가 그를 사랑하는지 물어본다면 나는 말할 수 없을 것 같다. 다만 '그가 그였고, 내가 나였기 때문이다'라고밖에는 답할 수 없다.

그래서 라 보에시가 죽은 뒤 몽테뉴는 말합니다.

나는 이미 어디서나 그의 반쪽으로 틀이 잡히고 너무도 그것에 익

숙해져버려, 이젠 반으로밖에는 존재하지 않는 것 같다.

이는 앞의 글과 달리 라 보에시에 대한 회상이라고 명시되어 있지는 않습니다. 그러나 제3권 제9장 「허영에 대하여」에도 이상적인 우정 경험에 대한 글이 나옵니다.

나는 과거에 우리가 서로 멀리 떨어져 있는 것을 활용했다. 우리는 떨어져 지냈기 때문에 더욱 충실한 형태로 생활을 소유했다. 그는 나를 위하여 살고, 즐기며, 사물을 보았다. 나도 그를 위하여 그가 그곳에 있는 것과 같은 정도로 충분히 그렇게 했다. 우리가 함께 있을 때는 다른 한쪽은 아무 일도 하지 않았다. 우리는 하나로 용해되었기 때문이다. 장소의 격리는 의지의 결합을 더욱 풍요롭게 만들었다. 육체가 곁에 없어서는 안 된다고 하는, 치유할 수 없는 굶주린 기분은 영혼이 즐기는 힘이 약하다는 것을 강조하는 증거다.

결국 몽테뉴의 결론은 진정한 우정이 아니면 우리의 선택과 자발적인 자유의 몫이 적은 반면, 우리의 자발적인 자유는 친교나 우정이 만들어내는 것 이상으로 본래적으로 자기 자신의 것과 같은 것을 만들어냅니다. 이처럼 우정은 자발적이고 강제되지 않는 것이므로 궁지에 빠진 친구를 자발적으로 도울 수는 있어도 그것이 의무 같은 것일 수는 없습니다. 친구 사이의 우정이 진정으로 완벽하다면 그 우정은 의무감을 잊게 하고 '은혜' '의무' '고마움' '간청' '감사' 등과 같이 차이를 드러내는 단어를 미워해 그들 사이에서 추방해버리게 합니다. 그리고 친구들은 의지·사고·판단·재산·여자들·아이들·명예와 삶 등 모든 것을 실제로 함께합니다. 몽테뉴는 우정의 평등성에 대해 명시적으로 말하지는 않지만 문맥상 당연한 주장으로 보입니다. 이처럼 몽테뉴의 우정은 자유와 평등, 공동 소유를 그 핵심 내용으로 합니다.

몽테뉴의 사랑과 우정

라 보에시가 죽은 뒤 몽테뉴는 방탕에 젖은 듯합니다. 뒤에 그는 이를 '기분 전환'이라고 회상했습니다. 다음은 제3권 제4장 「기분 전환에 대하여」에 나오는 이야기입니다.

> **과거에 나는 내 기질 때문에 커다란 슬픔을 맛본 적이 있다. 그것은 강렬했을 뿐 아니라 정당한 슬픔이었다. 그때 내가 내 힘에만 의존했다면 아마 무너지고 말았을 것이다. 나는 슬픔을 달래기 위해 강렬한 기분 전환이 필요했기 때문에, 애써 일부러 사랑을 찾았다. 내 젊음도 한몫 거들었으리라. 사랑은 나를 위로해주고, 친구를 잃은 슬픔에서 구원해주었다.**

남녀 관계에 대한 몽테뉴의 분석은 『에세』의 많은 부분을 차지할 뿐 아니라, 가장 활기 있는 묘사를 보여준다는 점에서 주목됩니다. 먼저 그는 제1권 제28장 「우정에 대하여」에서 우정과 애정을 다음과 같이 구별합니다.

여성에 대한 애정은 우리의 선택에 의해 생기지만, 그것을 우정과 비교할 수는 없고, 그 자리에 놓을 수도 없다. 그쪽의 불타는 정열에 대해 고백하자면 (…) 더욱 활동적이고 더욱 열렬하며 더욱 격렬하다. 그러나 이는 무분별하고, 가벼우며, 동요하는 다양한 불꽃이고, 불타다가 사그라지기 쉬운 열병이고, 우리를 하나의 부분으로만 잡아내는 것이다. 우정의 경우는 전체적이고, 전반적이고도 조용하고 균등한 열기이고, 일관하여 변하지 않는 침착한 열기다. 전적으로 온화하고, 세련된 것으로서, 엄격하거나 날카로운 점이 전혀 없다.

여기서 주목할 만한 점은 몽테뉴가 16세기 사람답게 애정이 우정보다 못한 이유를 여성의 결점으로부터 찾는다는 것입니다.

단지 영혼이 그런 완전한 만족을 가질 뿐 아니라, 육체도 그 연계에 참가하도록, 전인적인 관련이 일어나도록 하는 하나의 자유롭고 자발적인 교제 관계를 여성과의 사이에서 만들어내는 것이 가능하다면 그 경우 박애의 정은 더욱 충실하고 더욱 완전한 것이 될 것이다. 그러나 이 여성이라는 존재는 어떤 보기에 의해서도 거기까지 도달하지 않았다.

이러한 우정과 애정의 비교 또는 남성과 여성의 비교는 분명 몽테뉴 자신의 경험에서 나왔을 겁니다. 그 경험의 고백을 찾아봅시다. 다음은 제3권 제3장 「세 가지 사귐에 대하여」에 나오는 말입니다.

이는 조금은 주의하여 관계할 필요가 있는 교제로서, 특히 나처럼 육체가 크게 작용하는 인간의 경우 그렇다. 나는 젊었을 무렵, 이것으로 고통을 겪었다. 그리고 시인들이 말하듯 절도 없이, 사려도 없이 그것에 몸을 맡기는 사람들에게 찾아드는 괴로운 광분의 상태를 모두 체험했다.

「세 가지 사귐에 대하여」에서 말하는 세 가지란 '유능한 교양인' '매우 아름다운 여성' '여러 가지 책'입니다. 그는 여성들이 '학자연한 자들'의 영향에 의해 '그 실질을 파악하지 못하고 그런 면모를 가졌다'고 비판하고서 이렇게 말합니다.

본성이 훌륭하게 태어난 여성들은, 만일 내가 말하는 것을 믿는다면 그 타고난 풍부한 성질을 발휘하는 것으로 만족하는 것이 좋으리라. 그녀들은 그 아름다움을 다른 아름다움에 의해 숨기고 있다. 빌려 온 광채로 자신을 빛내기 위해 자신을 죽이는 것은 너무나도 단순한 어리석음이다. 그녀들은 인공의 요소 밑에 묻혀 있다. "미장원에서 방금 나온 꼴이다(세네카)." 그녀들은 자신들을 잘 모르고 있다. 세상에서 여성 이상으로 아름다운 것은 없다.

화장한 여성이 아름답지 않다고 보는 로마 시대 세네카 이래 몽테뉴에게 이르는 이 전통을 나도 숭상합니다. 물론 화장과 성형수술 등을 통하여 자신을 아름답게 가꾸려는 여성들의 표현의 자유를 부정하려는 것은 아닙니다. 그러나 자연미가 가장 아름답다고 보는 취

제2부 근대 이후의 우정론

미의 전통이 있음은 사실입니다.

몽테뉴는 이어 "그녀들은 사랑받고 숭배받고 살아가는 것 외에 무엇이 또 필요할까?" 묻고서 특히 학문을 배울 필요가 없다고 주장합니다. 그리고 여성들에게 학문을 말하는 남자들은 그것을 핑계 삼아 여성들을 지배하려고 하는 것이 아닐까, 하고 묻지요. 여성 교육에 관심이 있는 근현대 여성운동가들은 이런 말을 경멸할 것입니다.

1565년, 몽테뉴는 32세에 21살 프랑수아즈 드 라 사세뉴와 결혼합니다. 신부는 보르도의 유력한 법관 귀족 집안의 딸로서 지금 돈으로 약 일억 프랑(이백억 원)이 넘는 지참금을 가져왔습니다. 몽테뉴는 자신의 결혼에 대해 제3권 제5장에서 이렇게 말했습니다.

여하튼 내 자신이 청해서 한 결혼은 아니고, 사람들에게 끌려서 한 일이다. 외부적인 사정에 실려 갔던 것이다.

몽테뉴는 보르도 시내에서 신혼생활을 시작했으나 결혼 후 반년 만에 아내는 몽테뉴의 여덟 살 아래 남동생과 간통을 했습니다. 그 후의 결혼 생활이 불행했으리라는 것을 충분히 짐작할 수 있을 것입니다.

몽테뉴의 키케로 비판

몽테뉴는 키케로와 달리 우정을 공적인 것으로 생각하지 않았습니다. 몽테뉴에 의하면 친구란 분신과 같은 것으로 최대 1인밖에 있을 수 없으므로 우정은 공동체의 기반이 될 수 없습니다. 몽테뉴에게 중요한 것은 사적인 우정이고, 공적인 생활 속에서 각자가 담당하는 역할은 개인적 삶과는 무관합니다. 따라서 친구와의 우정을 방해하고 친구를 위한 친절한 행동을 방해하는 것은 모두 나쁜 것으로 배척해야 합니다. 그는 친구가 반사회적인 존재라는 주장을 부정할 뿐만 아니라, 친구의 반사회적 행동을 강력하게 지지합니다.

앞에서 보았듯이 키케로는 라일리우스의 입을 빌려 친구를 위해서라면 무엇이든 하겠다고 말한 블로시우스를 비판했습니다. 반면 몽테뉴는 라일리우스-키케로의 판단에 동의하지 않을 뿐 아니라, 그의 말은 친구와 우정에 대한 잘못된 생각이라고 합니다.

블로시우스의 답이 반항적이라고 비난하는 자들은 우정의 신비를 충분히 이해하지 못했다. 또한 블로시우스가 정말로 그라쿠스의 의지를 강한 우정과 깊은 이해에 의해 확실하게 장악했음을 짐작하지도 못했다. 블로시우스와 그라쿠스는 시민이기 이전에 친구였다. 그들은 조국의 친구이자 적이기 이전에, 그리고 야심과 반란의 친구이기 이전에 서로 친구였다. 그들은 상대방을 완전히 신뢰하면서 서로의 의지의 고삐를 완전히 쥐었다.

키케로는 우정이 범죄의 원인이 되고 공공 공간을 혼란시킨다는 점에 집중했습니다. 그에게 우정이란 불완전하고 생활의 안전을 위협하는 위험한 것이었습니다. 이에 반해 몽테뉴는 인간에게는 공적인 활동에 종사하는 것보다도 누군가의 참된 친구가 되고 누군가를 참된 친구로 두는 것이 더욱 가치 있는 일이라고 보았습니다. 따라서 친구의 행동을 공공의 룰에 따라 제한해서는 안 된다고 했습니다. 그래서 몽테뉴는 블로시우스가 설사 친구를 위해 사회에 손해를 끼쳤다고 해도 그것이 그 행동의 가치를 훼손하는 것은 아니라고 보았습니다.

물론 몽테뉴가 우정이 사회질서보다 소중하다고 주장하여 친구를 위해 공사를 농단하거나, 권력을 남용하여 친구에게 유리하도록 법률을 개폐하거나, 마음에 들지 않는 자를 배제해도 된다고 용인한 것은 아닙니다. 몽테뉴는 그라쿠스 형제의 개혁 자체에 대해 어떤 판단도 하지 않았습니다. 그저 우정에 대해 말했을 뿐이지요. 물론 라 보에시의 친구인 몽테뉴가 그들의 개혁을 거부했으리라고 생각되지는 않지만요.

라 보에시의 우정론

앞서 말한 라 보에시의『자발적 복종』은 1547년 그가 오를레앙 대학을 마칠 무렵 졸업 논문처럼 쓴 것으로, 1563년 그가 33세로 죽기까지도 출판되지 못했습니다. 몽테뉴는 그 전에 출판되기를 희망했으나, 1574년에야 겨우 익명으로 출판되었지요. 몽테뉴는『에세』에서 그 글이 "압제자들에 대항하는 자유를 옹호하는 논지"로 "오래전부터 양식 있는 사람들 사이에서 널리 읽혔고 매우 높고 정당한 평가를 받았다"고 하면서도 "그가 쓸 수 있는 최고의 글은 아니"라고 했습니다. 몽테뉴는 처음에는 그 글을『에세』에 실을 생각이었으나, 그것이 "우리나라의 상태를 개선시킬 수 있는지를 고려하지 않고, 그것을 혼란시켜 뒤엎을 생각만 하는 사람들에 의해 이용되었고, 그들이 같은 종류의 다른 글과 섞어버렸기 때문에"실을 수 없게 되었다고 말합니다. 그러고는 그 글의 "주제가 이미 여러 책에서 여러 가지로 논의된 평범한 것으로 그가 소년 시절에 쓴 습작에 불과하다"고 합니다. 이러한 몽테뉴를 두고 앞뒤가 다르다고 하는 견해도 있지만, 몽테뉴는 라 보에시가 "이 시대와는 다른 시대의 모범으로 형성된 정신의 소유자로" 당시의 프랑스보다는 이미 자유민의 공화국이 된 베네치아에서 태어나고자 했으리라고 하여 친구의 글에 기본적으로 동의합니다.

자발적 복종의 이유는 습관이라고 라 보에시는 말합니다. 즉 태어나면서부터 노예로 길러지기 때문이라는 것이지요. 자발적 복종의 원인을 지배자에게서 찾지 않는다는 점에서 라 보에시는 스피노자와 다릅니다. 그러나 자유는 천부적인 것이자 자연의 길로, 그것을 수호할 힘도 자연이 주는 것입니다. 내가 보기에 우리는 자유를 지니고 태어났을 뿐만 아니라, 자유를 지키려는 본성을 지니고 있습니다. 라 보에시는 자연이 준 평등 속에서 우리는 모두 형제라고 말합니다. 자연이 누구에게는 더 큰 몫을 주고 누구에게는 보다 적게 허락한 것은 이들 사이에서 형제애를 일깨워 자신이 가진 것으로 남을 도우라는 의미로 받아들여야 합니다. 라 보에시는 묻습니다.

우리 모두가 태어나면서부터 자유로운 존재이며, 그 점에서 우리 모두가 평등하다는 사실을 어떻게 단 한순간이라도 의심할 수 있으며, 우리 모두를 하나의 무리로 만들어준 자연이 그 무리 가운데서 누군가를 노예로 예정해두었다고 누가 감히 생각할 수 있겠는가?

제2부 근대 이후의 우정론

우정은 자유를 회복하기 위한 것입니다. 성스러운 우정은 서로를 인정하고 존중하는 덕 있는 사람들 사이에서만 가능하다고 보는 점에서, 라 보에시는 아리스토텔레스나 키케로를 답습합니다.

라 보에시는 『자발적 복종』으로부터 십 년 뒤 「정월 칙령에 대한 소견서」를 썼습니다. 그 글은 당시의 종교적 대립에 대해 종래 신앙이 뿌리 깊어 없앨 수 없으나, 신교도를 탄압하고 구교를 강요해서는 안 되고 공정하게 처벌해야 하며, 구교는 온갖 악폐를 고쳐야 한다고 주장합니다. 그리고 고등법원이 그 중재자로 나서야 한다고 말합니다.

이 글에서는 『자발적 복종』의 '자유'라는 개념을 완전히 무시하고 그 대신 군주에 대한 복종을 열심히 설득하고 있는 것처럼 보입니다. 그러나 우리는 라 보에시가 『자발적 복종』을 쓴 1547년에도 이미 종교 간 대립은 격심했고, 따라서 그 글이 종교 간 대립에서 신교 편을 든 것이 아니라는 사실에 주의해야 합니다. 라 보에시는 몽테뉴와 마찬가지로, 아니 몽테뉴 이상으로 독실한 가톨릭 신자였습니다.

몽테뉴의 '환대'

몽테뉴는 『에세』의 3개 권에서 여러 장에 걸쳐 신세계 발견이 제기하는 문제점을 다각도로 검토했습니다. 예컨대 제1권 제36장의 「옷 입는 습관에 관하여」에서 그는 종래 야만의 상징으로 치부된 나체를 더운 기후 탓으로 돌리기도 했고, 그것을 인간 본래의 모습으로 볼 수도 있다는 견해를 제시했습니다. 언어에 대해서도 마찬가지였습니다. 당시 아메리카 원주민의 언어는 추상 개념을 포함하지 않아 기독교 교리를 설명하기에 적합하지 않다는 견해가 있었습니다. 그래서 17세기 말 스페인은 포교를 위해 현지어 사용을 금지했지요. 유럽인은 원주민 언어가 엄밀한 의미에서의 언어가 아니라고 생각했습니다. 콜럼버스도 원주민에게 말을 가르칠 필요를 느꼈다고 했습니다. 그러나 몽테뉴는 통역을 통하여 브라질 원주민과 대화하고서, 원주민의 언어가 당시 최고의 언어로 평가된 그리스어와 같이 훌륭하다고 평가했습니다.

따라서 몽테뉴를 인류학자 또는 사회인류학자라고 부르는 것도 이해할 수 있습니다. 그러나 19세기에 확립된 그 학문의 문화적 배경과 몽테뉴의 그것은 분명히 다릅니다. 그는 모럴리스트이나, 현대 사회의 사회과학자인 인류학자는 반드시 그렇지는 않습니다. 즉 몽테뉴는 독자들의 사고와 행동에 영향을 미치고자 하여 그 모범으로써 여러 민족의 사례를 이용한 것이지 학문적인 연구를 의도한 것은 아니었습니다.

몽테뉴는 교육(도덕교육)의 가장 좋은 방법으로 여행을 권유했습니다. 그 자신도 여행을 많이 했습니다. 특히 1580년 『에세』제1, 2권을 출간한 뒤 독일·스위스·이탈리아를 여행했습니다. 그의 여행 일기에는 각 지방의 관습이나 신앙을 열심히 조사한 흔적이 나타나 있습니다. 외국 관습에 대한 호기심은 몽테뉴만의 독자적인 것이 아니라 그 시대의 경향으로서 이미 중세 후기부터 시작된 것입니다. 마르코 폴로의 『동방견문록』을 비롯하여 수많은 여행기나 가상의 책들이 나와 인기를 끌었고, 몽테뉴가 살았던 16세기에는 더더욱 그러했습니다.

몽테뉴의 『에세』에서, '새로운 판단의 시도'라는 에세의 정신을 가장 잘 보여주는 것은 당시 야만으로 여겨진 원시사회에 대한 새로운 인식입니다. 그 최초의 글인 제1권 제31장 「식인종에 관하여」에서 몽테뉴는 먼저 속인들의 의견이나 일반의 여론에 매이지 않고 이성의 방법으로 판단해야 한다고 주장합니다. 이러한 논의는 신세계에 대한 당시의 부정적인 상식과는 달리 과학적으로 검토하였다는 점에서 그 의의가 대단히 큽니다.

우선 몽테뉴는 야만이나 미개가 아니라 '야성'이라 불러야 한다고 주장한다는 점을 주의 깊게 보아야 합니다. 나아가 그는 야생의 의미를 역전시키고 인위와 자연을 둘러싼 논의도 역전시킵니다. 이러한 가치의 역전이야말로 몽테뉴의 근본 사상이자 『에세』의 근본 사상입니다. 여기서 야생에 대한 새로운 논의는 단순히 자연의 과실에 대한 것만이 아니라 그곳에 사는 인간, 즉 원주민 또는 야만인의 미덕과 특질에 대한 논의로까지 나아갑니다.

이 나라에는 어떤 종류의 매매도 없다. 문자의 지식도, 수의 지식도 전혀 없다. 관리나 그 위의 정치가라는 명칭도 없다. 사람을 부리는 습관도, 빈부의 제도도 없다. 계약·상속·분배도 없고, 직업도 힘 안 드는 것밖에 없다. 친척 간의 관계도 없고 모두가 평등하다. 의복도, 농사도, 금속도, 포도주나 곡식도 사용하지 않는다. 거짓말· 배신·은닉·탐욕·시기·비방·용서 등을 뜻하는 언어 자체가 없다.

몽테뉴는 원시사회를 자신의 이상으로 그립니다. 이는 그가 추구한 완전한 우정의 연장이라고 할 수 있습니다.

11
계몽주의와 루소의 우정론

도덕감각과 합의 형성

선악을 구별하는 인간의 능력은 선천적인 것일까요, 아니면 후천적인 것일까요? 이는 오래된 논쟁입니다. 선천적이라고 보는 입장이 아리스토텔레스 이래 다수설인 반면, 홉스(Thomas Hobbes, 1588~1679)나 로크(John Locke, 1632~1704)와 같은 사람들은 후천적이라고 보았습니다. 그런데 18세기에 와서 그 절충설이라 할 수 있는 견해가 나왔습니다. 아리스토텔레스처럼 선천성을 전제하면서도, 실천이성이 선악을 판단한다고 보지 않고 감각적 또는 감정적 능력인 도덕감각(moral sence)이 선악을 판단한다고 보는 견해입니다. 바로 샤프츠베리(Earl of Shaftesbury, Anthony Ashley Cooper, 1671~1712)나 흄(David Hume, 1711~1776)과 같은 18세기 영국 철학자들의 입장이지요. 그 도덕감각이란 타인의 희비를 자신의 희비로 받아들이는 공감(sympathy)을 말합니다. 그들은 인간을 본질적으로 이기적 존재라 보는 홉스나 멘더빌에 대항하여 이타적인 감정이나 판단, 행동이 가능하다고 보았습니다.

흄은 로크를 따라 선험적 사고의 존재를 거부하고 모든 인간 지식은 경험에서만 나온다고 결론지었습니다. 그래서 그는 프랜시스 베이컨, 토머스 홉스, 존 로크, 조지 버클리와 함께 경험론자로 자리매김하게 되었습니다. 흄은 철학적 합리주의자들에 반대하며 이성보다는 열정이 인간의 행동을 지배한다고 주장했습니다. '이성은 열정의 노예이고, 노예여야만 한다'고 선언했지요. 흄은 윤리가 추상적인 도덕 원칙보다는 감정이나 정서에 기초한다고 주장한 도덕적 감정주의자이기도 했습니다. 흄의 도덕적 감상주의는 그의 절친한 친구 애덤 스미스(Adam Smith, 1723~1790)와 공유한 것입니다. 두 사람은 동시대의 프랜시스 허치슨(Francis Hutcheson, 1694~1746)의 도덕적 성찰에 영향을 받았습니다.

도덕감각파는 도덕감각이 누구에게나 있고 그것을 발휘하는 데에 특별한 능력이 필요 없다고 합니다. 그러나 공감은 그 대상을 선별할 수 없고, 무차별일 수밖에 없습니다. 또한 타인에 대한 공감은 이성적인 것이 아니라서 자기 뜻대로 제어할 수 없습니다. 따라서 공감이나 동정은 주체적인 행위만을 참된 것으로 보는 그리스 윤리학에서는 무시되었습니다. 반면 18세기 영국 학자들은 이를 단점이 아니라 장점으로 보았습니다.

그들에 의하면 친구와의 우정은 공감에 의해 성립하는 대인관계입니다. 즉 우정이란 상대에 대한 공감입니다. 따라서 우정의 본질은 공감과 병행적인 것입니다. 즉 우정은 선천적이고, 주위 사람들에 대해 선택하는 것이 아니라 무차별적입니다. 따라서 우정을 느끼는 것은 저항할 수 없는 일이므로 만인이 만인의 친구여야 합니다.

결국 인간은 친구와 동의어가 되고, 친구는 인류 전체를 향하게 됩니다. 이러한 무차별의 우정이야말로 인간에게 부과된 의무입니다. 그러나 이는 사실 아리스토텔레스나 키케로의 우정의 공공성을 확대한 것입니다.

물론 다른 점이 있었습니다. 가령 아리스토텔레스는 한 사람의 친구 수는 도시국가(폴리스)의 인구와 같다고 보았으나, 도덕감각파는 만인이 만인의 친구라고 했으니 그런 제한을 인정하지 않았습니다. 그러나 우정이 공공 공간과 불가분이라고 생각한 점은 같았습니다. 또한 도덕감각파는 공감이란 공공이익에 대한 공감이고, 사회적 정의를 뒷받침하는 것으로 이해했습니다. 그리고 공감과 도덕감각은 인간 본성(human nature)에서 비롯된다고 보았습니다.

자기 멋대로 굴거나 싫은 것을 말하는 상대를 비난하는 자에게는 소통을 성립시키려는 의욕을 볼 수 없습니다. 상대가 자신의 의견을 받아들이게 하기 위해서는 상대를 설득할 필요가 있고, 설득을 위해서는 적어도 토의에 참가하는 모두가 받아들일 수 있는 공통의 견해를 전제할 필요가 있습니다. 이 공통의 전제를 발견하고 공동 작업에 관여하는 의욕이야말로 우정의 증거라고 표현할 수 있습니다. 이처럼 우정은 인간 본성에서 비롯되는 가치입니다. 18세기 영국은 이러한 토의가 현실화한 시민사회로 시민적 공공성이라는 새로운 공공성의 시대였습니다. 바로 하버마스(Jürgen Habermas, 1929~)가 『공론장의 구조변동』(1962)에서 '공공성의 구조 전환'이라고 부른 사태가 진행한 시대로, 소통의 전제로 우정이 강조되었습니다.

도덕감각파에 의하면 우정의 개재로 인해 공통 문제를 해결할 수 있습니다. 또 우정이 인간다움의 증거이자 의무인 한, 우정으로 뒷받침되는 공공 공간은 인간다운 공간으로 여겨집니다. 여기서 우정은 사랑의 일종이 아니라, 습관의 일종으로 이해되었습니다. 그러나 이는 친구는 많으면 많을수록 좋다는 식의 우정과는 다르게, 어디까지나 아리스토텔레스나 키케로의 공적 우정론, 즉 필리아의 우정입니다. 그런데 인간 본성을 중심으로 한 친구·우정·공공성·공감·도덕감각 등을 부정하는 새로운 철학자가 나타났습니다. 바로 루소입니다.

볼테르의 우정론

볼테르(Voltaire, 1694~1778)는 루소, 디드로, 몽테스키외(Montesquieu, 1689~1755)와 더불어 18세기 계몽주의를 대표합니다. 그는 어려서 예수회 학교에 다닌 뒤 문학에 뜻을 두었으나, 아버지의 반대로 법학을 공부했습니다. 이후 귀족과의 다툼으로 바스티유 감옥에 갇혔다가 영국으로 추방되는데, 그곳에서 로크의 경험 철학과 뉴턴의 자연 철학, 입헌주의와 정치적 자유를 접하면서 정치와 철학에 관심을 갖게 되었습니다. 1733년에는 『철학편지』를 발표했으나, 영국을 찬미하고 프랑스를 비방하였다는 이유로 책은 불태워졌습니다. 볼테르는 이후 애인인 샤틀레 후작부인(Emilie du Chatelet, 1706~1749)의 영지에서 십 년간 저술과 연구 활동을 했습니다.

　볼테르는 너무 신랄한 재치로 인해 많은 친구를 잃기도 했지만, 12세 연하인 샤틀레와의 우정은 한동안 단순한 우정 그 이상이었습니다. 그 밑바탕에 깔린 것은 마음과 이해관계의 만남, 그들을 하나로 묶을 수 있는 그 어떤 것보다 더 강력하고 흥미로운 지적 평등이었습니다. 그러나 1733년부터 그녀가 죽을 때까지 17년 동안 샤틀레의 업적은 볼테르와의 우정으로 인해 독자적으로 평가되기보다는 볼테르의 업적에 포함되었으며 그 결과 오늘날에도 그녀는 초기 프랑스 계몽주의 기간 동안 볼테르의 삶과 작품의 맥락에서만 언급됩니다.

1759년에 나온 볼테르의 저서 『캉디드 또는 낙관주의』는 우정에 대한 책입니다. 캉디드는 출신이 불분명하지만 유순하고 고지식하며 순박한 소년입니다. 그는 남작의 성에서 자라면서 낙천주의자인 팡글로스로부터 교육을 받습니다. 이후 캉디드는 남작의 여동생을 사랑한다는 의심을 받고 성에서 쫓겨나 여러 나라에서 고난·모험·사랑·우정·배신 등 여러 가지 일을 체험하며 세상이란 추하고 악한 것임을 알게 됩니다. 그러나 소박한 삶을 살며 평화롭게 지내는 시골의 가난한 농부를 보고는 깨달음을 얻지요. 마지막에 팡글로스는 캉디드를 다시 만나 여전히 낙관주의를 주장합니다. 그러자 캉디드가 "예. 하지만 우리는 정원을 가꾸어야죠"라고 대꾸하는 장면으로 이야기는 막을 내립니다.

우정에 대한 볼테르의 견해를 그의 시 「우정의 사원」보다 더 직접적으로 표현한 것은 없습니다. 그는 '진실, 단순함, 자연이 지배하는' 우정을 기리는, 숲속 휴양지에 있는 평범하고 작은 사원을 상상합니다. 그곳에는 숭배하는 사람이 거의 없습니다. 왜냐하면 위선, 경쟁, 배신적이고 이기적인 야망, 큰 분열로 커지는 사소한 차이, 시기심이 우정이 주는 상을 받을 기회를 완전히 파괴하기 때문입니다. 그는 『휴대용 철학사전』*의 우정 항에서 말했습니다.

사랑이나 존경심처럼 우정은 여의치 않다. 이웃을 사랑하라는 말은 이웃을 도와주라는 뜻이지, 이웃과 나누는 대화가 지겨워도 즐기라는 것이 아니다. 또한 수다쟁이에게 비밀을 털어놓으라는 것도 아니고, 낭비자에게 돈을 주라는 것도 아니다.

볼테르에 의하면 우정은 민감하고 덕이 있는 사람들 사이에서만 가능하지만 이혼처럼 갈라설 수 있는 것입니다. 우정에 대한 볼테르의 견해는 키케로의 견해와 크게 다르지 않지만, 아리스토텔레스의 견해와는 달리 우정을 이상화하지 않습니다. 다는 아니더라도 대부분의 사람들은 우정과 무관하게 살아갑니다. 하지만 이 차이가 결정적입니다. 우정을 이상의 영역에서 현실로 끌어낸다는 점에서 볼테르의 우정론은 나름의 가치가 있습니다.

'재미있는 미치광이' 루소

영국의 우익 작가 폴 존슨(Paul Johnson, 1928~2023)은 『지식인들』(1988)이라는 책을 썼습니다. 우리말로 두 번이나 번역되고 몇 차례나 출판되었는데, 그중 '위대한 지식인들에 관한 끔찍한 보고서'라는 제목의 판본이 있습니다. 그러나 정작 폴 존슨은 이 제목, 특히 '위대한 지식

---

* 한국어 번역판의 제목은 『불온한 철학사전』인데, 원제는 'Dictionnaire Philosophique Portatif'입니다.

인'이라는 대목을 불만스러워했을 것 같습니다. 첫 번째 장「재미있는 미치광이」에 루소를 비롯하여 열 명의 지식인(그중 네 명이 영국인입니다)을 '끔찍하게' 묘사하기 때문입니다. '재미있는 미치광이'라는 말은 소피 두드토(Sophie Madame d'Houdetot, 1730~1813)라는 여자가 루소 사후 1813년에 한 말에서 따온 것입니다. 생전에 루소는 그를 '나의 오직 한 여인'이라고 불렀지요.

그는 추남이었어요. 사랑한다고 해도 매력을 느끼지는 못했어요. 그러나 동정심을 불러일으켰어요. 그래서 따뜻하게 대해줬죠. 한마디로 재미있는 미치광이라고 할까요?

젊은 날의 루소는 미남이라고 할 수는 없지만 그렇다고 추남인 것도 아닙니다. 두드토도 딱히 아름답다고 할 수 있는 사람은 아니었지만, 루소는 그녀에게서 '낭만적 열정'을 경험했습니다. 자서전『고백록』(1782)에서 그것이 '사랑으로써 사랑할' 수 있었던 유일한 경우라고 했지요. 존슨은 그 책을 믿을 수 없다고 하지만, 루소의 전기 작가들은 대부분『고백록』의 내용을 사실로 보니, 도리어 존슨의 이야기를 믿을 수 없습니다.

여하튼 두드토의 회고담 중 루소가 동정심을 불러일으켰다는 부분은 진실일 것 같습니다. 그는 항상 스스로 불행하고 병약하다면서 인류가 고통받은 사람들에게 베푸는 특권을 받을 권리가 있다고 했거든요. 그리고 자신은 세상 모든 사람에게 가장 좋은 친구가 될 수 있다고 했습니다. 존슨은 루소가 스스로 모든 인류의 친구라고 되풀

이하여 선언한 최초의 지식인이라고 합니다. 그러면서도 진실과 정의의 사람인 자신에게 적의를 보이면 진실과 미덕에 반하는 것으로 간주했는데, 그래서 루소에게는 사리사욕을 떠난 우정이라는 관념이 없다고 했습니다.

존슨은 루소에게 퍼부을 수 있는 모든 종류의 비난을 다 퍼붓기 전에 그가 인류에 끼친 영향을 다섯 가지로 설명합니다. 첫째는 『에밀』(1762)이 교육에 미친 영향, 둘째는 물질주의와 계몽에 대한 비판, 셋째는 『고백』이 낭만주의에 미친 영향, 넷째는 문명에 의한 인간의 타락 비판과 사유재산 부정, 다섯째는 자본주의 비판입니다. 특히 『에밀』은 국내에 소개된 지 한 세기가 넘었을 것 같습니다. 그러나 그가 그 책에 쓴 자연숭배·야외 지향·신선한 공기와 자발적인 행동·자연 추구 등이 우리 교육에 얼마나 영향을 미치고 있을까요? 물질주의와 계몽에 대한 비판과 『인간 불평등 기원론Discours sur l'origine de l'inégalité parmi les hommes』(1755)에서 재산과 재산을 얻기 위한 경쟁이 소외를 가져온다며 그것을 바꿔야 한다고 주장한 것은요? 루소를 읽을 때마다 나는 우리가 아직 루소를 넘어서지 못했다는 생각이 듭니다.

존슨은 루소를 싫어하지만, 그의 평가를 능가하는 찬양은 차고도 넘칩니다. 고대와 근대의 철학자를 통틀어 루소만큼 그 시대 혁명가들과 민중을 흥분시킨 사상가는 없었을 것입니다. 그만큼 그의 철학은 엄청난 영향력을 행사했습니다. 사유재산 제도가 인간의 선한 본성을 왜곡하고, 예술과 과학의 남용이 인간 불행의 진정한 원천이라고 본 루소는 프랑스혁명의 3대 원칙인 자유·평등·박애(형제애,

제2부 근대 이후의 우정론

우정)와 국민 주권 사상을 누구보다도 분명하게 보여주었습니다. 이는 그 후 지금까지 민주주의의 원칙이 되었으나, 그 자신은 혁명을 지지하기는커녕 그것이 고치려는 질병보다 더 나쁘다고 보았을 뿐만 아니라, 인류를 정치적으로 구제하려는 노력 자체를 믿지 않았습니다.

그럼에도 루소는 프랑스혁명에 가장 강력한 영향을 미친 사상가입니다. 혁명을 주도한 모든 혁명가가 그의 글을 읽고 감동했지만, 특히 그의 사도라고 할 만한 사람은 막시밀리앙 드 로베스피에르(Maximilien François Marie Isidore de Robespierre, 1758~1794)입니다. 공포정치의 대명사로 유명한 그는 변호사 출신으로 루소의 저작에 심취했고 생전에 그를 만나기도 했으며 루소를 자신과 동일시했습니다. 로베스피에르는 루소를 '신과 같은 분'이라고 숭상하며, 그가 계시한 덕이 지배하는 사회를 꿈꾸었습니다. 또한 루소가 당대 계몽주의자들에게 박해받았듯이 자신도 혁명가들로부터 박해받는다고 생각하면서 적을 처벌하는 데 집중했습니다. 그래서 루소와 마찬가지로 로베스피에르에 대해서도 좌파들은 사회주의와 공산주의의 선구자로 칭송하고, 우파들은 그를 전체주의의 선구자로 칭송합니다.

루소의 우정과 우정론

루소는 30세까지의 삶이 자신의 인생 전체에 대해 갖는 의의를 강조했습니다. 카시러(Ernst Cassirer, 1874~1945)는 그것이 그의 사상과 아무런 관계가 없다고 말했지만, 적어도 루소의 우정 경험과 그의 우정론에 관련이 없다고 할 수는 없을 것입니다.

루소는 1712년 당시 공화국인 제네바에서 시계공의 아들로 태어나 열 살까지 그곳에서 자랐습니다. 태어난 지 며칠 안 되어 어머니가 죽어 주로 삼촌 집에서 자라며 정상적인 교육을 받지 못했습니다. 그는 어린 시절 플랭스(Plince)라는 친구와 싸운 적이 있습니다. 그때 친구에게 나무 망치로 머리를 얻어맞아 피가 났는데, 그때 친구의 당황한 얼굴 같은 것을 그 뒤 평생 본 적이 없다고 했습니다. 이는『고독한 산책자의 몽상』'넷째 산책'에서 다뤄진 일화로서, 그때 친구와 자신이 연민이나 동정심 상태에서 우정을 공유한다고 본 것이 그의 우정론의 기초가 되었습니다.

　　같은 책에서 또 하나의 일화가 소개됩니다. 어느 날 루소는 파지 숙부의 공장에 놀러 갔다가 사촌의 실수로 손가락을 다치고 맙니다. 그때 사촌이 그를 걱정하기보다는 자신이 아버지로부터 받게 될 체벌을 더 두려워하며 전전긍긍하는 모습을 보고 루소는 마음의 상처를 입었습니다. 하지만 커다란 돌에 맞아 다쳤다고 말하여 사촌을 보호했다는 것입니다. 뒤에 루소는『에밀』에서 아동의 긍정적인 자존심이 발달하기 위해서는 동정심이라는 감성이 발휘되어야 하고, 이성을 통한 추론과 일반화 능력이 동정심과 결합되어 도덕성이 정착하게 된다고 주장했습니다.

　　루소는 13세 때 공증인과 조각가의 도제로 일하다가 체벌이 두려워 15세에 제네바에서 도망쳤습니다. 그리고 사보이 부근에서 바랑 부인(Françoise-Louise de Warens, 1699~1762)을 만나 함께 살았고, 20세부터는 그의 연인이 되어 일생 중 가장 이상적인 우정을 체험했습니다. 루소는『고백록』에서 그것을 '존재의 공유'라고 말하면서 물질의 '완전 공유'까지 포함시켰습니다. 그러면서 복종과 자유는 서로 대립하는 것이 아니라고 합니다. 자신은 그러한 이상적인 애정이나 우정에 복종하면서 하고 싶은 것을 다 했기 때문에 자유로웠다는 것입니다.

루소는 1741년 파리에서 계몽주의자인 달랑베르·디드로·돌바크·콩티약 등과 친구가 되었고, 1842년 파리에서부터 본격적인 지적 생활을 시작합니다. 이때 루소는 완전 공유의 우정이 불가능하다면 우정에 이해관계가 개입되는 것을 최대한 배제하는 것이 차선책이라고 생각하게 되는데, 그것은 당시 지배층의 문예 후원 제도와 관련된 것이었습니다. 당시 루이 15세가 루소의 희가극《마을의 점쟁이》를 관람하고서 그에게 연금을 주려고 했으나 루소는 이를 거부했고, 그로 인해 비난을 받은 것입니다.

1750년대 말에 루소는 파리를 떠나면서 계몽주의자들과 단교하고, 그 뒤 약 이십 년간 영국을 포함한 유럽 각지를 돌아다니면서 저술 활동을 했습니다. 루소는 백과전서파로 불리는 것을 싫어했고, 루소와 친했던 백과전서파 사람들도 그에게 넘을 수 없는 벽을 느꼈습니다. 그러나 루소와 백과전서파가 어떻게 다른지를 확인하기란 쉬운 일이 아닙니다.

계몽주의자들뿐만이 아닙니다. 루소는 자신을 금전적으로 지원해준 귀족들을 비롯하여 많은 동시대인을 '적 아니면 동지'라는 이분법으로 대했습니다. 루소의 피해망상으로 희생된 사람 중 흄이 있습니다. 1760년대 루소가 파리의 철학자들과 절교하고 유럽 각지를 전전할 때에 흄은 그에게 저작 활동에 전념할 수 있는 조용한 환경을 제공하겠다고 제안합니다. 그리고 영국 왕실에 루소에게 연금을 줄 것을 요청하지요. 그렇게 루소는 영국에 오게 되지만, 곧 흄에게 의심을 품고 절교 편지를 보낸 뒤 영국을 떠나버립니다. 연금도 거부하지요.

루소는 흄만이 아니라 영국을, 특히 당시 영국의 '시민사회'를 혐오했습니다. 이는 『철학서간』에서 영국을 찬양한 볼테르를 비롯하여 당시 프랑스의 계몽주의자들이 영국의 문화와 사회를 호의적으로 바라본 것과 대조적인 태도였습니다. 그들은 정치적 합의 형성 과정을 비롯하여 종교에 대한 관용과 뉴턴의 역학, 리처드슨의 소설에 이르기까지 영국을 모범으로 간주하고 적극적으로 흡수했습니다. 앵그로마니라는 프랑스어로 표현된 그 경향은 혁명 이전 18세기 프랑스 지성의 특징이었습니다. 그러나 루소만은 예외였지요.

루소의 우정론

루소에 의하면 친구라고 할 만한 사람은 불행한 자, 즉 병들고, 약하고, 지치고, 고통을 품고 있는, 슬픔에 젖은 자들입니다. 바로 당시 제3계급 사람들이지요. 루소는 『줄리 또는 신에로이즈Julie, ou la nouvelle Héloïse』(1761)에서 볼마르 부인(Madame de Wolmar)을 통해 말합니다.

우정이란 고통을 덜어주고, 고뇌를 위로하기 위해 불행한 사람들에게 특별히 주어지는 것이 아닐까?

루소는 도덕감각파가 말하는 공감에 한계가 있다고 생각했습니다. 선천적인 이타적 감정을 부인하지 않지만, 그것이 타인의 희비를 자신의 것으로 무한정 간주하게 하는 것은 아니라고 했습니다. 그런 공감 능력은 타인이 즐거운 경우에는 작용하지 않는다는 것이지요. 도리어 타인의 행복이란 시기와 같은 매우 고통스럽고 이기적인 감정을 자극하는, 증오해야 할 것이라고 보았습니다.

루소는 에밀이 시민으로 성장하는 과정에서 가장 중요한 도덕교육을 다루는 『에밀』 4부에서 모든 인간에게는 '약함'이 있고, 그 약함 때문에 '공통의 비참함'을 느끼며, 그 비참함은 타인에 대한 인간애 내지 인류애를 낳는 '동정심'으로 이어진다고 보았습니다.

우리가 불행한 사람을 동정하는 것은 그 자신이 동정받아야 할 상태에 있다고 생각하는 한에서다.

이러한 역지사지에 의해 연민에 그치지 않는 공감 능력인 '동정심'이 발휘됩니다. 불행한 사람들에 대한 공감 능력이 '동정심'입니다.

루소는 '행복한 사람들'을 증오합니다. 그들은 '불행한 사람들'의 반대로서, 상류층을 말합니다. 바로 아리스토텔레스에서 키케로를 거쳐 흄과 샤프츠베리에 이르는 사람들이지요. 그들의 우정론이 공공 공간의 주인공들을 모델로 하는 반면, 루소 우정론의 모델은 한나 아렌트가 『어두운 시대의 사람들』에서 말하듯이 공공 공간이라는 '세계'에서 제외된 '무세계(worldlessness)'의 사람들입니다. 이는 근대성의 조건인 상호주관적으로 구성된 행위와 경험 세계를 상실한 상태를 말합니다. 바로 제3세계 사람들이지요. 그들의 친밀한 분위기로 가득 찬 공간의 우정이야말로 루소가 말한 진정한 우정입니다. 반면 아리스토텔레스 이래의 공공이란 거짓이고 우정이란 위선이라고 루소는 보았습니다.

루소에 의하면 이타적인 감정이란 타인의 불행을 직접 볼 때, 그 불행에 대해서만 반응하는 것, 곧 연민의 감정에 불과합니다. 인간에게 가장 바람직한 것은 타인과 공존하지 않고, 오로지 고립되어 혼자 사는 것이었습니다. 루소는 그것을 자연 상태라고 했습니다. 인간이 타인과 함께 사는 길을 선택한 것은, 인간이 약하기 때문에 혼자서는 해결할 수 없는 문제에 직면했기 때문입니다. 그래서 『에밀』에서 인간의 사회성은 약함에서 생긴다고 했습니다. 모든 대인관계는 도움을 구하는 자가 도와줄 사람 앞에 나타나 그의 이타적 감정을 자극할 때 생겨납니다. 따라서 친구와의 교섭이 이상적인 대인관계인 이상, 우정의 가장 본질적인 요소는 상대에 대한 연민입니다. 그러므로 친구는 불행해야 하는 것이고, 우정은 서로 돕는 것, 서로 불행을 위로하는 것입니다.

그에 의하면 친구에게 불가결한 의무는 끊임없이 상대의 옆에 있는 것입니다. 적어도 상대와 끊임없이 연락해야 합니다. 그 빈도가 높으면 높을수록 좋지요. 이처럼 상대의 얼굴을 빈번하게 봄에 의해 유지되는 친밀하고 따뜻한 분위기야말로 우정의 본질입니다. 이는 루소 이전에 누구도 말하지 않은 것이었습니다. 친밀함이 바람직하다는 것을 부정하지는 않았지만 그것이 우정의 본질이라고 본 사람

　　　　　제2부 근대 이후의 우정론

은 아무도 없었습니다. 그런 것은 그저 우정의 부산물이라고 생각했지요. 특히 앞에서 본 키케로 같은 사람은 그것을 '위험한 부산물'이라고 생각했습니다.

루소의 우정론은 몽테뉴의 우정론과 가까워 보입니다. 그러나 몽테뉴는 루소가 말하는 우정을 '보통의 우정'이라고 하면서 자신과 라 보에시의 '완전한 우정'과 구별합니다. 그가 말하는 '보통의 우정'이란 어떤 계기나 사정에 의해 맺어진 우정입니다.

친구 사이의 의견이나 이해관계의 일치를 반드시 부정적으로 볼 필요는 없으나, 루소 이전에는 그것이 우정의 본질이라고 생각되지 않았습니다. 그러나 루소에게는 그것이야말로 우정의 본질이었습니다. 그에게 있어 친구의 적을 적으로 생각하지 않는 자는 친구가 아니라 적이었습니다. 그야말로 '동무(동지) 아니면 적'이었지요. 프랑스혁명, 특히 자코뱅파의 지도자들도 마찬가지였습니다. 혁명 과정에서 '인민 권력'을 주장하고 '인민 대표'라 칭하는 자들의 정당성도 동정심이었습니다.

프랑스혁명과 미슐레의 우정론

루소는 어떤 비밀도 없이, 모든 문제에 대해 동의하는 관계를 우정의 본질이라고 보았습니다. 그러나 이를 모든 사람에게 확대하는 경우 다른 발언이나 행동을 절대로 인정하지 않는 전체주의 세상이 됩니다. 그것이 루소 사후 십 년 만에 터진 프랑스혁명이었습니다. 루소의

우정은 프랑스 국기의 3색, 즉 청(자유)·백(평등)·적(박애, fraternité*) 중
박애라는 이름으로 남았습니다.**

그러나 세 단어가 혁명의 공식 표어였던 것은 아닙니다. 혁명기
내내 두 단어, 혹은 세 단어로 된 여러 표어가 공존했지요. '자유, 평
등, 박애'는 1789년 인권선언이나 1793년 인권선언에도 언급되지
않았고, 1791년 헌법에서 단 한 번 국민축제를 조직하는 목적 중 하
나로 1장 끝에 언급되었을 뿐입니다. 제헌의회 시절에는 '국민, 법,
국왕'을 위시하여 '결속, 힘, 덕성' '힘, 평등, 정의' '자유, 안전, 소유
권' 등이, 이후에는 '자유, 통일, 평등' '자유, 평등, 정의' '자유, 이성,
평등' 등이 공적·사적 문서의 서두에 두루 쓰였습니다. 그리고 왕정
이 붕괴한 1792년 8월 10일 이후에 가장 많이 사용된 표어는 '자유,
평등'이었습니다.

'자유, 평등, 박애'를 처음 사용한 것은 1790년 12월 5일입니다. 로
베스피에르가 국민방위대 군복과 깃발에 두 줄로 각각 '프랑스 국민
(LE PEUPLE FRANÇAIS)' '자유, 평등, 박애'라고 써넣을 것을 주장했을

---

*   우애나 형제애로도 번역됩니다. 우애를 우정과 사랑의 합성어로 보는 견해도 있
지만, 나는 우정과 같다고 생각합니다. 그러나 형제애는 형제가 서로를 아끼는 마
음을 뜻하는 점에서 우정과는 다릅니다. 형제애는 brotherhood의 번역어로 쓰이
는데, 서양어의 brotherhood는 사랑과 연대에 근거한 일반인 사이의 윤리적 관련
성을 뜻하는 점에서 우리말의 형제애와는 다릅니다. 따라서 brotherhood를 형제
애로 번역함에는 주의가 필요합니다.

**   볼테르가 『스키타이 Les Scythes』에서 "그 소중한 곳에서 우리는 모두 자유롭다 / 왕
들도 신하도 없으며 모두가 자유롭고 모두가 형제이다"라고 한 데서 자유·평등·
박애가 하나의 문장에 나타납니다.

때지요. 그때 '박애'란 로베스피에르가 참정권이 있는 능동시민만을 국민 방위대에 참여시키려는 당시 의회에 반대하여 능동시민과 수동시민 모두 국민군에 참여하게 하기 위한 것으로 주장되었습니다. 그러나 이는 의회에서 거부되었습니다. 그 뒤 1791년 5월 29일, 에름농빌(Ermenonville) 국민방위대 사령관이었던 지라르댕 후작(René-Louis de Girardin)이 프랑스 국민의 헌법은 평등·정의·보편적 박애(universelle fraternité)를 토대로 하며, 프랑스 군대는 오직 이 정신에 기초해야 한다고 주장했습니다. 그러나 당시에는 박애라는 것이 일반화되지 못했습니다.

박애가 일반화된 것은 1793년 공화국 수립 이후였고, 자유 및 평등과 동등한 법적 지위를 갖게 된 것은 1840년대에 와서의 일입니다. 혁명 이전에는 박애라는 말이 일상에서 거의 사용되지 않았습니다. 기독교 전통에서나 프리메이슨 같은 비밀결사에서만 사용되다가 혁명 후 홍수처럼 사용된 것은 사실입니다. 프랑스혁명에 루소가 끼친 영향에 대해서는 여러 가지 평가가 있지만, 확실한 것은 루소의 어떤 사상보다 박애라는 개념의 영향이 분명했다는 점입니다.

저명한 역사가들이 대거 등장하는 19세기에 프랑스 역사학자로서 유명한 쥘 미슐레(Jules Michelet, 1798~1874)는 프랑스혁명을 '박애의 혁명'이라고 규정할 정도로 박애라는 개념을 평가하는 데 적극적이었습니다. 그러나 미슐레와 같은 해에 태어난 오귀스트 콩트(Isidore Marie Auguste François Xavier Comte, 1798~1857)는 프랑스혁명에 대해 회의적인 태도를 취했습니다. 그는 혁명은 파괴적인 세력이며 혁명이 파괴한 것에서 아무것도 건설할 능력이 없다고 보았습니다. 혁명에 대한 그의 설명은 그가 과학적 승인을 주장했던 그의 전반적인 역사 이론이나 철학에 내재되어 있었습니다. 그의 견해는 역사가 세 단계, 즉 신학 시대·형이상학 시대·과학 또는 실증주의 시대를 거쳤다는 것입니다. 도덕과 정치는 신학과 형이상학에서 해방될 것이며 물리학에 기초를 두게 될 것이라고 그는 보았습니다.

콩트와 달리 프랑스혁명에 열광한 미슐레는 근대 독일 역사학의 비조라고 하는 랑케(Leopold von Ranke, 1795~1886)와 함께 근대 역사학의 양대 산맥으로 꼽힙니다. 그러나 랑케가 과거 사실을 밝히는 사실주의 역사학을 수립한 반면, 미슐레는 과거의 소생이라는 낭만주의적 역사학을 수립했습니다. 그러한 소생은 역사가에 의한 것이므로 역사는 역사가에 의해 창조되는 것이라고 보는 셈이었지요. 중세를 혐오한 미슐레는 역사를 유대 문제, 숙명, 폭정에 맞서는 기독교 정신과 자유 사이의 투쟁으로 보는 반유대주의에 입각했습니다.

미슐레는 그의 주저인 『프랑스사*Histoire de France*』(1833~1867) 21권에서 프랑스혁명의 박애를 강조합니다. 그중 『프랑스혁명사』는 1847년부터 1853년까지 육 년에 걸쳐 일곱 권으로 간행되었습니다. 이 책들은 아직 우리말로 번역되어 있지 않지만, 그보다 일 년 전인 1846년에 낸 『민중』은 우리말로 번역되었습니다. 우리는 그 책을 통해 프랑스혁명에 관한 그의 관점을 볼 수 있습니다. 1847년 서문에서 미슐레는 "혁명의 인간적이고 온정적인 시기에는 민중이, 모든 민중이, 모두가 행위자였다"라고 썼습니다. 이는 그 시기 이후에는 민중이 아닌 엘리트 혁명가들의 혁명으로 변질되었다는 것을 뜻합니다.

미슐레에 의하면 1789년 5월 5일 삼신분회의 소집에 의해 신민이었던 민중이 주권자로 탄생했습니다. 이어 6월 17일 국민의회가 창설되고 7월 9일에는 국민제헌의회로 바뀌었지요. 그리고 7월 14일 바스티유가 함락되고 8월 4일 봉건제(장원제) 철폐가 선언되면서 프랑스는 '하나'가 되었다고 미슐레는 감격적으로 썼습니다.

1790년 7월 14일 프랑스혁명 1주년을 축하하는 연맹제(fête fédéra-tive, fédération)가 전국에서 열렸습니다. 여기서 '연맹'이란 혁명을 망치려는 특권층이나 비적의 음모와 공격에 대항하기 위해 도시와 지역의 국민방위대 사이에 체결된 군사방어협약을 뜻했습니다. 즉 조국과 혁명을 수호하기 위해 무장한 군인들의 전우애가 박애였습니다. 그러나 그것은 곧 모든 프랑스 국민의 결합이라는 이념으로 나타났습니다. 당시 박애는 모든 적대관계를 해소하고 모든 계급을 통합하여 동등한 권리를 만인에게 골고루 확대하는 마술적인 힘으로 이해되었습니다.

그러나 미슐레는 우정이라는 것을 루소와 같이 이해하지 않고 도리어 아리스토텔레스나 키케로에서 비롯된 공공적 우정의 전통적 개념을 따랐습니다. 즉 의견이나 이해관계의 일치를 우정의 본질로 보지 않고, 아리스토텔레스가 『정치학』에서 "도시국가는 비슷한 자들에 의해 만들어지지 않고, 서로 다른 사람들에 의해 만들어진다"라고 한 말을 인용하면서 그에 동의했습니다. 물론 우정은 개인적(사적)으로 시작되지만, 그 우정에도 조국에 대한 사랑이라는 방향이 주어지고 그것이 인류애로 확대된다고 했습니다. 그리고 우정을 "사람들 사이에서 변할 수 없는 자연적 관계"라고 했습니다.

연맹제의 우정도 마찬가지였습니다. 제3공화국이 선포된 후 1880년부터 연맹제를 기념하는 7월 14일이 프랑스의 국경일이 되었습니다. 당시 일부 의원들이 바스티유 감옥 점령일인 1789년 7월 14일을 국경일로 지정하는 것은 폭력 사태를 옹호하는 일이라고 우려하여, 1790년 7월 14일 연맹제를 기념하는 것으로 합의했다고 합니다.

공포정치와 박애의 변화

박애는 그 애매함 때문에 처음부터 문제가 되었습니다. 특히 전쟁이 발발하고 당파 대립이 격화되면서 혁명의 적들이 형제애의 가면 아래 정체를 숨기고 있다는 의심이 일었고 서로에 대한 감시가 시작되었습니다. 특히 1793년 자코뱅파가 권력을 잡은 뒤 박애의 개념이 루소의 그것으로 변하기 시작했습니다. 로베스피에르에 의하면 박애는 오직 덕이 있는 친구들을 위해서만 존재할 수 있고, 선한 이들은 그들의 적이나 살인자들과 결합할 수 없으며, 애국파는 애국파와만 형제가 되어야 했습니다.

그래서 귀족이 박애의 대상에서 제외되고, 이어 정권과 이해관계가 일치하지 않는 자는 '조국의 배반자'나 '거짓 형제'로 간주되었습니다. 자코뱅파는 적대세력을 추방하기 위해 정기적으로 대규모의 '박애화(fraternisation)'를 행했습니다. 박애화라는 프랑스말은 원래 '형제같이 됨, 화해'를 뜻했습니다. 그러나 자코뱅파의 박애화는 어떤 활동가가 자기 지구에 있는 반혁명분자나 타협주의자를 숙청하고자 마음먹으면 인근 지구의 다른 활동가에게 숙청하게 하는 것을 뜻했습니다. 즉 이 숙청에 의해 두 개 지구가 '박애화'를 성취한다는 것이지요. 어느 지구의 모든 주민을 박애의 대상으로 만들기 위해 그렇지 못한 주민을 선별하는 작업이 박애화인 것입니다. 이때 박애는 자연스러운 것이 아니었습니다. 자발적으로 행사하도록 강제되는 것, 행사 여부가 감시되는 것이었지요. '박애냐, 죽음이냐'가 자코뱅파의 표어였습니다. 숙청되기 싫으면 정부 방침에 복종해야 했습니다.

자코뱅 시대에는 영어의 '여론(public opinion)'에 해당하는 프랑스어 opinion publique 대신 '공공정신(esprit publique)'이라는 말을 사용하여 여론과는 반대되는 것을 주장했습니다. 그것은 1798년 『프랑스 아카데미 사전』에 등재되었을 때(1762년 판에는 없음), '국가의 영광과 발전과 관련된 대상에 대해 국가에서 형성된 의견' '대중이 어떤 것에 대해 생각하는 것'으로 정의되었습니다. 두 가지 정의는 공공정신이 국가의 이익과 관련되고, 특정 이익 전체를 넘어서는 국가·지역·공동체의 공통된 성향임을 보여줍니다.

즉 공공 공간에서 공동체 구성원은 하나의 문제에 대해 하나의 동일한 의견을 가져야 하고, 어떤 문제가 공동체 전체의 이해관계에 관한 문제로 공공 공간에 나타나면 이미 합의가 형성되고 누구나 같은 의견을 가져야 하는 것이 되었습니다. 이는 영국처럼 정부가 공공 공간의 내부에서 형성된 여론을 승인하여 정책을 결정하는 것이 아니라, '공공정신'이라는 여론이 정부에 의한 국민 지도나 불만분자를 말살하는 결과를 만들었습니다. 공공정신은 교육의 성과이고 여론은 토의의 결과였습니다. 공포정치 시대에 공공정신청(Bureau d'Esprit Public)이라는 기관이 설치되었습니다. 이러한 루소와 자코뱅파의 '우정'은 20세기 사회주의에서 '동무(comrade)'로 나타났습니다.

따라서 루소의 우정론을 "인류를 자유·평등·박애로 향하는 미래의 길로 안내한 것"*이라고 보는 견해에 대해서는 의문입니다. 도리어 그러한 안내자는 루소가 아니라 미슐레였습니다. 다행히 미슐레가 말한 우정이 프랑스에서 영원히 사라진 것은 아니었습니다. 그의 우정 개념은 19세기 초 나폴레옹에 의해 일시적으로 받아들여지고 세계에 수출되었습니다. 1800년 당시 집정정부의 제1집정관이었던 나폴레옹은 루소가 죽기 직전 육 주간 머물면서 산책한 에름농빌(Ermenonville)의 집을 방문했을 때 이렇게 말했다고 합니다.

당신들의 루소는 광인이었다. 우리를 지금의 지점까지 데려온 사람이 바로 그이기 때문이다.

파리에서 북동쪽으로 사십 킬로미터 떨어진 에름농빌의 집에 루소의 공원이 있고 그 가운데 그의 묘지가 있습니다. 루소의 유해는 프랑스혁명 때인 1794년 파리의 팡테옹으로 이장되었습니다.

*   이용철, 「루소의 우정론」, 외국문화연구, 제66호, 168쪽.

박애와 식민지 침략

박애는 국내에서는 공포정치를, 국외에서는 식민지 침략을 초래했습니다. 단적인 예로 알렉시스 토크빌은 『미국의 민주주의』에서 노예제도를 비판하지만, 알제리 문제가 나오면 식민지주의를 열렬히 옹호하는 모순을 보입니다. 그는 "체로키인들의 성공은 인디언들이 스스로 문명화될 수 있음을 보여준다" "기독교는 자유민들의 종교다. 기독교 사상 안에서 만인은 자유롭고 평등하다"라고 말했지만, 알제리에 대해서는 "무엇보다 이 아랍인 독립주의자들이 우리가 그들의 내정에 간섭하는 데 익숙해지게 해야 한다. 내가 생각하기에 지배 없는 식민화는 항시 불완전하고 불안정한 사업일 뿐이다"라고 했습니다.

12
레싱과 칸트의 우정론

레싱의 우정론

1618년에 시작되어 1648년에 끝난 30년 전쟁 이후 독일은 삼백 개가 넘는 군소국가로 분열되었습니다. 앞서 본 영국이나 프랑스가 거대하고 강력한 하나의 통일된 근대국가를 형성한 반면, 독일은 푸펜도르프가 말하듯이 '괴물' 같은 모습의 분열 상태에 있었습니다. 그 괴물의 얼굴을 '신성로마제국'이라 불렀지만, 그것은 찢긴 얼굴에 불과했고 몸통은 그야말로 분열 자체였습니다. 물론 독일이든 영국이든 프랑스든 백성들을 착취하여 굴러가기는 마찬가지였습니다. 부르주아가 등장하여 귀족계급과 대립한 것도 마찬가지였습니다. 부르주아는 '신의 은총'이라는 봉건제를 '이성'의 계몽주의로 대체하려고 했습니다. 독일의 계몽주의는 영국이나 프랑스보다 늦게 왔고, 1770년경에 독서 인구는 인구의 15퍼센트에 불과했지만, 1779년에 레싱(Gotthold Ephraim Lessing, 1729~1781)의 『현자 나탄』은 예약자가 이천 명이었습니다.

18세기 말 유럽에서 루소를 좋아한 사람들은 많았지만, 그들도 대부분 그의 우정론만은 거부했습니다. 칸트와 레싱이 대표적이었습니다. 레싱의『현자 나탄』은 우정을 다룬 5막의 희곡입니다. 그것은 레싱이 도서관장으로 일하면서 친구의 유고를 출판·공개했을 때 기독교 측에서 쏟아진 비난에 대한 반박으로서 쓰였습니다. 당시 기독교 측에서는 계시에 의한 성서와 교리는 절대 진리이므로 검증의 대상이 되지 않는다고 주장했습니다. 반면 레싱은『현자 나탄』에서 그런 주장은 독선이고, 바로 그 독선이 십자군 전쟁 같은 인류의 불행을 야기했음을 상기시킵니다. 그리고 대안으로 박애와 관용을 내세웠지요.

작품은 이집트 왕 살라딘이 통치하는 12세기 말 예루살렘을 배경으로 합니다. 이슬람교도이자 지배자인 술탄 살라딘과 그곳에 사는 유대교도 상인 현자 나탄, 십자군의 일원으로 예루살렘에 침략한 뒤 포로로 잡힌 기독교도 기사, 세 사람의 의사소통과 화해를 통해 정치적 입장이나 종교적 차이에도 불구하고 친구가 될 수 있음을 강조하지요. 특히 나탄은 기독교인에게 몰살당해 일곱 자식을 잃고도 기독교인의 아이 레하(Recha)를 양녀로 받아들여 정성을 다해 기릅니다. 그녀가 사랑하는 젊은 기독교도 기사가 레하가 유대인임을 알고 거리를 두자, 나탄은 종파나 민족을 초월해 인간성과 사랑을 실천하며 살아가야 한다고 주장하지요. 제2막 5장에 나오는 나탄의 절규를 들어봅시다.

아시겠어요? 우리는 반드시 친구가 되어야 합니다. 원하신다면 제 민족을 경멸하세요. 기사님이나 저나 민족을 선택하지 않았어요.

우리가 우리 민족입니까? 민족이란 것이 도대체 무엇입니까? 기독교인이나 유대인이기 이전에 결국 인간이 아닙니까?

그러자 기사는 유대교도에 대한 자신의 생각이 편견임을 깨닫습니다. 그리고 술탄을 제거하자는 대주교의 제안을 거부하지요. 한편 살라딘은 기독교도에 대해 적대적이었지만 포로로 잡았던 기사를 풀어주면서 유대인이나 무슬림에게 맞서지 않는 기독교인이 되어달라고 당부합니다. 그리고 나탄을 통해 종교적 우열을 정하고 맹목적 신앙을 통해 진리를 알 수 있다고 하는 자신의 생각이 편견임을 깨닫지요. 나탄은 어떤 편견도 없이 모든 미덕을 향해 마음이 열린 자유로운 사람으로서 우정의 정신을 실천합니다. 이 작품은 루소의 우정론에 반하는 샤프츠베리의 우정론에 근거합니다.

『현자 나탄』은 레싱이 죽고 이 년 뒤인 1783년에 처음으로 공연되었습니다. 생존 시에는 작품 일부의 출간이 금지되었고, 공연은 아예 금지되었습니다. 그 뒤 나치하에서도 독일인이 아니라 유대인을 이상화했다는 이유로 금서가 되고 상연도 금지당했습니다. 레싱은 자신이 살았던 독일을 유럽에서 '가장 노예적인 나라'라고 비판했습니다. 그러나 레싱은 그런 나라에 살면서도 노예처럼 무기력하게 살지 않았습니다. 자신의 입장이 사람들로 하여금 민족 내지 인종이라는 편견을 깨고 자유롭게 생각하고 행동하게 하기 위한 효모라고 말했습니다. 레싱에게도 친구란, 우정이란 자유였습니다.

칸트

18세기 독일은 유럽의 다른 나라에 비해 후진국이었습니다. 그런 후진성을 철학적으로 만회하려는 시도가 독일 관념론입니다. 그리고 칸트는 그 선구자였습니다. 1946년 이후 러시아 땅이 되어 칼리닌그라드로 불리는 칸트의 고향 쾨니히스베르크(Königsberg)는 '학문의 시베리아'로 불릴 만큼 후미진 곳이었습니다. 그런 곳에서 평생을 보낸 칸트의 삶은 너무나 단조로웠습니다. 1724년 가난한 수공업자의 아들로 태어나 춥디추운 고향에서 어렵게 공부하고 가정교사로 겨우 연명하다 1755년부터 모교인 고향 시골 대학의 철학 강사로 일했으며, 1770년 46세로 교수에 부임해 1796년까지 41년간 재직하고 그곳에 묻혔습니다. 독일 시인 하이네는 칸트가 "기계적으로 구성된 그의 추상적인 옹고집 생활을 독일 북동쪽 경계에 있는 한 옛 도시 쾨니히스베르크의 한적한 골목길에서 보냈다"*고 했습니다.

칸트는 매우 꼼꼼한 성품이었으며 평생 절약했습니다. 가난한 중에 대학을 다니면서도 장학금을 신청하지 않은 이유는 스스로 학비를 충당하려 했기 때문입니다. 칸트는 경제적 독립을 원했습니다. 어려서부터 경제적 자립이 내면의 행복과 자유의 감정을 가져온다고 믿어 소액의 급료와 저작료로 살면서도 저축을 했습니다. 사람들에게는 냉담했고, 같은 도시에 살던 여동생들과는 25년간 대화를 하지 않았습니다. 매우 경건했던 부모에 대한 반발로 성인이 된 뒤에

---

*   강대석, 『왜 철학인가?』, 중원문화, 2011, 205쪽 재인용.

는 평생 교회에 가지 않았습니다.

157센티미터의 단신에 양복이 맞지 않을 정도로 뼈대가 작아 얼굴이 커 보였습니다. 또한 흉통이 작아 호흡에 지장이 있었고, 오른쪽 어깨가 왼쪽보다 높았습니다. 그러나 79세에 죽기 넉 달 전까지 단 하루도 병석에 누워본 적이 없었을 정도로 건강했지요. 그 비결은 규칙적인 생활이었습니다. 그의 하루 일과는 이러했습니다. 하인이 매일 아침 4시 45분에 그를 깨우면 옷을 입고 노란색 침실 가운을 걸친 뒤 붉은 비단 띠를 둘렀습니다. 머리에는 나이트캡을 썼는데, 그 위에 작은 삼각형 모자를 써서 고정시켰습니다. 그러고 나서 공부방으로 가 순한 꽃차를 두 잔 마시고, 점토 파이프로 담배를 한 대 피운 뒤 다섯 시 정각에 책상에 앉아 오전 내내 연구하거나 강의를 했습니다. 오후 한 시부터 세 시까지는 점심 식사를 했는데, 항상 손님들을 초청해 직접 만든 겨자 소스를 먹이면서도 자신은 한 번도 먹지 않았다고 합니다. 칸트는 친척보다 친구를 더 좋아했습니다. 그의 친구들 중에는 학자보다 상인이 더 많았습니다. 칸트는 평생 독신이었으니 그 흔한 사랑 이야기도 없습니다.

칸트는 매일 오후 3시 30분이면 산책을 했는데, 마을 사람들이 칸트가 산책하는 때를 기준으로 시계를 맞추었을 정도로 시간을 정확히 지켰다고 합니다. 평생 산책을 걸렀던 날은 딱 두 번뿐인데, 한번은 루소의 『에밀』 초판을 정신없이 읽다가 잊었고, 또 한 번은 프랑스혁명 기사가 난 신문을 구하려다 놓친 것입니다. 회색 코트에 스페인 지팡이를 들고 보리수가 늘어선 작은 길을 천천히 여덟 번 말없이 오가는 것이 그의 산책이었습니다. 항상 혼자 걸었는데, 타인과 함께하면 빨리 걸어야 하고 그러면 땀이 많이 나서 감기에 걸릴 위험이 있었기 때문입니다. 그렇게 한 시간 동안 강변을 산책한 후 친구들과 일곱 시까지 대화를 즐기고 집으로 돌아와 책을 읽고 글을 쓰다가 밤 열 시에 잠이 들었습니다.

칸트는 다른 나라는커녕 독일의 다른 대도시에 유학한 적도 없습니다. 심지어 논문 발표를 위해 출장 한 번 간 적이 없습니다. 아마 평생 초라한 집과 학교 외에는 다닌 곳이 없을 것입니다. 그래서 전기를 쓰려 해도 도대체 흥미로운 이야깃거리가 하나도 없습니다.

칸트는 1780년 58세의 나이에 대표작 『순수이성비판』을 완성했습니다. 십 년 만에 써낸 작품이었으나, 출판하겠다는 곳이 없었지요. 우여곡절 끝에 다음 해에 책이 나왔지만 거의 팔리지 않았습니다. 친구들도 그 내용을 제대로 이해하지 못했습니다.

칸트의 우정론과 루소의 우정론

칸트는 레싱과 마찬가지로 루소를 애독했으며, 그를 자신의 철학적 스승이라고 했습니다. 그러나 칸트는 유대인이 영웅이 되는 것을 허락할 수 없다면서 레싱의 『현자 나탄』을 무시할 정도로 반유대주의자였습니다. 칸트는 순수한 사랑에 기초한 이상화·정신화된 윤리적 가르침에 미루어볼 때 기독교가 다른 어떤 역사적 종교보다 윤리적 종교의 이상에 더 가깝다고 믿었습니다. 반면 유대교에 대해서는 스피노자에 따라 단순한 국가적·정치적 실체로 보았으며, 도덕의 내적 전유를 고취하지 못하고 오로지 법령과 법에 대한 외적 순종만을 요구한다는 점에서 종교의 본질적인 기준을 충족시키지 못한다고 주장했습니다. 칸트에 의하면 유대교의 메시아주의는 단지 국가적·정치적 경험에 불과하고, 유대교는 이 세상의 사물에만 관심을 가지며 불멸의 개념에 대한 정식화가 결여되어 있습니다.

칸트는 루소를 무척 좋아했습니다. 그가 자기 방에 걸었던 초상화는 루소의 것이 유일합니다. 『에밀』을 읽느라 산책을 거르기도 했습니다. 그럼에도 칸트는 루소가 이상으로 삼은 '투명한' 우정이 이상적인 대인관계가 아닐 뿐 아니라 대인관계조차 아니라고 비판합니다. 그는 『도덕형이상학』에서 "순수한 우정, 또는 완전한 우정에 도달한다고 생각하는 것은 소설가들의 단골 주제다"라고 했는데, 이는 루소를 염두에 둔 말이었지요. 칸트는 인간은 자기 자신을 사랑하는 만큼 타인을 사랑할 수 없다고 보았습니다.

이어 "그러나 아리스토텔레스는 '친애하는 친구들이여, 친구라는 건 없다네'하며 반대 의견을 피력했다"라고 말하는데(VI 470), 적어도 아리스토텔레스의 저술에서는 그가 그런 말을 했다는 사실을 찾아볼 수 없습니다.* 또 그 말 자체도 모순입니다. 친구가 없다니, 그럼 앞에 '친애하는 친구들'이라 부른 상대는 도대체 누구입니까?

여하튼 칸트에 의하면 '완전한 우정'은 이성을 통해 추리한 우정의 '이데아'와 같은 것입니다. 인간이 실제로 이룰 수는 없지만, 항상 추구해야 하는 도덕적 '이념'이지요. 이와 달리 '도덕적 우정'은

---

* 　3세기경 고대 철학자들에 대한 전기인 『유명한 철학자들의 생애와 사상』을 쓴 디오게네스 라에르티오스(Diogenes Laërtius)에 의해 전해지는 말이라고 하지만, 그 책에는 그런 말이 없습니다.

드물기는 해도 인간이 실현할 수 있는 것입니다(VI 472).

칸트는 루소의 우정론뿐 아니라 루소까지의 철학자들이 말한 우정론을 비판합니다. 그들은 복수의 인간들이 간혹 같은 공간에서 생활하는 상황을 미리 설정하고, 그들이 본성에서 나오는 어떤 인력(引力)에 의해 맺어진 것을 우정이라고 합니다. 이는 우정의 기원에 관한 설명이지만, 칸트는 이러한 설명을 받아들이지 않습니다.

칸트는 사전에 어떤 대인관계에도 구속되지 않는 단순한 인간의 집합 같은 것을 전제하지 않고, 그런 무색투명한 인간들 사이에서 발생하는 단순한 인력이 우정이라고 보지도 않습니다. 반대로 인간들이 처음부터 주위 사람들과의 여러 가지 대인관계에 던져져 있고, 그 대인관계에는 인력(引力)과 함께 반발력(反撥力)*이라고 하는 상반된 힘이 동시에 작용한다고 보았지요. 칸트는 인력을 사랑, 반발력으로 작용하는 것을 존경이라고 합니다. 즉 우정은 사랑이라는 인력과 존경이라는 반발력의 미묘한 균형상태, 즉 "두 인격 사이의 평등하게 상호적인 사랑과 존경을 통한 결합(VI 469)"입니다.

이러한 주장에 의하면 우정은 몽테뉴가 말하듯이 안정되거나 확실한 것이 아니라, 불안정하고 불확실한 것입니다. 우정을 구성하는 두 요소 중 반발력 때문이지요. 따라서 우정의 본질은 인력이 아니라 반발력인 것입니다.

---

* 척력(斥力)이라는 번역어도 있지만, 더 알기 쉽도록 반발력이라는 말을 채택했습니다.

칸트의 초기 우정론

칸트의 철학적 입장이 더욱 정교해지고 완전히 구체화됨에 따라 우정에 대한 그의 견해도 발전했습니다. 윤리에 관한 칸트의 초기 강의 내용을 담고 있는 『윤리학 강의』는 정식으로 출판된 저술이 아니며 학생들의 강의 노트로 구성되었습니다. 이 책에서 그는 우정을 인류에 대한 일반적인 사랑과 타인의 행복을 증진하려는 관심에서 비롯되는 것으로 정의하는 데는 문제가 있다고 했습니다. 인간의 본성을 관찰했을 때, 행동을 주도하는 주요 동기는 최우선 이익으로 이해되는 자기 사랑이었다는 것입니다. 인간에게 신뢰, 진심 어린 호의 및 우정의 성향이 있는 것은 자신의 행복을 증진시키기 위해서이고, 그래서 갈등도 있는 것이라고 칸트는 생각했습니다. 칸트는 진정한 우정은 상호성으로 갈등을 해결한다고 말합니다. 각자는 서로의 행복에 관심을 갖고 서로의 복지를 키워줄 것입니다. 각자의 행복이 관대함에 의해 촉진되는 것이 우정의 이데아입니다. 여기서 자기애는 상호 사랑의 이념 속에 삼켜진다고 칸트는 생각합니다.

초기에 칸트는 아리스토텔레스와 같이 우정의 종류를 '필요의 우정' '취향의 우정' '성향의 우정'으로 나누었습니다. 필요의 우정은 당사자들이 상호 관심을 가지고 서로를 신뢰할 때 발생합니다. 취향의 우정은 교제에서 얻는 상호 즐거움을 전제로 하며 일반적으로 예의 바른 태도로 나타납니다. 이때 당사자들은 그들 사이의 유사점보다는 차이점에 더 끌릴 가능성이 높습니다. 성향의 우정은 가장 수준 높은 우정입니다. 그것은 자유롭고 열린 마음의 친교, 계시 및 수용에 기초하며, 서로를 향한 '순수하고 진실한 성향'으로 구성되기 때문입니다. 그리하여 각자는 자신의 모든 견해와 의견을 털어놓을 수 있는 신뢰할 만한 친구를 갖게 됩니다. 그는 아무것도 숨길 수 없고 숨길 필요도 없습니다. 요컨대 그는 누구와도 완전히 소통할 수 있습니다.

이상의 세 가지 우정은 현실에 존재하는 우정을 그 현상에 따라 기술적으로 분류한 것입니다. 칸트가 후기에 와서 우정을 윤리학의 일부로서 규범적으로 논의하는 것과는 다르지요. 여기서 후기의 논의와 이어지는 것으로, 칸트는 뒤에 윤리학 강의에서 우정이 거의 모든 측면에서 평등을 요구한다는 생각을 덧붙입니다(이는 후기의 논의와 이어집니다). 평등이 없으면 우월한 사람이 열등한 사람에게 우정을 통해 호의를 베푸는 양상이 될 것이기 때문입니다. 그러나 평등할 필요가 없는 한 가지 측면이 있는데, 그것은 다른 사람에게 선의의 사랑을 느끼는 경우입니다. 칸트는 이에 대해 보답할 필요가 없다고 말합니다. 보답이 필요하다면 그 누구도 인류 전반에 대해 호의적인 태도를 갖는 것이 불가능하기 때문입니다. 그러나 다른 사람이 좋은 소원에 보답하면 그 관계는 우정으로 변합니다. 이것은 양측의 사랑입니다.

칸트의 후기 우정론

『도덕형이상학』에서 칸트의 완성된 우정 이론을 찾아볼 수 있습니다. 칸트는 그 책의 「덕론의 형이상학적 기초원리」 제2편 '타인에 대한 덕의무들에 대하여'에서 우정을 주로 다룹니다. 칸트가 우정을 "두 인격 사이의 평등하게 상호적인 사랑과 존경을 통한 결합(VI 469)"이라고 할 때 평등하다는 것은 주고받는 사랑과 존경이 같다는 것이고, 상호적이란 것은 사랑과 존경이 일방적이지 않고 서로 오가야 한다는 것입니다. 이러한 평등과 상호성은 '서로에 대한 선한 심정의 최대치'*라고 칸트는 이어 말합니다. 즉 완전한 우정이란 서로 최대한으로 사랑하고 존경하는 가운데 성립하는 평등과 상호성의 관계라고 할 수 있습니다.

칸트가 우정을 '주고받는 관계'라 보는 것은 '계약론적'이고, '친밀성'의 관계인 우정과는 양립할 수 없다고 보는 견해**가 있습니다. 친밀성(intimacy)이란 느낌을 공유하게 하는 가까움(closeness)을 타인에게 느끼는 것으로, 서로의 이해나 지지, 돌봄에 대한 기대가 따르는 것을 말합니다. 따라서 친밀성이라는 것도 결국 주고받는 것을 전제로 하기 때문에 계약론적이라고 해서 반드시 친밀성과 양립할 수 없는 것은 아닙니다. 그렇다면 문제는 칸트가 내세운 '사랑과 존경의 상호성'이라는 정의가 우정에 손상을 끼치는가인데, 그럴 우려도 없습니다.

문제는 우정에서 존경이 사랑만큼 중요한가 하는 점이지요. 이에 대해 칸트는 다음과 같이 말했습니다.

우정은 하나의 인격 안으로 함께 녹아버리는 상태에까지 근접해가

---

* 　이 '최대치'란 Maximum을 번역한 것인데, 종래의 번역에서는 '준칙'으로 번역되어 오역 시비를 불러일으켰습니다.

** 　이혜정, 「여성주의 관점에서 본 칸트의 우정」, 『철학연구』, 132집, 철학연구회, 2014, 145쪽.

는, 상호 소유라는 감각의 달콤함에도 불구하고, 동시에 상당히 연약한 것이다. 그래서 우정을 감정에 따라서만 성립하게 하고, 그러한 상호의 나눔과 헌신의 기초에 원칙을 두지 않거나, 천박하게 만드는 것을 막고 상호의 사랑을 존경에 대한 요구로 제한하는 규칙들을 두지 않는다면, 우정은 언제나 단절될 위험에 처할 수 있다. (VI 471)

즉 우정의 단절을 피하기 위해서 사랑과 함께 존경이 필요하다는 것입니다. 앞에서 보았듯이 사랑은 인력인 반면 존경은 반발력입니다. 인력과 반발력에 대해 칸트는 다음과 같이 말했습니다.

인간은 서로 사랑하는 원리 덕분에 서로에게 끊임없이 다가가도록 정해져 있고, 또 서로에게 지당한 존중의 원리로 서로 일정한 간격을 유지하도록 정해져 있다. (VI 449)

여기서 사랑과 존경은 반대가 아니라 반대로 작용하는 것에 불과합니다. 사랑은 감정적인 것이지만 존경은 도덕적인 것입니다. 칸트는 우정을 지속하기 위해 사랑이라는 감정에만 치우치지 말고 이성인 도덕으로 사랑을 조절하자고 주장하는 것입니다. 사랑은 두 사람을 하나로 끌어당기지만, 존경은 두 사람을 멀어지게 합니다. 그들 사이에는 적절한 거리가 있어야 하는 것이 본성이기 때문입니다. "친밀함에 대한 이러한 제한은 가장 친한 친구라도 서로 너무 친해져서는 안 된다는 규칙으로 표현된다"고 칸트는 말합니다.

결과적으로 진정한 우정을 얻기란 매우 어렵습니다. 그러나 그럼에도 불구하고 우정을 향해 노력하는 것은 '이성에 의해 정해진 의무'입니다. 일반적으로 칸트의 윤리학은 성향이나 애정, 정서가 아닌 의무가 진정 도덕적인 것의 유일한 근거라는 개념에 기초하고 있습니다. 이러한 엄격한 의무론에 따라 칸트는 우정에 관련된 감정은 우정을 '부드럽게' 만들지만, 또 너무 쉽게 붕괴되기 때문에 우정의 근거가 될 수는 없다고 말합니다.

13

조선 후기의 우정론

마테오리치 『교우론』의 조선 소개와 조선 후기의 우정론

유교는 동북아시아, 즉 한국과 일본 등 중국과 인접한 국가에 지대한 영향을 미쳤습니다. 한반도에서는 삼국시대 이후 고려를 거쳐 조선 왕조 때에 유교가 국가 지배 이념이 되었습니다. 조선 후기에 양명학이 북학파에 큰 영향을 주었고, 강화도에서 정제두(鄭齊斗)를 중심으로 강화학파를 형성했으나 이단으로 취급당했습니다. 좌파의 대표적인 인물 이지도 조선(朝鮮) 중기 이후의 사조에 영향을 주었으나, 주류 유학인 성리학에 밀려 결국은 이단으로 취급되었습니다. 그럼에도 허균을 비롯하여 이덕무 등도 양명학의 영향을 받았습니다.

그런데 중국의 양명학파가 신분주의를 타파하고 일반 서민 대중에게까지 파급된 것과는 달리, 조선에서는 그러한 혁명적인 요소를 발견할 수가 없습니다. 정재두가 만든 가법(家法)에서 서얼(庶孼)과 노비 및 하인의 차별을 강조하여 왕양명이 주장한 인간의 평등과 존엄 사상을 부인하고 오히려 봉건적 신분주의를 옹호한 것이 일례입니다. 그러나 홍대용의 대동사상과 교육 이론, 특히 사민평등관(四民

平等觀)에 근거한 교육 제도를 주장한 것은 왕양명의 주장과 유사합니다. 그러나 위에서 본 양명좌파의 사우론은 조선에서 언급된 바가 없습니다.

앞에서 보았듯이 1595년 중국에서 출판된 마테오리치의『교우론』은 17세기 이래 조선에 전해져 지식인들 사이에서 널리 읽혔습니다. 이 책을 조선에 처음 소개한 사람은 이수광(李睟光, 1563~1628)입니다. 그는『지봉유설(芝峯類說)』(1614) 권2에서 이 책의 제목을『중우론(重友論)』이라 하고, "친구를 제2의 나라고 말하는데, 이 말이 몹시 기이하다"*라는 중국인의 말을 그대로 인용하는 데 그치는 점으로 보아 직접 읽지는 않았고, 그 내용에 대해서도 크게 감동하지 않은 것으로 보입니다. 유몽인(柳夢寅, 1559~1653)도『어우야담(於于野談)』(1622)에서 이 책을 언급하였으나, 역시나 직접 읽지는 않은 것 같습니다.

『교우론』을 읽었다는 기록은『지봉유설』이후 140년이 지나 이익(李瀷)이 1754년에 정항령(鄭恒齡)에게 보낸 편지에 처음 나옵니다. 그는 집에 있는『교우론』을 읽고 "뼈를 찌르는 말"이라 했습니다. 1784년(정조 8) 이승훈(李承薰)이 북경에서 돌아오면서 들여온『천학초함』에도 이 책이 들어 있었습니다. 아울러 박지원(朴趾源)도『연암집(燕巖集)』에서 친구를 '제2의 나'라고 언급하였으며, 이덕무(李德懋, 1741~1793)의 손자 이규경(李圭景)도『오주연문장전산고(五洲衍文長箋

---

* 以爲友者第二我, 此言奇甚.

제2부 근대 이후의 우정론

散稿)』에서 『교우론』의 구절을 가져와 문장을 완성하였습니다. 이러한 『교우론』의 영향은 조선 후기 가톨릭, 특히 예수회의 선교가 중국에 비해 조선에서는 매우 소극적이었던 점과 비교하면 특이한 사건이었습니다.

이는 16세기 후반부터 시작된 당쟁과 관련됩니다. 당쟁은 선조 초 1576년 외척 심의겸(1535~1587)의 정치 관여를 두고 동인과 서인이 분열하면서 시작되었는데, '당파적 입장'과 '개인적 입장'이 충돌하면서, 전자나 후자의 길을 선택하기 위해 우정에 대한 새로운 관심이 생겨났습니다. 당파나 당쟁에서 소외된 일부 지식인들을 중심으로 하여 우정론이 전개된 것이 아니었다는 것입니다.

당파가 굳어지면서 우정론은 당파적 입장을 강화하는 데에만 기여했습니다. 뒤에 볼 박지원이나 정약용의 경우도 마찬가지였습니다. 우리는 흔히 그들을 실학파로 묶지만, 그 두 사람을 비롯하여 많은 실학파가 당파로 나뉘었고, 그 당파 사이에 우정은 존재하지 않았습니다. 우정론의 영향은 중국에서와 마찬가지로 제한적이었습니다.

홍대용의 우정론

앞서 보았듯이 공자는 "사람을 사랑하라"는 인(仁)의 덕목을 강조했습니다. 이로써 사랑이 중국철학의 주제로 등장했습니다. 묵자는 보편적인 사랑(兼愛, 겸애)과 차별적인 사랑(別愛, 별애)을 구분했습니다. 별애가 세상을 끊임없는 대립과 투쟁의 상태로 이끄는 반면, 겸애야말로 세상의 무질서와 혼란을 극복할 수 있게 한다고 주장했지요. 그는 공자의 인이 가족적 유대에 바탕을 두고 있으므로 별애에 해당한 다고 보았습니다. 맹자는 묵자의 겸애가 '아버지가 없는 상태(無父)'를 초래한다고 비판했습니다. 맹자가 그렇게 비판한 이후에 유학 철학 에서 겸애를 찬성하기란 쉽지 않았습니다.

조선 후기 홍대용은 범애 개념을 통해서 겸애의 금기를 깨뜨리려 고 했습니다. 나아가 '화이가 하나이고(華夷一) 인물이 같다(人物均)' 는 주장을 펼쳤습니다. 이것은 군자가 소인을 계몽하고 지배해야 한 다는 사회질서를 반영한 것입니다. 홍대용은 사랑에 대한 맹자의 모 순을 해결하고자 했으며, 그 결과 한 사회의 신분과 국제 관계의 우 열 등을 뛰어넘는 새로운 지평을 개척할 수 있었습니다. 홍대용은 중국 선비이자 친구였던 손유의에게 보낸 편지에 다음과 같이 썼습 니다.

묵씨(墨氏)의 겸애와 근검과 절용(節用)은 세상의 급박한 사정에 대 비하여 위로는 시속(時俗)을 구제하고 아래로는 사사로움을 잊을 수 있게 하였으니, 또한 보통 사람들보다 월등히 현명합니다. (…) 이 단의 학문이 행해진다고 해서 세상에 해가 될 게 무엇이겠습니까?

여기서 '묵씨'는 묵자를 말합니다. 홍대용은 유수원과 함께 조선 에서 신분 세습을 부정한 학자입니다. 하지만 유수원은 노비를 제 외시킨 데 반해, 홍대용은 노비도 포함했고 묵자처럼 어떤 형태의 침략전쟁도 거부했습니다. 또 묵자의 겸애는 '사람과 사람'의 관계 에 한정되지만, 홍대용은 '사람과 사물(즉 자연)' '자족(自族)과 타족

(他族)'의 관계로까지 확장시켰습니다. 또『담헌서』에서 순진함을 잃지 않은 우정이 좋다고 하는 점에서는 이지의 동심설*을 연상케 합니다.

사람의 도는 마음에 있고 글에 있지 않으며, 사귀는 도는 바탕에 있지 꾸밈에 있지 않다. 세간에서 독서를 많이 하고 문장을 좋아하는 사람으로서 밖을 속이고 잘못된 것을 꾸며서 그 천진함을 잃어버린 사람이 많으니 어찌 귀할까?*

그러나 홍대용도 기본적으로는 유교의 우정론에 입각했습니다. 즉 친구란 서로 선을 권장하고 인을 보도하는 책선보인(責善輔仁)과 지동도합(志同道合)의 관계라고 보았습니다. 친구를 사귀는 방도로는 성명지교(性命之交), 도의지교(道義之交), 상면지교(相面之交)가 있는데, 이는 각각 군신지교(君臣之交), 붕우지교(朋友之交), 속인지교(俗人之交)에 해당한다고 하며 도의지교를 이상적이라 여겼습니다. 또한 홍대용은 선비를 경학(經學)·문장(文章)·거업(擧業, 과거)의 세 가지에 따른 경사(經士)·문사(文士)·재사(才士)로 보았는데, 모두 자기가 말

---

* 이지 사상의 핵심이라고 할 수 있는 동심설은『분서』제3권에 실린 글에서 유래합니다. 그 글에서 이지는 먼저 동심(童心)을 진심(眞心, 참다운 마음)이라고 말합니다. 이때의 동심은 '거짓이 전혀 없고 순진무구한 최초 일념(一念)의 본심'을 뜻합니다.

** 『담헌서』, 외집, 권7 연기(燕記), 우혼(雨渾), 人道在心不在書 交道在質不在文 世間多讀書好文章 多誣外飾非 喪其天眞 何足貴乎.

하는 참된 선비가 아니라고 했습니다. 참된 선비는 정통 유교의 성인군자라는 것이지요. 그리고 그 세 가지 요건으로 천진을 바탕으로 한 재능과 학문, 방법을 들었습니다.

박지원의 당파적 교우 비판

『과정록(過庭錄)』은 연암 박지원(燕巖 朴趾源, 1737~1805)의 아들 박종채(朴宗采, 1780~1835)가 아버지에 대한 사랑과 그리움을 담아 쓴 책입니다. 이 책의 권1에 의하면 박지원은 "젊어서부터 당시의 교우가 오로지 권세와 이익을 보고 몰려들었다가 흩어지는 모습을 보고 몹시 미워해, 일찍이 아홉 편의 전을 지어 희롱하고 때때로 익살과 웃음을 드러냈다"고 합니다.[*] 그 아홉 편의 전이 『방경각외전(放璚閣外傳)』인데 그 서문에서 박지원은 말합니다.

> 우도가 오륜의 끝에 있다고 해서 낮은 것이 아니다. 그것은 마치 오행 중 토의 기능이 골고루 사시의 바탕이 되는 것과 같다.[**] 신의가 없으면 부자, 군신, 부부, 장유 간의 도리는 어떻게 될 것인가? 사람다운 도리 및 사람답지 못한 도리를 우도가 다 바로잡아주는 것은 아닌가? 우도가 끝에 놓인 이유는 뒤에서 인륜을 통섭케 하려는 것이다.[***]

---

[*]   先君自少時, 嫉世之交友, 專視勢利, 炎凉聚散, 情態可見. 嘗作九傳, 以譏之, 往往以諧笑發之.

[**] 이는 주자가 『맹자장구』 「공손추상」에서 설명한 것을 따른 것입니다.

[***] 友居倫季 匪厥疎卑 如土於行 寄王四時 親義別叙 非信奚爲 常若不常 友廼正之 所

아홉 편 가운데 「봉산학자전」과 「역학대도전」 두 편은 박지원 스스로 없애버려 나머지 일곱 편인 「양반전」 「광문자전」 「예덕선생전」 「김신선전」 「마장전」 「민옹전」 「우상전」만 전해집니다. 이 중 「우상전」은 「봉산학자전」과 「역학대도전」을 없애는 과정에서 함께 소실되어 미완의 상태로 남았습니다.

그중에서 우정 문제를 다룬 전은 『마장전(馬駔傳)』(1754)과 『예덕선생전(穢德先生傳)』입니다. 다시 『방경각외전』 서문에서 박지원은 『마장전』에 대하여 "세 사람의 광인이 서로 친구가 되어 떠돌아다니지만, 그들이 인간들의 아첨하는 태도를 논란함에 참 사나이를 보는 듯하다"*고 하고, 『예덕선생전』에 대하여 "선비들이 입과 배에 연연하면 온갖 행실이 썩고 일그러진다. 솥을 걸어놓고 잘 먹다가 그 솥에 삶겨 죽어도 도철 같은 탐욕을 경계하지는 못하는데, 엄씨는 똥으로 먹고살아서 하는 일은 더러워도 입은 깨끗하다"**고 썼습니다. 이때 말하는 엄씨는 엄행수(嚴行首)로 예덕선생인데 서울 뒷골목에서 분뇨를 수거하는 자로서, 당대 최고의 학자인 선귤자(蟬橘子, 이덕무의 별호)와 우정을 쌓습니다. 그 밖의 작품들도 나이나 신분의 차이 등을 극복한 우정을 다루었습니다.*** 이 작품들이 '시민적 윤리로

以居後° 廼殿統斯.

* 三狂相友遁世流離論厥謏諂若見鬚眉.

** 士累口腹 百行餒缺 鼎食鼎烹 不誠饕餮 嚴自食糞 迹穢口潔.

*** 김명호는 「연암의 우정론과 서학의 영향」(『고전문학연구』 제10집, 273쪽)에서 박지원이 『예덕선생전』에서 "친구란 함께 살지 않는 아내요, 핏줄을 같이하지 않은 형제다"라고 한 이덕무의 말을 인용한 것을 근거로 삼아 연암이 일찍부터 『교우론』을

의 지향과 통하는 새로운 우정을 모색했다'고 보는 견해*는 일찍부터 제기된 바입니다.

박지원은 21세 때 김이소(金履素) 등 여러 친구들과 북한산 봉원사 등을 찾아다니며 공부했고, 22세 때부터 원각사 근처에 살며 박제가·이서구(李書九)·서상수(徐常修)·유득공 등과 이웃하여 깊은 친교를 맺었습니다. 24세 때 담헌(湛軒) 홍대용(洪大容, 1731~1783)과도 사귀며 과거 시험에 전념했고, 지구의 자전설을 비롯한 서양의 신학문을 배웠으며, 북학과 이용후생(利用厚生)의 방법을 토론하였습니다. 이후 산사나 강가, 정자를 떠돌며 김이소 등 십여 명과 과거 공부에 힘썼습니다. 그러나 과거 시험에 계속 낙방하여 결국은 단념했습니다.

후일 박제가와 유득공 등은 그의 문인이 되었습니다. 또한 홍대용·이덕무·정철조(鄭喆祚) 등과도 만나 이용후생(利用厚生)에 대하여 자주 토론하였으며, 이 무렵 함께 서부 지방을 여행하기도 했습니다. 그러나 박지원이 마흔이 넘어 출세할 가능성이 없어 보이자 친구들은 대부분 그를 떠났습니다.

박지원이 42세에 당대 권력자인 홍국영의 화를 피해 가족과 함께 연암협으로 피했을 때 홍대용에게 쓴 다음 편지에서도 당시의 잘못된 교우에 대한 비판을 읽을 수 있습니다.

접했다고 합니다.

*   임형택, 「박연암의 우정론과 윤리의식의 방향-마장전과 예덕선생전의 분석」, 『한국한문학연구』, 1집, 한국한문학연구회, 1976.

이 아우의 평소 교유가 넓지 않은 것도 아니어서, 덕을 헤아리고 지체를 비교하여 모두 친구로 허여했지요. 그러나 친구로 허여한 자 중에는 명성을 추구하고 권세에 빌붙은 혐의가 없지 않았으니, 눈에 친구는 보이지 아니하고, 보이는 것은 다만 명성과 이익과 권세였을 따름입니다. 그런데 지금 나는 스스로 풀숲 사이로 도피해 있으니, 머리 깎지 않은 비구승이요 아내를 둔 행각승이라 하겠습니다. 산 높고 물이 깊으니, 명성 따위를 어디에 쓰겠는지요? 옛사람이 걸핏하면 비방을 당하지만 명성 또한 따라온다고 한 것도 헛된 말에 지나지 않습니다. 겨우 한 치의 명성만 얻어도 벌써 한 자의 비방이 이르곤 합니다. 명성 좋아하는 자는 늙어서 저절로 이 사실을 알게 됩니다.

젊은 시절에는 저도 허황된 명성을 연모하여, 옛 문장을 표절하고 화려하게 꾸며서 잠시 예찬을 받고는 했지요. 그렇게 해서 얻은 명성이란 겨우 송곳 끝만 한데 쌓인 비방은 산더미 같았으니, 한밤중에 스스로 반성하면 입에서 신물이 날 지경이었습니다. 명성과 실정의 사이에서 스스로 깎아내리기에도 겨를이 없거늘 더구나 감히 다시 명성을 가까이하겠습니까? 그러니 명성을 구하기 위한 친구는 이미 제 눈에서 떠나버린 지 오래입니다.

이른바 이익과 권세라는 것에도 일찍이 발을 들여놓아 보았으나, 대개 사람들이 모두 남의 것을 가져다 제 것으로 만들 생각만 하지 제 것을 덜어내서 남에게 보태주는 일은 본 적이 없었습니다. 명성이란 본래 허무한 것이요 사람들이 값을 치르는 것도 아니어서, 혹은 쉽게 서로 주어버리는 수도 있지만, 실질적인 이익과 실질적인 권세에 이르면 어찌 선뜻 자기 것을 양보해서 남에게 주려 하겠습니까.

그 길로 바삐 달려가는 자들은 흔히 앞으로 엎어지고 뒤로 자빠지는 꼴을 보기 마련이니, 한갓 스스로 기름을 가까이했다가 옷만 더럽힌 셈입니다. 이 역시 이해(利害)를 따지는 비열한 논의라 하겠지만, 사실은 분명히 이와 같습니다. 좋은 친구란 또한 진작 형에게 이런 경계를 받은 바 있어, 이 이익과 권세의 두 길을 피한 지가 어언 십 년이나 됩니다. 제가 명성과 이익과 권세를 좇는 이 세 가지 친구를 버리고 나서, 비로소 눈을 밝게 뜨고 이른바 참다운 친구를 찾아보니 한 사람도 없습디다.

친구 사귀는 도리를 다하고자 함은 확실히 어려운 듯합니다. 그러나 정말 과연 한 사람도 없기야 하겠습니까? 어떤 일을 당했을 때 잘 깨우쳐준다면 비록 돼지 치는 종놈이라도 진실로 저의 어진 친구요, 의로운 일을 보고 충고해준다면 비록 나무하는 아이라도 역시 저의 좋은 친구이니, 이렇게 생각하면 이 세상에 친구가 부족한 것은 아니지요. 그러나 돼지 치는 친구는 경서(經書)를 논하는 자리에 함께 참여하기 어렵고, 나무하는 친구는 빈주(賓主)가 만나 읍양(揖讓)하는 대열에 둘 수는 없으니 고금을 더듬어 볼 때 어찌 마음이 답답하지 않을 수가 있겠습니까? 산속으로 들어온 이래 이런 생각마저 끊어버렸습니다.*

---

*   弟之平生交遊 不爲不廣 揲德量地 皆許以友 然其所與者 不無馳名涉勢之嫌 則目
    不見友 所見者 唯名利勢也 今吾自逃於蓬蓽之間 可謂不剃之比邱 有妻之頭陀 山

박지원에게는 친구가 많았으나, 친구였다가 원수가 된 유한준(兪
漢雋, 1732~1811) 같은 사람도 있었습니다. 갈등은 박지원이 그의 문장
을 두고 너무 기교에 치우쳤다고 혹평한 데서 시작되어 이장에 따른
쟁송 등으로 번졌습니다. 그 후 두 집안은 원수로 지내다가 후손인
박규수와 유길준 대에 이르러 화해했습니다.

박지원의 우정론

참된 친구에 대한 박지원의 생각은 『연암집』 권3 『공작관문고(孔雀館
文庫)』 「회성원집발(繪聲園集跋)」에서 친구란 "제2의 자기(第二吾)"이고
나를 위해 모든 궂은일을 해주는 주선인(周旋人)이라고 한 데서 찾을
수 있습니다. "제2의 자기"란 키케로가 한 말로서 마테오리치의 『교
우론』 1항에 나옵니다. 그런데 「회성원집발」은 1773년 홍대용의 친구
등사민(鄧士閔, 1731~미상)을 통해 중국인 회성원(繪聲園)과 곽집환(郭執
桓)을 소개받은 박지원, 이덕무, 박제가 등이 한 번도 만난 적 없는 그

高水深 安用名爲 古人所謂動輒得謗 名亦隨之 殆亦虛語 纔得寸名 已招尺謗 好名
者老當自知 年少果慕浮名 剽飾詞華 借藉獎譽 所得名字 僅如錐末 而積謗如山 每
中夜自檢 齒出酸次 名實之際 自削之不暇 況敢復近名 名之友已去吾目中久矣 所
謂利與勢 亦嘗涉此塗 蓋人皆思取諸人而歸諸己 未嘗見損諸己而益於人 名分本虛
人不費價 或易以相予 至於實利實勢 豈肯推以與人 奔趨者多見其前蹶後踣 徒自
近油點衣而已 此亦利害卑鄙之論 而其實曠然如此 亦嘗受戒於吾兄避此兩塗者 亦
已十年之久 吾旣去此三友 始乃明目 求見所謂友者 蓋無一人焉 欲盡其道 友固難
矣 亦豈眞果無一人耶 當事善規 則雖牧猪之奴 固我之良朋 見義忠告 則雖采薪之
僮 亦吾之勝友 以此思之 吾果不乏友朋於世矣 然而牧猪之朋 難與參詩書之席 而
采薪之僮 非可實揖讓之列 則俛仰今古 安得不鬱鬱於心耶 入山以來 亦絕此念.

와 친구가 된 것에 환호하면서 그의 시집에 써준 발문입니다. 홍대용이 중국인들과의 우정에 대해 쓴 『회우록(會友錄)』 서문에서 박지원은 그것이 진정한 우정이라고 찬양하면서, 지역이 좁고 파당이라는 관습의 제약이 큰 조선에서는 참된 우정이 불가능하다고 말하기도 했습니다.

박지원과 친구들이 한 번도 만난 적 없는 중국인 친구를 그토록 앙망했다는 사실은 특이합니다. 1764년 홍대용이 연행에서 항주의 세 선비와 '천애지기'의 우정을 맺었다는 것을 두고 정민은 "청조의 자신감에 바탕한 달라진 개방적 분위기가 이뤄낸 쾌거였다"*고 합니다. 조선 사신들이 중국에서 사대부들과 친교를 맺는 일은 그다지 드문 일이 아니었습니다만, 그럼에도 이덕무는 그 우정의 이야기를 듣고 "너무나 감동해서 엉엉 울기까지 했다"고 합니다. 그러나 이 또한 엄청난 사대(事大)는 아닐까요?

박지원은 1780년 그의 나이 44세 때 삼종형 진하사 박명원(朴明源)을 따라 청나라 북경에 갑니다. 그곳에서 중국의 발전상을 보고 실학에 뜻을 두게 되었지요. 그는 당시의 견문을 『열하일기』에 기록했는데, 북경에 있는 마테오리치의 무덤을 방문했다는 내용도 있습니다. 책에서는 우연히 들른 것처럼 말했지만 사실은 작정하고 들른 것이었습니다. 『열하일기』에는 박지원이 중국에서 사귄 친구들 이야기도 나옵니다.

---

*   마테오리치 지음, 정민 옮김, 『서양 선비, 우정을 논하다』, 김영사, 2023, 287쪽.

박지원은 1786년에 뒤늦게 벼슬길에 오릅니다. 1793년 안의현감 (安義縣監)으로 있을 때 친구에게 쓴 편지 「여인(與人)」에 친구를 잃은 슬픔이 아내를 잃은 슬픔 이상이라고 했는데, 아내는 죽으면 다시 얻을 수 있지만 친구는 다시 얻을 수 없기 때문이라고 했습니다. 이를 부적절한 발언이라 비판하는 견해가 있고, 박지원이 상처 후 재혼하지 않았다는 점을 들어 그렇게 시비해서는 안 된다고 주장하는 견해도 있습니다.*

박지원이 마테오리치의 『교우론』에 영향을 받은 것은 분명하지만, 『교우론』에서는 국적이나 신분의 차별을 넘어선 우정을 논하지 않은 반면, 박지원은 그러한 차별을 넘어선 우정론을 전개한 점을 주목할 수 있습니다. 『교우론』의 영향을 받은 중국의 양명학자들도 그러한 차별의 극복에 대해 말하지 않았으며, 사대부 사이의 우정에 그쳤습니다. 그런 점에서 박지원은 더욱 뛰어나며, 일찍부터 동아시아 평화를 기반으로 한 지식인들의 연대를 주장한 셈입니다.

박지원은 사십 대 중반에 쓴 「허생전」에서 계급이 없는 아나키 사회를 꿈꾸기도 했습니다. 그의 우정론은 그러한 사회의 인간관계를 말합니다. 박지원은 「호질」 등을 통해서도 당대 지식인들의 허위의식을 고발하는데, 그들은 친구로 사귈 만한 존재가 아니라고 했습니다. 실제로 그는 이익·이가환·정약용 등과 같은 뛰어난 남인 계열 지식인들과 교류하지 않아 당파로부터 완전히 자유롭지는 않았음

---

* 앞의 책, 281쪽.

을 알 수 있습니다. 물론 정약용과는 나이 차이가 27세나 되어 우정을 맺기가 어려웠을 것입니다.

또한 박지원은 노비를 비롯한 최하위 계층에 대한 배려가 없었습니다. 사농공상의 구별이 분명했던 당시에 박지원이 그들 모두를 '원래 선비(原士)'로 인식했다고 보는 견해*가 있으나 의문입니다. 박지원은 천자가 선비라고 주장했을 뿐인데,** 이는 박지원의 주장이 아니라 이미 중국에서 나왔던 주장입니다.

정약용의 우정론

정약용(丁若鏞, 1762~1836)에 대해서는 1776년 천주학에 서양 학문을 접하게 되었다는 견해도 있고, 1784년에 천주교를 처음 접했다는 견해***도 있습니다. 권철신(權哲身, 1736~1801)이 1779년에 경기도 양주에 있는 주어사와 천진암을 오가며 여러 날에 걸쳐 연 서학교리 강학회에 이벽·정약전·권일신·이가환·이기양·이승훈 등이 참여하였는데 여기에 정약용도 참여해 교우관계를 형성했다고 보는 견해****가 있지만, 『여유당전서』를 비롯하여 다산이 쓴 권철신의 묘지명이나 그의 형인 정약전의 묘지명에는 그런 기록이 없습니다. 1787년 반회사건으로 천주교가 탄압을 당하자 정약용은 천주교를 멀리했습니다. 천

---

*   김은영, 「우정에 기초한 사회적 관계에 대한 성찰」, 『우계학보』, 제42호, 108쪽.
**   박지원, 『연암집』, 권10, 『원사』, 故天子者 原士也.
***   김상홍, 「다산과 천진암의 관계」, 『동양학』, 제35집(20004. 2), 59쪽.
****   엄국화, 「다산 정약용의 우정론」, 『기독교사회윤리』, 제57집, 330쪽.

주교를 가까이하던 시절에 그는 마테오리치의 『천주실의』를 비롯하여 여러 천주교 서적을 읽었으나, 『교우론』에 대해서는 『여유당전서』에 언급한 바가 없습니다.

정약용은 1794년 한양 명례방(明禮坊, 지금의 명동)의 자기 집에서 동년배의 남인 관료들과 죽란시사라는 문예 창작 모임을 시작합니다. 『죽란시사첩서(竹欄詩社帖序)』에서 그는 나이와 지역을 우정의 제약 요소라고 하면서 특히 우리나라에서 그런 제약이 심하다고 합니다. 박지원과 달리 정약용은 당쟁으로 인한 우정의 제약에 대해서는 전혀 말하지 않습니다. 그 사약(社約)에 대하여 정약용은 나이 문제를 해결하기 위해 위아래 네 살 차이까지로 정하였으며, 가까운 지역에 사는 사람들로 한정했습니다. 또한 관직의 품계를 비슷하게 정했으며, 덕과 의리를 중시해 인원을 열다섯 명으로 제한했습니다. 죽란시사는 결성 후 칠 년 뒤인 1801년 다산이 유배될 때까지 유지되었습니다. 이처럼 여러 가지 조건하에 인위적으로 모인 사람들의 한시적인 관계를 진정한 우정이라고 볼 수 있을까에 대해서는 의문이지만, 당시의 정약용 등에게는 우정이었을 것입니다.

여하튼 마테오리치의 『교우론』에서 덕과 의리가 강조되었다는 이유로 그 우정론이 자연스럽게 다산의 우정론에 영향을 미쳤을 것이라는 견해*도 있지만, 정약용은 『교우론』에 대해 언급한 적이 없고, 덕과 의리는 유교 경전에서도 전통적으로 강조된 것입니다.

---

* 　위의 글, 333쪽.

정약용은 우정을 네 가지 유형으로 분류했습니다. 즉 문예·명절·도학·덕행을 친구 삼는 것으로, 그중에서 군자의 친구는 덕행이라고 했습니다.*

사람은 누구나 친구가 있다. 그러나 문예(文藝)로 친구를 사귄 사람은 때로는 기예(技藝)와 재능을 다투다가, 한 글자 한 구절의 잘하고 못한 데에서 틈이 벌어져 그 좋은 정의를 보전하지 못하고, 명절(名節)로 친구를 사귄 사람은 때로는 기절(氣節)을 서로 높이다가 오르고 내리고 굽히고 펴는 사이에 뜻이 엇갈리어 그 좋은 정의를 보전하지 못하고, 도학(道學)으로 친구를 사귄 사람은 혹 경의(經義)의 논변으로 혹은 예론(禮論)의 불합으로 시비가 어지러워져서 마침내 원수가 된 사람이 더욱 헤아릴 수 없이 많다. 오직 덕행(德行)으로 사귄 친구는 처음에는 서로 마음에 감동하여 사모하고, 오래되면 화합하여 감화되며, 마침내는 금석(金石)처럼 교칠(膠漆)처럼 친밀하여져 떨어질 수 없게 된다. 그러므로 친구 삼기는 지극히 어려우나, 일단 삼고 나서는 변함이 없으니 이것이 군자(君子)의 친구 삼는 도라 할 만하다.

정약용은 친구의 네 유형 중 문예 중심의 것이 가장 낮다 보는데, 이는 이덕무나 박제가와 같은 북학파들이 문예를 긍정적으로 본 것

---

* 정약용, 『여유당전서』, 1집, 시문집 권13, 「남하창수집서(南荷唱酬集序)」.

과는 대조됩니다.

　이러한 정약용의 우정론은 유교 경전의 범위 안에 있는 것입니다. 그가 귀양 시절인 1810년 아동 학습용으로 펴낸 『소학주관(小學珠串)』에서 교우의 삼익(三益)을 말한 것이 『논어』 「계씨」 편에도 나온다는 데서도 알 수 있습니다. 그는 『논어고금주(論語古今註)』(1813)에서 '유붕자원방래'의 '붕'을 '도를 같이 하는 자'라고 했는데, 이는 친구가 아니라 제자들이라고 보는 것임은 앞에서도 밝혔습니다.

　또한 정약용이 『맹자요의(孟子要義)』(1814)에서 오륜 가운데 '부부유별' 대신 목민과 교인(敎人)을 둔 것에 대해, "가족과 군주 중심의 봉건사회를 넘어 '우정'의 시민사회를 기다린 것"이라고 보아도 되지 않겠는가, 라는 견해*가 있습니다. 하지만 우정을 말하는 붕우유신은 이미 맹자 때부터 오륜의 하나로 강조된 것이고, 결국 그것 역시 가족과 군주에 대한 윤리가 앞서는 오륜의 하나에 불과합니다. 그러니 그것들을 중심으로 한 봉건사회를 '넘어서는 것'이라고 할 수 있을까요?

---

*　엄국화, 앞의 글, 348쪽.

14

담사동의 우정론

왜 담사동인가?

나는 앞서 의문했습니다. 정말로 정약용이 가족과 군주 중심의 봉건 사회를 넘어 '우정의 시민사회'를 기다린 것이라고 볼 수 있을까? 정 약용 이후 거의 2세기가 지난 1999년 김경일은 『공자가 죽어야 나라 가 산다』에서 사농공상의 신분질서, 가부장의식, 혈연적 폐쇄성과 남 성 우월의식 등을 유교적 잔재라고 비판했습니다. 그러자 성균관은 그에게 손해배상 청구 소송을 냈습니다. 악담과 패설로 공자와 유교 에 모멸감을 줬다는 것이지요. 재판은 오 년 뒤인 2004년에 대법원의 원고 패소 확정으로 끝났습니다.

　대한민국에서 유교의 영향은 여전히 막강합니다. 한국만이 아 니라 동아시아 전역에서 그렇습니다. 한때 동아시아의 경제발전 이 유교 때문이라는 주장도 제기되었습니다. 하지만 지난 2021년 기준으로 세계에서 가장 출생율이 낮은 국가 순위에 1위가 홍콩 (0.75명), 2위가 대한민국(0.88명), 5위가 싱가포르(1.02명), 6위가 마카 오(1.09명), 7위가 대만(1.11명), 10위가 중국(1.16명)으로 동아시아 국가가 6개국이나 포함되었는데, 그 공통 요인이 유교 문화라는 지적이 나왔습니다. 성에 관한 도덕적 엄숙주의, 엄격한 성역할 구분으로 여성에게 집중되는 육아 부담, 사회적 성취를 중시하는 입신양명 문화, 과거제 전통에서 오는 학력주의로 인한 과도한 경쟁, 삶의 만족도보다 근면성실을 강조하는 사회 분위기 등으로 인해 출생률이 낮아질 수밖에 없다는 것이지요. 경제발전으로 인해 남녀 모두 결혼이 늦어지는 것은 세계적인 현상이지만, 동아시아에서는 특히 입신양명을 위한 과도한 시험 준비와 자격증 확보를 위한 경쟁에 지쳐 결혼과 출산이 뒤로 밀려나고, 과도한 사교육비와 주택비 등의 경제적 공포가 결혼 자체를 거부하게 만든다는 것입니다. 저출생 현상이 유교 문화와 관련 있다는 근거로 같은 아시아라도 유교 문화권이 아닌 국가들에는 저출생 문제가 없다는 점을 들 수 있습니다.

저출생 문제를 차치하더라도 유교 문화는 그 자체가 여전히 문제입니다. 유교 자체가 문제가 아니라 낡은 질서를 유지하기 위해 전통을 이용해온 사람들이 문제라는 비판도 있지만, 그렇게 이용할 수 있다는 유교 자체의 문제점도 간과할 수는 없습니다. 김경일보다 1세기 이상 빨리 일본의 후쿠자와 유키치(福澤諭吉, 1834~1901)는 유교의 신분제 및 남존여비 등의 차별성으로 인한 권위에 대한 맹종과 비굴, 개인의 자주성과 독립 결여 및 관존민비(官尊民卑)를 비판하고, 상식을 뛰어넘는 효도를 강요하는 것은 위아래의 차별성을 강조하는 행위로 결국 신분제의 강화를 목적으로 한다고 주장했습니다.

일본은 물론, 중국의 근대화는 유교에 대한 비판에서 시작되었습니다. 반면 조선의 개화지식인들에게서는 그런 점을 발견하기 어렵고, 이는 현대에까지 이어지고 있습니다. 일본과 중국에서는 유교의 사회적 영향이 상당 부분 지워졌는데, 한국에는 여전히 뿌리 깊습니다. 그래서 한국의 유교 문화를 중국이나 일본의 유교 문화보다 정통적이고 순수하다 보고 그것을 이어가야 한다고 주장하기도 하지만, 나는 그렇게 생각하지 않습니다. 그래서 중국이나 일본에서 유교 문화에 대한 비판을 찾게 됩니다. 한국에서는 찾아보기 힘들기 때문입니다. 그중에서도 담사동은 유교를 비판하고 유교에서 결핍된 우정의 의미를 동아시아의 비전으로 제시한 사람으로서 주목할 만합니다.

그는 인이란 묵자의 겸애, 불교의 자비, 기독교의 사랑과 동일한 것이라고 하며, 인의 제일의(第一義)는 평등을 뜻하는 '통(通)'에 있다고 합니다. 그리고 유학의 혈연에 기초한 인륜을 불필요한 명분을 만들어내는 '분별'로 간주하고 오륜 가운데 붕우 관계만 남겨놓고 나머지 네 인륜은 없애도 좋다고 합니다. 붕우 관계만이 어떤 폐단도 없이 유익하며, 털끝만큼의 고통도 없이 맑아서 변함없는 즐거움이 있는, 가장 좋은 관계라는 것입니다.

담사동은 친구를 선택하는 기준으로 '평등' '자유' '진심으로 대하고 자기 생각을 드러내는 것'을 들었습니다. 담사동은 참된 친구 관계가 그렇듯이 인간이라면 누구나 자신의 생각을 솔직하게 드러내며, 권력자나 기득권자의 의견에 휩쓸리지 않고 자신의 신념을 지키고, 서로가 서로를 평등하게 대하는 동시에 서로가 자유로울 수 있는 우정의 공동체를 꿈꿨습니다. 그것은 그가 지향하는 '민주주의'이기도 했습니다.

19세기 말 중국

담사동은 청나라 말기의 사상가이자 정치 개혁가입니다. 1895년 청일전쟁은 수천 년간 중국을 우주의 중심으로 삼았던 중화 우주론을 무너지게 했고, 그 결과 사회적·정치적·지적 혼란이 가중되었습니다. 이에 많은 지식인은 새로운 질서를 추구하게 되었지요. 사상뿐 아니라 행동의 사람인 담사동도 이 운동에 참여했지만, 삼 년 뒤인 1898년 서태후에 의해 34세의 젊은 나이에 처형당했습니다.

서구의 도전에 대한 중국의 반응은 1895년 이전부터 시작되었습니다. 장지동(張之洞, 1837~1909)을 비롯한 일단의 관리 그룹은 1860년 대부터 국가를 강화하고 방어할 수 있기를 희망하면서 지방 정부 차원에서 일련의 제도적 개혁과 혁신을 시작했습니다. 일반적으로 '자강 운동'이라 불린 이 운동은 주도자인 장지동이 주장한 것처럼 산업 및 상업의 혁신 분야에 서구 지식을 적용하는 것에 몰두했습니다. 그러나 중국이 직면한 위기는 산업의 후진성에 국한되지 않았습니다. 1895년 중국이 일본에 패배하자 많은 중국 지식인은 자력 강화를 넘어 국가를 위해 '부와 힘'을 창출하는 데 집중하게 되었습니다. 가령 엄복(嚴復, 1854~1921)은 자유 사상을 희생하면서 부와 밀접하게 일치하는 방향으로 애덤 스미스의 『국부론』을 번역했습니다. 그러나 그를 포함한 많은 지식인이 건강한 국가를 위해서는 부, 사회질서 및 도덕성이 모두 필요하다는 것을 잘 알고 있었습니다.

담사동과 그의 동시대인들은 비록 체제의 성격과 구성에 대해서는 의견이 달랐지만, 사회 및 정치 개혁이 새로운 체제의 도덕적 정체성과 밀접하게 얽혀 있다는 확신을 공유했습니다. 그러한 지식인들 중에서도 담사동은 가장 진보적이었습니다. 그는 1896년에 쓴 『인학(仁學)』을 통하여 가족구조, 제왕정치 및 사회적 태도가 천박하고 비인간적인 악의 삼위일체를 이룬 중국 전통과 극명한 대조를 이루는 우정에 대한 새로운 개념을 세웠습니다. 그가 보기에 19세기 말 중국이 직면한 곤경은 군사, 헌정, 정치 및 경제의 약점을 뛰어넘는 심각한 위기였습니다. 중국의 근본적인 타락, 즉 인종적·도덕적·사회적·정치적 무능은 단지 자율성이나 자립심이 결여된 본질적인 결과일 뿐이었습니다.

나아가 담사동에 의하면 민족 부흥에 필요한 자립은 평등이라는 사회적·윤리적 전제 조건이나 완전한 평등에서 비롯되어야 했습니다. 그것은 먼저 세계적 평등을 의미했습니다. 중국의 타락하고 혼란스러운 현상은 특정한 역사적·지역적 기원을 가질 수 있지만, 세계적인 인간 조건을 나타냈습니다. 따라서 문제를 파악하는 가장 좋은 방법은 전체적인 관점에서 보는 것이었지요. 그는 강유위(康有為, 1858~1927)의 저작과 불교·유교·기독교에 대한 절충적인 독서를 통해 인류의 보편적 평등에 대한 확신에 도달했습니다.

그는 기독교 종말론과 대승 불교를 혼합해 세상이 영적 정화의 과정에 있다고 주장했습니다. 지구는 언젠가 멸망하겠지만, 인간의 본질적인 정신의 존재는 영원히 남을 것이라고 보았지요. 그러나 영원한 행복과 깨달음을 얻기 위해 인간은 지상에 정화된, 종말론적인 왕국을 건설해야 한다고 생각했습니다. 그것은 세계주의 맥락에서 서구의 경쟁자들에 대한 민족주의 감정이 아니라, 영원한 행복이라는 보편적인 목표를 달성하려는 감정이어야 했습니다. 담사동은

제2부 근대 이후의 우정론

『인학』47장에서 다음과 같이 말합니다.

국가가 없다면 국경이 없어지고, 전쟁은 그칠 것이고, 질투는 사라질 것이며, 음모는 없어질 것이고, 너와 나의 구별은 없어지고, 평등이 나타날 것이다. 그러면 세계가 있어도 없는 것과 같을 것이다. 군주가 폐지되면 사회적 평등이 실현되고, 보편적 원칙이 지배하면 부는 사람들 사이에 균등하게 분배될 것이다. 영토가 아무리 넓더라도 모든 사람은 한 가족에 속하고 한 사람이 될 것이다.*

다분히 아나키즘적인 국제적 사고방식으로 인해 담사동은 중국의 '지방적' 약점을 비판하기 위해 당시의 제국주의적 접근 방식을 채택하게 됩니다. 즉 대부분의 아시아인이 생리학적으로 타락하고 퇴폐적이라는 제국주의의 인종적 편견에 동의하면서, 아시아 국가를 부활시키는 가장 좋은 방법은 외국인의 손으로 국가를 개혁하고 기존 통치자를 제거하여 선한 통치자로 대체하는 것이라고 보았지요. 또한 아시아와 서양이 효율적으로 소통할 수 있도록 미국이 고립 정책을 바꾸어 한반도에서 중국·아프가니스탄·페르시아를 거쳐 터키에 이르는 철도를 건설하기 위한 캠페인을 벌일 것을 촉구했습니다. 그에게 철도를 통한 아시아와 유럽의 연결은 인(仁, 인류)의

---

*   無國則畛域化 , 戰爭息 , 猜忌絕 , 權謀棄 , 彼我亡 , 平等出 ; 且雖有天下 , 若無天下矣 ° 君主廢 , 則貴賤平 ; 公理明 , 則貧富均 ° 千里萬里 , 一家一人 ° 視其家 , 逆旅也 , 視其人 , 同胞也 °

물리적 구현을 의미했습니다.

담사동은 인을, 어떤 장애물도 없이 연결되는 상태인 통(通)과 같다고 하고 그 본질을 평등이라고 보았습니다. "통으로 연결하는 특징이나 현상은 평등하다. 연결되려면 영혼에 대한 존중이 필요하다. 평등이 우세하지만, 물질적 육체는 영혼과 같을 수 있다"*고 하면서 개인 수준에서 "통해 연결한다"는 것은 타인에 대한 동정심, 심지어는 공감과 유사하다고 보았습니다.

그리고 남녀통(男女通, 남녀의 평등), 상하통(上下通, 임금과 신하, 아비와 아들 등 상하관계의 타파), 중외통(中外通, 중국과 외국과의 자유통상. 즉 세계주의), 인아통(人我通, 피아 구별의 부정)을 주장했습니다. 그리고 통을 방해하는 망라(網羅)는 충결(衝決)되어야만 한다면서, 망라의 구체적인 예를 명교(名敎), 즉 전통적인 윤리 도덕이라 지적합니다.

이것이 담사동이 생각한 유교적 인간성, 즉 인(仁)의 본질적인 가르침이었습니다. 양계초(梁啓超)가 주장하듯이 담사동의 행동과 사상, 그리고 궁극적인 순교를 애국적 미덕으로 여겨서는 안 됩니다. 오히려 담사동은 한 민족, 한 나라, 한 사람을 위해서만이 아니라 전 세계를 위해서 죽었습니다. 그는 사람을 위해서나 세상 전체를 위해서 죽는 것이 똑같다고 했습니다.

왜? 왜냐면 인은 평등을 의미하는데, 이는 차이나 구별의 실마리를 전달하지 않는다. 그러므로 그것은 구별이나 동일시를 거부하고,

---

* 仁者通也 , 通之象為平等 , 通必尊靈魂 ; 平等則體魄可為靈魂.

제2부 근대 이후의 우정론

더 큰 것과 작은 것의 개념을 거부한다.*

담사동 평등 사상의 문제점

담사동의 사상에는 몇 가지 문제가 있습니다. 먼저 그의 평등 사상은 현대 서구의 평등 개념과는 거리가 멀었습니다. 평등에 대한 서양의 사상은 역사가 길고 복잡합니다. 서구의 평등은 대체로 경제적·정치적 권리와 관련 있습니다. 철학 학파에 따라 인간이 얼마나 평등해야 하는지에 대해서는 서로 의견이 다를 수 있었지만, 평등은 어떤 방식으로든 법적 형식에 의해 측정되어야 한다고 믿는 경향을 공유했습니다. 자연법 전통과 재산권 개념에서부터 현대 입헌주의, 정치적 선택이나 협력 경쟁에 있어서 동등한 도덕적 능력이라는 개념에 이르기까지, 합법성은 서구 평등 개념화의 주된 특징입니다. 소유와 제국이라는 이중 개념을 물려받은 현대 서구 제국주의 역시 계약주의적 사고방식을 중심으로 진화했습니다. 평등은 조약의 평등과 무역의 상호주의로 표현되었습니다.

　반면 담사동의 평등 개념은 합법성이나 소유권에 국한되지 않았습니다. 그의 이상적인 평등 세계에서는 모든 사람이 가족을 단순한 공동체로 여깁니다. 누구나 소유물이 필요하지 않도록 일시적으로 지상을 지나가고 있을 뿐입니다. 요컨대 담사동의 평등 개념은 역사적으로 정치경제학의 형평성 개념에서 부분적으로 파생된 로크의

---

* 　梁啓超 ,〈仁學序〉,『譚嗣同全集』(下冊) (北京中華書局, 1981) , p. 374. 何也？仁者 , 平等也 , 無差別相也 , 故無揀擇法也 , 故無大小可言也"

개인주의 개념과 거의 공통점이 없습니다. 소유는 욕망에서 비롯되는데, 담사동은 욕망의 원천, 즉 자아를 근절해야만 참된 평등을 이룰 수 있다고 주장합니다.

자기 배려의 의식이 근절되면 자아는 가라앉는다. 자아가 가라앉으면 구별이 사라지고 평등이 나타난다. 평등을 얻으면 인간은 흠 하나 없이 서로를 비추는 거울처럼 서로를 완전히 이해할 수 있게 되어 나와 타인을 완벽하게 연결하게 된다.*

담사동은 '부의 평등한 분배'에 대해 언급했지만 그의 비전에는 진정한 법리가 결여되어 있습니다. 서양의 평등 개념은 본질적으로 개인주의적인 반면, 담사동의 평등 개념은 자신과 타인의 동시 공존에 위치합니다. 담사동은 유토피아적인 방식으로 독자들이 인간의 조건에 민감하게 반응하고 다른 사람들에게 공감할 수 있도록 계몽하려 노력했습니다. 그가 보기에 중국 도덕철학에서 사랑의 언어는 오랫동안 잊혀왔습니다. 그가 평등을 개념화한 것은 사랑의 언어를 재발견한다는 맥락에서였습니다. 담사동은 주관적 깨달음을 호소하면서 중국과 기독교 고전으로부터 '사랑'이라는 단어를 재발견하고 강조합니다.

---

*   今求通之, 必斷意識；欲斷意識, 必自其腦氣之動法°外絕牽引, 內歸易簡, 簡之又簡, 以至於無, 斯意識斷矣° 意識斷, 則我相除；我相除, 則異同泯, 則平等出；至於平等, 則洞澈彼此, 一塵不隔, 為通人我之極致矣.

　　　　　　　　　　　　제2부 근대 이후의 우정론

공자는 그것을 인(仁), 근원, 인류라고 불렀다. 묵자는 이것을 보편적인 사랑이라고 불렀고, 부처는 이것을 무한한 불성, 은혜라고 불렀다. 예수 그리스도는 다른 사람을 자기 자신처럼 사랑하고 적을 친구처럼 대하면서 이 영혼을 불렀다. 과학자들은 이것을 사랑의 힘, 매력의 힘이라고 부른다. 다 똑같다.*

담사동의 시국관

담사동의 평등 개념에는 몇 가지 문제점이 있었지만, 동시대 사람들이 거의 다루지 않았던 개념을 육성해냈습니다. 바로 '시민적 미덕'입니다. 평등과 시민적 미덕이 서로를 지탱하는 중간지대는 우정입니다. 그는 유교 전통에서 허용되는 다른 사회관계보다 우정이 중요함을 다룬 중국 최초의 작가입니다. 그의 평등 개념은 그가 시민적 미덕에 대한 아이디어를 의식적으로 발전시키지 않았다는 사실에도 불구하고 틀림없이 우정의 낭만적인 풍미와 공화주의 시민적 미덕에 대한 진지한 관심을 전달했습니다.

이는 군주의 발생에 대한 담사동의 주장으로부터 시작합니다. 『인학』31장에서 그는 사람들이 처음 살았던 시기에는 군신의 구별이 없이 모두가 평범했으나, 그 뒤 사람들이 공동으로 군주를 추대했다고 합니다. 공동 추대여서 신분상의 간격이 크지 않았고, 충(忠)이란 말도 중(中)과 심(心)을 합한 한자 모양 그대로 누구나와 교제할

---

* 　孔謂之仁 , 謂之元 , 謂之性 ; 墨謂之兼愛 ; 佛謂之性海 , 謂之慈悲 ; 耶謂之靈魂 , 謂之愛人如己 , 視敵如友 ; 格致家謂之愛力 , 吸力 , 咸是物也。

때의 도리를 뜻했습니다. 공동 추대였기 때문에 백성이 있음을 통하여 군주가 있음을 알 수 있었습니다. 따라서 군주는 말단이고 백성은 근본이었지요. 공동 추대는 또한 공동 폐위를 뜻했습니다.

그러나 군주는 사리사욕과 부패라는 죄악으로 가득 차 있고, 선을 바라지 않고 부를 빨아들이며 백성을 억압하는 권력을 누린 폭군들이었습니다. 엄격한 의식과 예절 규칙은 사람들의 모든 에너지를 약화시키기 위해 만들어진 것입니다. 폭군은 자신의 백성을 무지하고 자립할 수 없게 만들기 위해 복잡한 의식을 고안했습니다.

천하의 사람들을 약화시키기 위해 군주는 확실히 의례와 예절을 복잡하게 만들어 (…) 그의 모든 신민은 그에게 저항할 생각조차 할 힘이 남아 있지 않았다.*

중국인들은 오직 지식을 통해서만 폭정에 의한 억압을 뒤집을 수 있었습니다.

중국 국민이 필요한 지식을 얻으면 조국이 약탈당하더라도 해를 끼치지 않을 것이다. 누가 왕위에 오를지라도 감히 그들을 학대할 자가 없다.**

---

*   『仁學』見於『譚嗣同全集』(下冊) (北京中華書局, 1981), 362쪽, 君主之弱天下也, 必為
     正 繁重之禮與俗, … 則天下必無暇分其精力, 思與君主對抗

**   且民而有學, 國雖亡亦可也° 無論易何人為君, 必無敢虐之.

담사동에게 시민적 덕목이란, 근대 초기 서구 정치 이론가들이 일관되게 주장했던 것처럼 국가 방어나 제국의 영광을 위해서 필요한 것이 아니었습니다. 그가 당시에 중국인은 즉각적으로 전쟁에 관심을 가져야만 한다고 말한 것은 사실입니다. 담사동은 사람들이 그들의 나약한 특성을 제거하고 정신적·육체적으로 강건해지기 위해 밤낮으로 전쟁해야 한다고 했습니다. 그러나 그의 관심사는 국가의 영광보다는 민족의 부흥에 있었습니다. 서양인과 비교하면 중국인의 생리는 초라하고, 타락하고, 야만적이라고 솔직하게 말했습니다. 중국인의 생리는 인류가 겪게 될 재난을 예고했습니다.

따라서 그는 중국인이 장래에 자신들의 노력으로 구원을 받더라도 거기서 멈춰서는 안 된다고 했습니다. 중국인이 스스로를 구하기 위해 싹트게 할 수 있는 에너지가 애초에 충분하지 않기에 보편적인 정신과 국제적 계획이 있어야 한다는 것이었지요. 그는 중국을 휩쓸고 있는 위기에 대해 제국주의적이고 국제적인 관점을 취하면서, 그 시대의 사회 이론과 인종주의적 관점으로 세상을 바라보는 지배적인 생물학적 관점을 채택했습니다.

그의 사고방식은 확고한 국제적 사고방식이었지만 그는 결코 중국이 당면한 문제에 눈멀지 않았습니다. 서구 역사철학과 정면으로 반대되는 그의 견해에 따르면, 중국의 혼란스러운 상황은 당시 세계사가 혼란(據亂世) 국면에 있음을 말합니다. 그리고 머지않아 역사는 국가 또는 상승평화(升平世) 국면, 그 다음에는 천주평화(大平世) 국면으로 발전할 것이라고 담사동은 믿었습니다. 즉 중국에서 사물의 질서가 회복되는 것은 동시에 세계 질서의 역사적 회복이고, 중국이 혼돈으로 전락한 것은 중국의 군주들이 교묘하고 사악한 방식으로 '이름'을 배치하여 국민을 속박하고 질식시켰기 때문이라고 했습니다.

담사동의 우정론

담사동에 의하면 삼강오륜은 이름이라는 장치가 중국인의 인(仁) 능력을 어떻게 제한하는지를 완벽하게 보여줍니다. 먼저 삼강, 즉 군주는 신하를, 아버지는 아들을, 남편은 아내를 지배한다는 굴레의 발명이 인의 보편적 부패를 초래했습니다. 군주는 그 이름으로 신하들을 다스렸고, 신하들은 그 이름으로 백성을 멍에 아래 두었고, 아버지는 그 이름으로 자녀를 억압했으며, 남자들은 그 이름으로 아내를 핍박했고, 형제와 친구들은 그 이름으로 서로 반대했습니다. 그 결과 인은 거의 유지될 수 없었지요.

오륜 또한 그 정도는 낮지만 동일한 효과를 가졌습니다. 그는 우정을 가장 중요하고 실제로 보존할 가치가 있는 중국 전통 윤리의 유일한 관계로 분명히 식별했습니다. 그 이유는 우정이 평등을 구현하기 때문입니다. 역사가들은 중국의 우정론이 서구 역사의 수준까지 발전한 적이 없다는 것을 잘 알고 있었습니다. 중국에서 우정은 위계질서에 기초한 중국의 사회정치적 구조를 전복시킬 수 있는 잠재적인 위험을 가져왔기 때문에 공무원과 문인 모두에게 억압받았습니다.

중국의 우정은 계층 구조의 사회적 현실에 적합한 단순한 유용성으로 축소되는 경향이 있었습니다. 이런 식으로 진정한 우정에 내재

제2부 근대 이후의 우정론

된 정서적·애정적 성격은 간과되었고, 최악의 경우 적극적으로 억압되었습니다. 담사동은 중국에서 대중적인 우정 계약이 눈에 띄게 부재하는 것이 중국의 평등 경험 부족으로 직접 이어졌다는 점을 특히 한탄했습니다. 우정이 보존되어야 하는 유일한 윤리적 유대인 이유는 우정 계약이 중국에서 생겨나야 하기 때문이라고 주장했지요.

담사동은『인학』38장에서 우정의 세 가지 원칙은 평등, 자유, '오직 뜻을 절제하고 베풂'이라고 말합니다. 간단히 말해서, '자율성 또는 자립성을 유지하는 것'을 의미합니다. 그는 심지어 우정이 다른 사회적 관계의 지침이 되어야 한다고 주장했습니다. 주인과 신하, 아버지와 아들, 남편과 아내, 형제 모두가 서로를 친구처럼 대해야 하고, 우정의 원칙이 널리 퍼졌을 때 평등은 실현될 것이라고 했습니다.

우리는 '국가'라고 이름을 붙일 수는 없지만 모두 같은 나라에 살게 될 것이다. '가족'이라고 이름 붙일 수는 없지만 모두 같은 가족에서 살 것이다. '사람'을 지칭할 수는 없지만, 모두 동일한 사람으로 통합될 것이다. 우정이 유일한 원칙으로 간주될 경우에만 다른 네 가지 관계는 자동으로 폐기된다. 다른 네 가지 관계를 폐지해야 한다는 점을 이해해야만 우정이 승리할 수 있다.*

---

*   無所謂國 , 若一國 ; 無所謂家 , 若一家 ; 無所謂身 , 若一身 ° 夫惟朋友之倫獨尊 , 然後彼四倫不廢自廢 ° 惟明四倫之當廢 , 然後朋友之權始大.

담사동을 들어 '우정을 가장 솔직하게 말하는 도덕주의자'였다며 아낌없는 찬사를 보내더라도 과하지 않을 것입니다. 중국인은 오랫동안 서구 기술의 우월성을 인정해왔습니다. 그러나 19세기 말까지 많은 문인과 학자는 여전히 중국 사회가 윤리 면에서는 서구 사회를 주도한다고 주장했습니다. 서구 사회는 중국인만큼 가족적 유대나 인간적 유대를 소중히 여기지 않는다고 생각했기 때문입니다.

그러나 담사동은 북원정(貝元徵)에게 보낸 수필 같은 편지에서, 그것은 전혀 근거 없는 주장이라고 비판했습니다. 그는 자신의 독특한 세계주의적 관점에서 중국인들에게 불필요한 애국적 편견에 안주하지 말고, 중국인을 세계의 중심에 살고 있는 문명인으로 여기지 말고, 다른 사람을 야만인이라 경멸하지 말라고 경고했습니다. 마찬가지로 서양인들이 인간의 유대에 전혀 관심이 없다고 보는 것은 중국인의 편견에 불과하다고 비판했습니다. 도리어 중국인의 안일한 태도와는 달리 서구인들은 정교한 방식으로 인간관계를 발전시켰다는 것입니다.

실제로 민주주의는 서양 사상의 정점이었습니다. 담사동에 의하면 인간의 유대 없이는 질서 있고 강력한 국가를 수립할 수 없는데, 서양인은 인간 유대에 가장 관심을 갖고 중국인보다 더 정확하게 그렇게 해왔다는 것입니다. 민주주의는 인간관계 중에서 가장 공공적인 것이라고 담사동은 주장했습니다.

담사동 우정론의 평가

도덕주의자로서 담사동이 우정을 조국의 생존을 위한 만병통치약으로 여긴 것은 아닙니다. 그는 사랑이 자신의 우정 개념의 기반이 되어야 한다 여겨 그 개념을 의식적으로 재발견했지만, 우정이 중국 사회를 재편하는 데 주된 역할을 해야 한다고 믿었던 이유는 사회학적이거나 감상적인 것 이상이었습니다. 그에게 우정은 중국 정치의 쇄신을 위한 주요 요구 사항인 평등의 윤리적 대응물이었습니다.

중국 정치와 태도에 대한 그의 매우 비판적인 입장은 몽테스키외가 동양의 전제주의에 대해 묘사한 것을 연상시킵니다. 몽테스키외에 따르면, 동양 사회에서 여성은 주인의 사람처럼 남성의 노예였습니다. 몽테스키외의 하렘 이미지는 서로 연결되지 않은 가족의 섬으로 나누어진 중국 사회에 대한 담사동의 묘사와 완벽하게 일치합니다.

중국의 남자와 여자는 서로에게 냉담했습니다. 즉 모든 인(仁)의 도리를 버렸지요. 몽테스키외의 하렘론과 동양의 전제주의 이론은 다음 세대의 많은 계몽주의 인물들에 의해 받아들여지고 발전되었습니다. 예를 들어, 애덤 퍼거슨(Adam Ferguson, 1723~1816)은 그의 유명한 『시민사회의 역사에 관한 에세이*An Essay on the History of Civil Society*』(1767)에서 중국의 관료 체제가 사람들이 서로 돌보는 것을 방해하고, '사회정신'은 시들어갔다고 말했습니다.* 퍼거슨은 칼 마

---

*   Adam Ferguson, An Essay of the History of Civil Society, Cambridge University Press, 1995, p. 67.

르크스보다 앞서서 제조업 사회에서 인간 소외 경향을 확인하였는데, 중국 관료 체제에 대한 그의 묘사는 노동으로부터 사람들의 감정을 단절시키는 제조업 사회의 묘사와 유사했습니다.

담사동은 시민과 국민 모두에게서 비슷한 소외 증상을 확인했습니다. 소외는 계급에 따라 사람들을 의례적으로 복잡하게 대우하는 데서 발견되었지요. 이로 인해 중국인들은 사교적이지 못하고 평등에 무지하게 되었지요. 그는 인간이 짐승과 다른 이유는 사교적이기 때문이라는 순자의 말에 동의하는 사람이었습니다.

담사동은 또한 사회학이 인(仁)을 연구하는 데 필요한 지식이라고 생각했습니다. 그는 사교성과 정치적 자립을 중시하여 시장·클럽·카페·과학계 등 공적 영역에서 시민의 평화를 위해 계약한 도구적 우정의 사교성보다는 보편적이고 영웅적인 우정을 강조했습니다. 그는 물질적인 자유와 자립 때문에 우정을 소중히 여겼으며, 더 중요하게는 우정의 가치가 중국의 폭정적인 정권으로부터 정치적 형태뿐만 아니라 의례적 틀에서도 정치적 해방을 이루기 때문이라고 믿었습니다. 그러나 그가 중시한 것은 쾌락이나 공익, 미덕 등 어떤 특별한 우정이 아니라, 혈연·지위·국적의 경계를 뛰어넘을 수 있는 보편적인 우정이었습니다. 자아를 양심적으로 억제하지 않으면 보편적인 우정을 이룰 수 없다는 그의 우정론은 영웅적 우정론이었습니다.

앞에서 본 아리스토텔레스·키케로·몽테뉴·샤프츠베리 등 서양의 우정론은 우정이 인간에게 자연스러운 것이라는 가정에서 시작했습니다. 그러나 영웅적인 우정은 드물었다고 그들은 말했습니다.

제2부 근대 이후의 우정론

그러한 옹호자들, 특히 몽테뉴는 영웅적인 우정이 인격과 선함을 완전히 확증한 두 명 또는 소수의 개인들 사이에서만 존재할 수 있다고 믿었습니다. '또 다른 자아'를 찾는 것도 어렵습니다. 이타적이고 보편적인 우정을 기대하는 것은 더욱 어렵습니다.

이와 관련하여 존 밀러(John Millar)가 사회적 진보가 두드러지면서 사회적 구별이나 계급이 점차 없어진다고 주장한 것은 흥미롭습니다. 존 밀러는 애덤 스미스의 학생이자 훌륭한 역사가입니다. 그는 어업에서 방목·농업·제조업에 이르기까지의 사회구조를 단계별로 설명하면서 서로 다른 영혼과 성별 간의 평등은 역사적인 현상이라고 했습니다. 즉 평등은 역사적 주체의 계몽을 통해 획득되는 것이 아니라, 사회나 역사의 집단적 힘에 의해 획득된다는 것입니다.*

사회적 평등의 출현에 대한 존 밀러의 유물론적 해석과 달리 담사동은 자아의 파괴가 인간의 보편적 평등 상태로 이어진다고 믿었습니다. 담사동 우정론의 가장 중요한 특징은 가족과 국가를 넘어서는 공동체를 나타낸다는 것입니다. 그에 의하면 중국은 모든 개인이 사랑이나 우정을 표현할 수 없거나 제한받는 국가를 만들었습니다. 담사동은 많은 18세기 유럽 사상가들이 추진한 유형의 시민사회를 건설하는 대신, 평등과 보편적 우정의 궁극적인 영역에 도달하기 위해 국가와 가족, 심지어 자아에 대해서도 저항하고 극복해야 한다고 했

---

* John Millar, The Origin of Distinction of Ranks, ed. Aaron Garrett(인디애나폴리스: 리버티 펀드, 2006).

습니다. 종래 중국인의 가족 중심 사고방식의 해체는 국가적 위기에 직면한 중국 지식인들의 지평을 크게 확장했지만, 그가 약속한 것처럼 보이는 사회적 열반 상태로 가는 길은 거의 제공하지 못했습니다.

쇼펜하우어의 우정론

19세기 철학에서 우정론을 전혀 볼 수 없는 것은 아닙니다. 여기서는 쇼펜하우어와 니체의 우정론을 간단히 살펴보고자 합니다. '간단히' 살펴보겠다는 이유는 그다지 중요하지 않다고 생각하기 때문입니다.

쇼펜하우어는 앞에서 본 키니코스학파의 견해에 더하여 친구가 종종 돈을 빌리려고 하며, 사람이 더 친밀할수록 이용하기 위해 재산의 경계를 넘을 가능성이 더 높고 모욕하거나 일반적으로 무례하게 행동한다고 주장했습니다(『에세이』, §28). 쇼펜하우어는 또한 사람들이 우정을 포함하여 평생 숨은 동기나 개인적인 이익을 비밀로 유지하면서 살아가는 경우가 많음을 관찰했습니다. 친구들은 실제로 자기 삶의 원동력이 되는 가장 깊은 측면을 공유하지 않습니다. 심지어 뒤에서 친구에 대해 나쁜 말을 하고, 그 말이 친구에게 들어가면 그들과 대화를 중단하겠다는 농담까지 합니다(§33). 이는 누군가와 친구가 되는 것이 도덕적 위험과 부담을 안겨준다는 점을 강조합니다. 키니코스학파에게는 자급자족을 위태롭게 할 수 있다는 점에서 위험하겠지요.

따라서 친구를 사귀는 어려움에 대한 실질적인 우려가 있을 뿐만 아니라 그에 수반되는 위험에 대한 윤리적인 우려도 있을 수 있습니다. 키니코스학파와 마찬가지로 쇼펜하우어 같은 비관주의자에게는 나쁜(또는 심지어 평범한) 친구를 갖는 것보다 없는 것이 더 나은 경우가 많습니다. 쇼펜하우어는 다른 사람들과 함께 사는 것에 대해서도 키니코스학파와 비슷한 조언을 했습니다.

사람들을 만날 때마다 그들을 바라보고 그들이 누구인지, 즉 특이하거나 부도덕하거나 어둡더라도 있는 그대로 받아들이라. 그들을 비웃거나 그들이 변화하여 부당하게 그들의 삶을 더 힘들게 만들기를 바라지 마라. 대신 그들이 실제로 누구인지 고려하고 그에 따라 그들과 상호 작용하라. (§21)

쇼펜하우어는 많은 사람과 교류하고 싶어 하지 않았지만, 이 세상을 사는 데는 다양한 유형의 사람들이 필요하다는 것을 인정했습니다. 키니코스학파와 마찬가지로 비관주의자는 우리가 우정을 갈망한다는 사실을 알지만, 인생의 모든 상황에서 항상 깊은 우정이 가능한 것은 아니라는 점도 압니다. 이것을 친구가 없는 사람은 발전할 수 없다는 증거로 받아들이기보다는 모든 사람이 자급자족하고 생활을 단순하게 하도록 격려하며, 이는 확실히 발전으로 이어진다고 보았습니다. 그들은 친구가 없는 것이 나쁜 친구를 갖는 것보다 낫다고 생각합니다.

쇼펜하우어에 의하면, 사람들에게 너무 많이 기대하지 않고, 자연

현실에 대한 순수한 이상을 버린다면 행복해질 수 있다는 사실을 상기시키려면 냉소적이거나 비관적인 친구가 필요합니다. 극심한 곤경에 처했을 때는 비관주의자 같은 친구가 필요하다고 합니다. 하늘의 이상에 부응하지 못한 사람들의 비전을 멀리하고, 불완전한 자아에 대한 비전을 재교육하고, 인간의 단순성을 받아들이는 방식이 다른 무엇보다 더 도움이 될 것이기 때문입니다.

쓰릴 미

뮤지컬 《쓰릴 미Thrill me》의 제목은 참 기묘합니다. 쓰릴 미라니, 엄청난 스릴을 느끼게 해달라는 뜻일까요? 이 뮤지컬은 1924년에 일어난 끔찍한 사이코패스 아동 유괴 살인 사건을 소재로 만들어졌습니다. 2003년 오프브로드웨이에서 처음 공연되었고, 한국에서는 그로부터 몇 년 뒤부터 공연되어 지금까지도 미국에서보다 더 엄청난 인기를 끌고 있습니다. 양심의 거리낌이 전혀 없이 남에게 해를 가하는 사이코패스 슈퍼맨 철학자와 살인범이 난무하는 뮤지컬이라는 사실부터 이상한데, 한국에서 인기를 누린다니 도대체 어떻게 된 일일까요? 반복적인 반사회적 행동과 공감 및 죄책감의 결여, 충동성, 자기중심성 등을 특징으로 하는 전통적인 성격 장애인 사이코패스가 한국에 많은 탓일까요? 하버드 출신의 사이코패스 유괴살인범을 연기하는 금발의 두 미남 배우들 때문일까요? 아니면 그들이 니체를 읽고 범죄를 저지른다는 하버드다운 고도의 '철학적' 내용 탓일까요? 사이코패스라도 좋으니 하버드만 가라는 세계 최고의 공부병 때문일까요? 외모지상주의·공부지상주의·학력지상주의·철학지상주의 등등이 사이코패스 범죄마저 스릴 만점의 인기 뮤지컬로 만든 것일까요?

《쓰릴 미》에서 두 인물은 '신은 죽었다'고 외치고 '초인'을 창조한 니체를 믿으며 살인을 합니다. 니체는 이 뮤지컬에서 유일하게 언급되는 철학자입니다. 작중 언급되는 유일한 사람 이름이기도 하지요. 두 주인공조차 '나'와 '너'일 뿐, 이름이 없습니다. 마치 무명의 두 살인범과 유명한 니체의 뮤지컬인 것처럼 말입니다. 이름 없는 살인범들이 니체의 책을 들고 사이코패스 범죄를 결심하는 노래를 들어봅시다.

우린 뛰어나, 우린 슈퍼맨, 자, 니체가 말하고 있어
우린 슈퍼맨, 절대 안 잡혀, 신경 끄고 다음 생각해, 더 멋진 일
우린 둘 다 뛰어난 인간, 봐, 슈퍼맨은 모든 사회를 초월해
우린 뭐든 할 수가 있어. 잊지 마, 우린 최고의 한 팀
니체가 여기 몇 장에 불 지르라고 했는데?
야, 그거 참 대단한 사람이야.

니체는 초인이라고 했지만 뮤지컬에서 슈퍼맨이라 칭한 것은, 요즘 젊은이들이 초인보다는 슈퍼맨에 익숙하기에, 또는 더 멋지다고 생각하기에 그랬는지 모르겠습니다. 슈퍼맨인 '나'는 니체의 신봉자로 사이코패스 범죄에 탐닉하는 동급생인 '그'를 사랑하여 함께 어린아이를 유괴해 살해합니다. 이 뮤지컬은 그야말로 슈퍼맨 사이코패스 드라마입니다. '나'는 이 년 만에 고등학교를 졸업하고 하버드를 거쳐 시카고 로스쿨에 다니는 슈퍼맨이고, '그'도 마찬가지로 슈

제2부 근대 이후의 우정론

퍼맨이지만 낮에는 법을 배우고 밤에는 법을 극단적으로 위배한다는 점에서 더 위대한 사이코패스 슈퍼맨입니다. 그리고 그런 극단의 모순을 가능케 하는 것이 사이코패스 슈퍼맨 철학자 니체입니다.

모범생인 '나'는 니체에 빠진 '그'에게 빠져들어 그를 따라 니체를 신봉합니다. 니체가 주장한 초인은 창조적인 힘을 갖는데 '나'는 그러지 못합니다. 그래서 '그'를 왕이나 초인으로 여기며, 스스로 그에게 지배당하는 노예가 되길 원하고, 범죄까지 저지릅니다. 그로 인해 오래 감옥살이를 하지만 평생 '그'를 그리워하고 사랑합니다. '그'는 "우린 사회를 초월해!"라며 항상 니체를 외치는데, 이는 현실을 받아들이지 않으려는 일종의 자기합리화입니다. 관객들은 범죄가 끝난 후 '나'를 배신하는 '그'의 모습에서 '그'가 외치는 초인이 도달할 수 없는 이상향이며 허구라는 것을 쉽게 깨달을 수 있습니다.

니체의 우정론

《쓰릴 미》에 나오는 두 남자의 관계는 니체가 말하는 우정이 아니라고 주장하실지도 모르겠습니다. 하지만 나는 크게 다르지 않다고 생각합니다. 이 뮤지컬은 니체 사상의 핵심을 전해줍니다. 니체의 사상은 한 마디로 우정의 사상입니다. 그에 의하면 우정은 '초인'이라는 공동의 이상을 추구하는 것이기 때문입니다. 『차라투스트라는 이렇게 말했다』에서 차라투스트라는 말합니다.

너희들은 너희 친구 속에 잠재해 있는 초인을 너희들의 존재 이유로서 사랑해야 한다.

이는 친구와 함께 삶을 창조해야 한다는 것인데, 인간은 자신의 문제를 스스로 해결할 수 없기 때문입니다. 《쓰릴 미》의 '나'처럼 친구인 '그'와의 우정을 통해 고유한 개성을 발전시키지만, 그런 우정의 도움이 없다면 사회규범의 압력 때문에 자기를 실현할 수 없습니다. 그래서 《쓰릴 미》의 '그'는 항상 "우린 사회를 초월해!"라고 외치는 것입니다. '나'와 '그'의 우정 공동체에 사회적 도덕은 존재하지 않고, 오직 자신만을 긍정하는 도덕만 허용됩니다. 니체는 그런 반도덕적인 인간일수록 독창적이고 생산적이라고 찬양합니다. 따라서 그에 의하면 우리는 무엇보다도 '양심의 가책'이라는 것을 내려놓아야 합니다.

앞에서 보았듯이 루소나 쇼펜하우어는 우정을 동정심에서 구하지만 니체는 이를 거부합니다. 그것은 초인이라는 자기 완성을 저해하는 악이기 때문에 배제되어야 합니다. 우정은 동정이나 연민이 아니라 '공유하는 기쁨'인 공감이라고 니체는 말합니다. 그리고 동정은 패자의 심리적 보상이자 자기만족에 불과한, 도덕적 감각 중 최저라고 하며 거부합니다. 반면 기쁨의 공감은 고등동물인 인간의 특징이라고 하면서 그것이 우정에 의해 가능하다고 합니다.

니체는 칸트와 같이 우정의 조건으로 '사랑'과 '존중'을 듭니다. 그런데 칸트의 '존중'과 달리 니체는 '아곤(agon, 경쟁)'을 내세웁니다. 니체는 호메로스의 작품에 등장하는 아곤이 초인에 이르는 자기 실현 과정에 필수적이라고 보았습니다. 아곤은 예술의 창조를 위한 경쟁이기도 하지만, 피비린내 나는 전투나 정치적 통치에서도 나타나는 것으로 '강한 인간'인 초인이 되기 위해 필수적입니다. 니체는 이를 약한 인간성을 길러내는 현대교육과 대비시킵니다. 현대교육이 무시하는 경쟁·시기·투쟁은 니체가 숭배하는 그리스의 디오니소스적 문화의 특징입니다. 《쓰릴 미》의 두 남자는 어릴 적부터 그런 문화에 의해 길러져 수재가 되었습니다. 아곤이 없다면 그리스가 타락하듯이, 아곤이 없는 세계는 파멸일 뿐이라고 니체는 말합니다. '아곤'에 의해 친구를 적으로 삼아 선의의 경쟁을 벌임으로써 초인이라는 공동의 목표에 이른다는 것이지요. 즉 '원수를 사랑함'이 아니라 '친구를 증오함'으로써 생산적인 경쟁이 가능해집니다.

니체 우정론의 특징 중 또 하나는 여성에게 우정의 자격을 인정하지 않는다는 점입니다. 이는 여성에게 아곤이 부족하기 때문입니다. 이러한 니체의 우정론이 그리스의 우정론을 잇는다고 보기도 하지만, 반대로 그것을 해체했다고 보는 사람도 있습니다. 후자는 해체주의자로 유명한 데리다입니다.

나는 니체의 우정론에 찬성할 수 없습니다. 지금 우리가 우리 교육이나 정치에서 보는 파멸은 아곤 때문이 아닙니까? 누구나 그렇듯이 니체는 젊은 시절 친구가 많았지만 나이가 들면서 친구가 적어져 아예 없이 지냈습니다. 그의 친구 중 최고는 바그너입니다. 니체는 바그너와의 우정을 '별들의 우정'이라고 불렀습니다. 자기들끼리 별들의 우정 운운하는 것도 황당한데, 니체주의자들은 당연히 받아들입니다. 그러나 니체는 결국 바그너와도 헤어지고 적대하게 되지요. 여기서 니체의 '적으로서의 친구'라는 개념이 나옵니다. '신은 죽었다'는 말보다는 덜 충격적이지만 친구가 적이라니 마찬가지로 황당합니다. 나는 알래스데어 메킨타이어(Alasdair Chalmers Mac-

Intyre, 1929~) 같은 공동체주의자에 반대하지만, 그가 니체를 도덕에 철저히 무관심하면서 자신의 의지를 세상에 강요하려는 초인을 주장한 점에서 '유아론적 도덕주의'라고 비판하는 점에는 동의합니다.

우정론 철학의 소멸과 우정론 사회학 및 인류학의 등장

18세기 말부터 19세기 초까지의 수십 년은 철학사의 대전환기였습니다. 이런 전환기에 우정은 철학자들의 관심 영역에서 사라졌습니다. 대신 게오르크 지멜(Georg Simmel, 1858~1918)과 같은 사회학자들이 관심을 가졌습니다. 사회학자 지멜은 일대일 관계, 즉 두 사람 사이의 관계가 사회의 구성요소를 대표한다고 보았습니다. 왜냐하면 사회관계가 시작되는 것이 바로 이러한 쌍방 안에서이기 때문입니다. 모든 대규모 그룹은 연동적인 사회망(social web)으로 조직된 수많은 일대일 관계로 구성됩니다. 우정은 비공식적인 사회적 연결이지만 개인을 훨씬 더 큰 사회에 연결하는 기능을 고려할 때 중요성이 높습니다. 이 방식으로, 우정의 패턴은 사람들을 점점 더 큰 네트워크로 모으고 함께 사회의 구조로 엮어줍니다.

현대사회에서는 점점 더 많은 관계가 관련 당사자 간의 계약이라는 특징을 형성합니다. 일과 비즈니스 관계, 가족 및 이웃 관계조차도 권리와 권리를 명시하는 계약에 의해 규율됩니다. 그리고 이러한 계약을 위반할 경우 법적 절차와 정책이 행해집니다. 이는 암묵적으로 그 중요성을 반영하는 것입니다. 그것들이 사회구조와 관련하여 근본적이라 간주되기에 특별한 보호가 보장되는 것이지요.

이와 대조적으로, 우정은 본질적으로 완전히 자발적이며 계약상의 합의가 뚜렷하지 않다는 특징이 있습니다. 친구에게 돈을 빌리는 경우에도 '말'에 기초하여 구두로 이루어질 가능성이 높습니다. 친구 사이에서는 오히려 계약을 맺자고 나서는 것이 상대의 기분을 상하게 할 수도 있습니다. 또 우정은 자유롭게 시작되고 유지되고 종료됩니다. 이러한 관계는 국가의 인정을 받지 못한다는 점에서 사적인 것입니다. 우정은 적법한 절차와 정책을 통해 보호할 필요가 있다고 인식되지도 않습니다. 사회학에서 우정은 사회구조에 있어 중요한 것으로 간주되지 않지만, 사회 활동이나 규모, 사회적 유대 네트워크를 구축하는 데 필수적입니다.

사회학과 함께 인류학에서도 사회적 결속을 형성하는 데 있어 우정 네트워크의 중요성이 오랫동안 인식돼왔습니다. 인류학자들은 우정이 호혜성에 바탕을 두고 있다고 지적합니다. 이는 두 사람 사이의 선물이나 호의의 교환으로 가장 잘 상징됩니다. 이와 같은 사회적 유대는 관계가 지속되도록 보장하려는 의도로 형성됩니다. 선물을 주면 보답할 의무가 발생하기 때문입니다. 이상적으로는 개인간의 상호성이 일대일 관계를 넘어 외부로 확장되어 다른 사람을 포함하도록 일반화됩니다. '가교관계'라고 할 수 있는 것의 생성을 통해서지요. 그렇게 일반화된 호혜성은 특히 신뢰가 다양한 그룹을 포함하고 확장될 때 사회생활에 윤활유를 공급하는 신뢰가 됩니다.

사회학과 문화인류학의 우정론

지멜이 말하듯이 일대일 관계로서의 우정은 사회구조의 기본이 되는 사회의 핵심 구성 요소입니다. 사회적 결속은 미시적 수준의 일대일 관계에서 시작됩니다. 우정을 특징짓는 결속력은 동질적인 사회 집단 내에서 분명하게 드러납니다. 더욱이 각각의 우정은 겹치는 사회 집단 내에서 발생하므로, 다양한 우정이 점점 더 확대되고 겹치는 사회 집단에 영향을 미치는 역할 모델이 될 수 있습니다. 우리의 모든 기관이 기반을 두고 있는 사회적 유대 네트워크의 기초를 형성하는 강력한 사회적 유대는 지속적인 우정의 특징입니다.

사회학에서는 우정의 특징을 완전히 자발적이며 계약상의 의무가 없다는 것으로 봅니다. 가족 관계와 달리 우정 관계는 주어지기보다는 선택됩니다. 더 중요한 점은 우정이 본질적으로 평등하다는 점입니다. 친구들은 서로를 동등하다고 인식하며, 어느 당사자도 상대방에게 의존하지 않습니다. 지원이 제공되는 경우가 많지만, 각자는 자신 또한 지원을 요청받을 수 있음을 인식합니다. 이러한 평등주의적 특성은 상호 존중과 수용의식에서 비롯됩니다. 이는 각자가 다른 사람을 동등하게 평가함을 의미합니다. 관계 내에 권력 불균형이 있을 때, 상호주의는 균형을 잃고 한 구성원은 더 큰 힘을 가진 구성원에게 더 큰 의무감을 느끼게 되어 관계가 덜 자발적이게 됩니다. 우정의 맥락에서 그러한 불균형은 분노와 경멸로 이어지며, 우정은 물론 그 가능성까지도 훼손합니다.

이처럼 우정의 평등주의적 성격과 자발적인 성격은 서로 밀접하게 연결되어 있습니다. 우정을 다른 친밀한 관계(일반적으로 가족 관계)와 구별하고 순전히 자발적이고 평등주의적인 본성을 강조하려는 관점에서 우정은, '서로에 대한 높은 수준의 헌신을 보여주고 다양한 방식으로 관계 맺고 있음을 보여주는 동등한 두 주체 사이의 적극적이고 자유롭게 선택한 플라토닉 관계'로 이해됩니다.

사회학자들은 우정과 기타 사회적 관계가 악화되어 사회적 구조를 위협하고 있다고 우려합니다. 또한 인종·계급·성별·성적 취향 등의 측면에서 자신과 매우 유사한 사람들과 친구가 될 가능성이 더 높다는 점에서 우정은 사회의 계층화 시스템을 반영하는 경향이 있습니다. 이를 '동질성 지위'라고 합니다. 이로 인해 다양한 사람들과 우정을 쌓을 수 있는 기회가 제한되고, 편견과 사회적 거리가 생겨납니다. 그래도 최근 소셜 네트워크가 서서히 다양화되면서 다양한 우정을 나눌 기회도 늘어날 것이라는 낙관론이 있습니다.

그럼에도 여전히 인종·계급·성별·성적 지향·기타 소외 형태에 따른 사회 분열에 따른 우정 패턴은 사회의 기반이 붕괴되었음을 나타냅니다. 강력한 사회구조를 만들기 위해서는 사회를 구성하는 다양한 사람들을 하나로 모아야 합니다. 서로 다른 지위에 있는 사람들과 친구가 되고 그들을 우리와 동등하다고 생각한다면, 우리의 우정은 기존 계층화 시스템에 도전을 제기하게 됩니다. 서로 다른 그룹을 연결하고 그들 사이에 유대를 형성하는 우정은 '진정으로 우호적인 사회'를 만드는 데 중요한 역할을 합니다.

순전히 자발적이고 평등주의적인 관계가 근본적인 점을 고려할 때, 우정에 대한 연구는 사회학자가 사회 자체의 건강을 조사할 수 있는 렌즈가 됩니다. 우정은 주변 세계와의 강한 유대감을 느끼게 해주어 우리를 계속해서 확대되는 소셜 네트워크에 포함시킵니다. 사회적 유대가 줄어들고 점점 동질화된다면, 사회적 고립과 단절, 사회 붕괴 문제를 걱정하는 것이 옳습니다. 반면 우정과 그것이 나타내는 사회적 유대가 증가하고 다양해진다면 사회학자들은 사회를 하나로 묶는 결속력이 점점 더 강해지고 있음을 확신할 수 있습니다. 그리고 우리 모두는 친구가 누구인지뿐만 아니라 그들이 대표하는 것, 즉 사회구조와의 연결을 통해 친구를 즐길 수 있습니다.

문화인류학에서는 1차적 사회집단의 하나로 우정, 즉 친구 관계를 다룹니다. 그것은 최소 두 사람 사이에 존재하는 긴밀한 유대관계로서, 그 유대는 비공식적·자발적이며 개인적이고 면 대 면의 상호작용을 수반합니다. 문화인류학에서 보는 우정도 사회학에서 보는 우정과 비슷하지만, 클럽이나 친목관계는 우정과 별도의 사회집단으로 다루어집니다.

20세기의 우정론 소멸?

20세기 독일 사회학자 위르겐 하버마스는 『공론장의 구조변동』에서 18세기 후반 최초의 '공공성의 구조전환'에 의해 시민사회가 탄생한 뒤 2세기가 지난 20세기 후반에 일어난 두 번째 구조전환의 결과로 시민사회의 전제인 시민적 공공성이 없어졌다고 합니다. 즉 토의의 공개성·토의의 공권력으로부터의 독립·사적 영역과 공적 영역의 구별이라는 시민적 공공성의 특징이 없어지고, 시민사회의 고유한 의사결정 과정은 형식적이고 의례적인 것이 되었습니다. 게다가 공권력은 사회보험이나 시민 서비스 등의 형태로 사생활에 대한 개입을 확대해왔습니다.

따라서 우정론도 사라지고, 우정의 전제도 사라졌습니다. 그러나 우정은 여전히 강조되고 있습니다. 특히 재해가 발생하면 상호부조의 우정이 자원봉사의 형태로 눈부신 활약을 합니다. 그러나 재해 구조는 본래 정부나 자치체, 지역 주민이 직접 해야 할 일입니다. 자원봉사는 노동의 결과에 대해 책임을 지지 않고, 특히 그들이 하는 일을 중도에 이유 없이 포기해도 책임을 물을 수 없습니다. 따라서 정부는 구제함에 있어 그들에게 의지하지 않고 노력해야 함에도 실제로는 반대로 자원봉사를 행정의 필수 부분이라 보고 그들의 노동을 전제합니다.

자원봉사가 강제된 것이 과거의 새마을운동과 대학입시용 '자원 (실질은 '강제'이니 자원이란 말은 쓸 수 없을 것 같습니다)봉사'입니다. 소위 '스펙 쌓기 경쟁'을 불러온 후자가 이 책을 쓰는 2024년도 입시부터 폐지된다고 하니 다행이라는 생각이 들지만, 청소년 봉사자가 자취를 감추고 있어서 또 문제라고 합니다. 강제되는 것이라도 경험을 통해 학습할 수 있는 유익한 기회였는데, 그것마저 없어지면 교육 기회는 물론 우정의 기회가 완전히 사라지기 때문입니다.

여하튼 강제 봉사는 앞서 본 자코뱅 시절에 박애의 자발적 행사가 강제된 것을 연상시킵니다. 선의에 근거한 행동은 공평에 대한 배려를 결여하므로 공공 공간을 지배하는 사회적 정의의 원칙을 동요시키고 부식시킵니다. 타인의 선의나 호의에 의존하지 않으면 살아갈 수 없는 사회는 나쁜 사회이고, 루소가 이상으로 삼았던 '누구나 친구이고 누구나 서로 직접 돕는 투명한 사회'는 악몽 같은 사회일 수도 있습니다.

우정론에서 가장 경계해야 하는 것은 친구의 유무가 생활의 질을 좌우하는 친밀함의 감옥이어서는 안 된다는 것입니다. 선의를 기대할 수 있는 친한 지인이 한 사람도 없어도 행복한 생활을 향유할 수 있는 사회야말로 인간다운 사회이고, 참된 의미로 '친구가 있을 수 있는' 사회입니다.

데리다의 우정론

20세기의 양차 세계대전과 그것을 낳은 파시즘과 나치즘, 스탈린주의와 테러리즘, 극심한 빈부갈등 등은 타인을 인정하지 않는 전체주의에서 비롯되었습니다. 세계화 시대라고 하지만 강대국의 쇼비니즘은 약소국의 그것보다 강합니다. 이러한 상황에서 20세기 후반의 우정론은 나치 전체주의의 피해를 직접 입은 유대인 철학자들에 의해 전개되었습니다.

철학 분야에서 우정에 관한 논의는 레비나스와 데리다를 통해 이전과는 다른 차원으로 전개되었습니다. 앞서 보았듯이 철학의 역사에서 우정은 두 개인 사이의 관계로 정의되었고, 그 정의와 설명은 자아를 확립하고 자아 인정을 추구하는 것이었습니다. 그러나 레비나스는 이 개념에 반대하고, 어떻게 하면 자아의 껍질을 깨고 자아를 넘어설 수 있는가에 관한 논의로 나아갔습니다.

프랑스 철학자 자크 데리다는 레비나스의 길을 따랐습니다. 1980년대 후반, 데리다는 우정을 주제로 일련의 세미나 강의를 했습니다. 당시 그는 세계에서 가장 유명한 철학자 중 한 사람으로 해체주의와 동의어가 되었습니다. 데리다는 말과 글쓰기, 이성과 열정, 남성성과 여성성이라는 이분법을 통해 의미를 생성하려는 철학 전통을 파괴하고자 했습니다. 그는 그렇게 상반되는 듯 보이는 것이

상호 구성적이라고 지적했습니다. 한 개념이 다른 개념보다 우세하다고 해서 둘 중 하나가 안정적이거나 자체적으로 정의된다는 의미는 아니라고 보는 그의 방법은 무엇이 상실되거나 억압되었는지에 대한 면밀한 조사를 필요로 했습니다. 그렇게 함으로써 우리는 우리에게 자연스러워 보이는 개념이 모순과 불안으로 가득 차 있다는 것을 깨닫게 될 것이라고, 데리다는 주장했습니다.

우정에 관해 강의할 무렵, 데리다는 "오 나의 친구여, 친구는 없다네!"라는 아리스토텔레스의 대사에 매료되었는데, 정작 아리스토텔레스의 저술에서는 찾아볼 수 없는 말이라는 점을 앞서 여러 차례 설명했습니다. 그래서 데리다가 이 말을 강연에서 인용했을 때, 아감펜은 데리다에게 전화를 걸어 그 사실을 알려주었지요. 그럼에도 데리다는 인정 같기도 하고 부정 같기도 한, 이상한 감정이 드는 이 말을 자기 강의의 중심어로 삼았습니다.

어떤 사람들은 막연히 추측했습니다. 그 말은 "친구가 많은 사람은 친구가 없다"는 뜻에 가깝고, 이를 더 단순하게 표현한 것이라고 했지요. 그러나 데리다는 모순처럼 보이는 "오 나의 친구여, 친구는 없다네!"라는 말에 매력을 느꼈고, 더욱 선호했습니다. 그는 아리스토텔레스가 의미하는 바를 알아낸다면, 우리에게 새로운 동맹과 가능성의 미래를 가리켜줄 수 있다고 생각했습니다.

1993년에 데리다는 '우정의 정치'라는 강의를 한 후 『마르크스의 유령』을 발표했습니다. 그 책에서 그는 냉전 이후의 정치 질서에 직접적으로 관여하고 서구를 휩쓸고 있던 승리주의적 분위기를 몰아내려고 노력했습니다. 그는 이렇게 썼습니다.

자본주의사회는 항상 안도의 한숨을 쉬며 스스로에게 이렇게 말할 수 있다. '공산주의는 20세기 전체주의 붕괴 이후 끝났고, 끝났을 뿐만 아니라 일어나지도 않았다. 유령일 뿐이야.'

그리고 뒤이어 덧붙였습니다.

유령은 결코 죽지 않으며, 언제든 다시 돌아올 수 있다.

1994년 데리다는 그 강의 내용을 『우정의 정치』라는 책으로 출판했습니다. 『우정의 정치』는 최근 몇 년간 출판된 우정에 관한 학술 작품 중 최고의 하나로 여겨집니다. 데리다의 글은 엉성하고 조밀하며, 인용문과 난해한 용어로 가득 차 있기로 유명합니다. 그중에서도 특히 『우정의 정치』는 종종 유령 같은 느낌을 줍니다. 그 책이 출판되었을 때 데리다는 중년에 접어들었고 많은 지적 동료보다 오래 살았습니다. (그는 2004년 74세의 나이로 세상을 떠났습니다.)

데리다는 서양철학사에서 우정의 개념을 결정한 주요 사상을 '유사성'으로 파악합니다. 데리다는 이러한 종류의 우정 개념이 기독교 철학에 뿌리를 두고 있으며 인간 사이의 유대만을 고려한다고 주장합니다. 즉 우정은 유대 속에서 이루어지는 조건에 부합할 때 가능해집니다. 이처럼 인정과 조화에 의해 이루어지는 우정은 동등성 · 세계성 · 소통성으로 이해됩니다.

데리다에 의하면* 고대 그리스의 우정은 출생·혈연·법에 의해 동류의 구성원 사이에서 생겨났고, 공동체의 자유를 지키기 위해 외부의 적과 싸운 전쟁 경험과 기억이 구성원들 간의 우정의 정치로서 서로를 평등하게 만들었습니다. 그 우정은 이질적인 환경과 인간, 타자성을 배제하기에, 폐쇄적이고 폭력적인 개념입니다. 또한 아리스토텔레스의 '친구는 또 다른 자기'라는 말에서처럼 친구와 자신을 동일화하는 것은 타자에 대한 사랑이 아니라 자기 자신에 대한 사랑의 재현일 위험이 있고, 타자를 참으로 이해하기 위해서 필수적인 거리 두기와 존중에 어긋납니다. 따라서 이러한 폐쇄성과 폭력성, 비존중의 우정을 참된 우정이라고 할 수는 없습니다.

데리다의 우정은 아무런 조건이 없는 환대의 당위성에서 출발합니다. 우정은 모자관계처럼 환대를 전제로 한다고 그는 보았습니다. 즉 아리스토텔레스를 비롯한 동서양의 우정론이 조건을 전제로 한 것과 달리 데리다의 우정론은 무조건적인 환대를 전제로 합니다. 따라서 우정의 대상은 가족, 친척, 친구 등과 같은 가까운 타자만이 아니라 이방인에까지 미칩니다. 그러나 레비나스의 환대와 달리 데리다는 법과 제도를 통한 접근을 전제합니다.

---

*   Derrida, Jacques. Politics of friendship(Vol. 5. Verso, 2005), pp. 99–101.

16

요약과 전망

우정론의 요약

지금까지 살펴보았듯이 소크라테스·플라톤·아리스토텔레스나 키케로가 살았던 고대 그리스·로마는 계급사회였습니다. 아리스토텔레스가 살았던 아테네는 인구의 반이 노예였고, 나머지 반의 대부분인 여자나 아이들을 제외하면 시민은 인구의 십분의 일 정도에 지나지 않았습니다. 그러니 그들이 말한 우정은 그 십분의 일의 우정이었습니다. 중국이나 한국과 같은 비서양 사회도 마찬가지입니다.

이상적인 대인관계가 성립하는 공간은 다양합니다. 첫째, 공공의 공간에서 만나는 공적인 관계, 또는 정치적인 관계입니다. 여기서 친구란 정치문제, 즉 사회의 모든 구성원에게 관련되는 공공적 문제에 대한 합의를 형성하기 위한 합리적인 의사교환의 상대가 됩니다. 이는 아리스토텔레스부터 키케로, 18세기 영국 철학자 샤프츠베리에 이르는 사상사의 조류입니다. 이들은 여론 형성을 목적으로 하는 토론에 참가하는 의욕을 우정이라고 불렀습니다. 여기서 중요한 것은 의욕 자체가 우정이라는 것이지, 의견이나 이해관계의 일치, 친

제2부 근대 이후의 우정론

밀함은 우정의 전제가 아니라고 하는 점입니다. 그러므로 사상사의 우정과 일상의 우정은 서로 다르다는 것을 알 수 있습니다.

그런데 이상적인 대인관계가 사적 생활의 내부에서만 가능하다고 보는 입장도 있습니다. 그런 입장을 대표하는 사람이 몽테뉴입니다. 그에 의하면 친구는 분신, 나를 비추는 거울과 같은 존재로, 친구와의 사귐에 가치가 있다면 그 가치는 친구와의 사귐에 의해 내가 누구인지를 알 수 있게 된다는 점입니다.

세 번째 입장은 앞에서 말했듯이 루소로 대표되는 친밀성과 의견의 일치를 강조하는 입장입니다. 루소는 현실의 공공 공간이 잘못되어 있으므로 우정이 공적인 기능을 갖지 않는다고 보았습니다.

그런데 우정의 사상사에는 우정 무용론 내지 우정 유해론이라고 할 수 있는 사상도 있습니다. 가령 기원전 5세기의 그리스 철학자 데모크리토스는 부자였던 친구가 가난뱅이가 되면 누구나 그를 피한다고 말했습니다. 그러나 이는 우정 자체가 필요 없다거나 유해하다고 여겼다기보다는 잘못된 우정을 비판하는 것이었다고 봄이 옳을 듯합니다. 또한 17세기 프랑스의 모럴리스트인 라 로슈푸코(François VI, Duc de La Rochefoucauld, 1613~1680)도 우정은 "사교, 상호 이익의 조정, 도움의 교환에 불과하고, 결국 하나의 거래"일 뿐이라고 했습니다. 그것은 그의 쓰라린 우정 경험에서 나온 풍자였지만, 당연히 당시 귀족 중심의 독자들에게 엄청난 반발을 샀습니다. 오늘날 우리에게도 그 풍자는 날카롭습니다. 하지만 데모크리토스의 경우와 마찬가지로 참된 우정을 강조하기 위해 한 말이라고 볼 수도 있을 것 같습니다.

최근 우정론에 대한 논저 중에서 눈에 띄는 것은 여성주의와 관련된 우정론입니다. 여성주의 또는 페미니즘은 고대 이후 근대까지의 철학적·도덕적 우정론이 남성들의 경험을 바탕으로 만들어진 이성 중심의 것이라며 비판하고 감성적인 우정론을 주장합니다.* 나는 그러한 입장을 존중하지만, 근대 이전의 우정론은 남성 중에서도 엘리트 남성의 것이었고, 여성만이 아니라 여성과 마찬가지로 대다수의 남성도 제외되었음을 강조할 필요가 있다고 생각합니다. 나아가 엘리트 남성 우정론이 이성 중심이었다고 해서 여성이나 비엘리트 남성의 우정론이 이성 중심이 아닌 감성 중심이어야 한다고 생각하지도 않습니다.

우정의 사상이 필요한가?

우정은 애정(사랑)과 마찬가지로 누구나 가질 수 있고, 또 가져야 하는 가장 아름다운 인간관계입니다. 그러나 지금 누구나 개탄합니다. 우리에게는 우정이 없다고요. 직장 동료나 이웃은 있어도 친구는 없다는 것입니다. 그 이유는 모두들 자기 일에만 몰두하고 개인주의와 이기주의가 만연하기 때문이라고 합니다. 그래서 우정이 꽃피었던 고대의 공자나 아리스토텔레스와 같은 사상가들, 또는 근대의 루소나 칸트 등의 철학자들이 쓴 우정에 대한 글을 읽으면 개인주의적이거나 이기주의적이지 않은 참된 우정을 바로 회복할 수 있다고 믿는 인

---

* 가령 이혜정, 「여성주의, 우정 그리고 도덕적 성장」, 『한국여성철학』, 제18권 2012년, 123~148쪽.

문학자들이나 철학자들이 많습니다. 그들은 그런 글들을 우리에게 열심히 소개하고 열심히 읽으라고 권합니다. 그러나 그런다고 갑자기 좋은 친구들이 생겨날까요? 나는 그런 글들을 평생토록 꽤나 열심히 읽어왔는데도 루소, 아리스토텔레스, 박지원이 개탄한 것처럼 지금 친구가 없습니다. 그들처럼 나이가 들어서 친구가 없는 것일까요?

세상에 우정을 나쁘다 말하는 사람은 없습니다. 누구나 우정을 긍정적으로 평가합니다. 따라서 우정은 좋은 것이라는 철학자들의 말을 대단하다고 평가할 필요는 없습니다. 이기적인 거래와 같은 관계가 아니라 이타적인 상호 이해와 관용의 관계 등이 참된 우정이라는 말도 마찬가지입니다. 이런 식의 아름다운 말들이나 심오한 관념으로 쓰인 참된 우정에 대한 글은 얼마든지 나올 수 있습니다. 그러나 정말로 그런 것들을 읽기만 하면 세상은 우정으로 가득 찰까요? 우정이 없다고 개탄하면서 우정을 갖자고 주장하는 철학자들은 대부분 개인주의를 싫어하고 공동체주의나 집단주의 같은 것을 좋아하는 사람들 같습니다. 그러고 보니 개인주의나 이기주의가 강한 미국에 반드시 필요할 것 같이 썼는데도 정작 조금밖에 팔리지 않은 미국의 어느 공동체주의자의 책이 한국에서는 백만 권 이상 팔린 이유도 알 만합니다. 우리나라는 공동체주의자들이 철학을 논하고 가르치니 국민 대부분이 공동체주의자가 되는 나라인가요? 아니면 거꾸로 국민이 대부분 그러니 철학자들도 그런 것인가요? 아니면 아예 조선 오백 년 이래 성리학 전통이기 때문에 그런가요?

나는 한국은 극심할 정도로 공동체주의(더 정확하게는 패거리주의) 국가라고 보기에, 공동체주의는 우리에게 불필요하고, 적어도 이기주의가 아닌 개인주의가 절실히 필요하다고 봅니다. 우정이 반드시 필요하지 않다고 보는 소수의 철학자도 있습니다. 내가 좋아하는 고대의 디오게네스나 근대의 쇼펜하우어 같은 철학자들입니다. 그들은 우정이 개인의 자율성이나 주체성에 도리어 방해가 된다고 보았습니다. 그러나 자율성이나 주체성을 갖춘 사람들의 우정이야말로 참되다고 합니다. 나도 그런 입장입니다. 우정을 함부로 찬양해서는 안 됩니다. 이 책은 그런 문제의식에서 집필되었습니다. 그런 '문사철' 고전, 즉 문학·역사학·철학과 같은 인문학을 몰라서 우정이 없는 것이 아닙니다. 다른 요인이 있을지도 모릅니다.

이 책은 우정론 또는 우정론의 역사를 비판적으로 살펴보고자 했습니다. 나는 국내외의 문학·철학·역사학·사회학·심리학 등의 교수들이나 연구자들이 아리스토텔레스를 비롯한 몇몇 사상가들의 우정론을 찬양하는 것이 불만스러워서 이 책을 썼습니다. 게다가 그들이 그 우정론들을 그 사상가들이 살았던 현실과 관련시키지 않고 그저 사상가들이 남긴 책에 나오는 우정이라는 말을 분석하는 것으로 시종일관하는 것이 불만스러워 이 책을 썼습니다. 또한 어떤 사상가의 우정론도 그 사상가의 사상 전체와 분리될 수 없음에도 불구하고 그 사상 전체 속에서 우정론을 검토하지 않는 점이 불만이어서 이 책을 썼습니다. 나아가 국내외 학자들이 다양한 우정론들을 비교 고찰하여 하나의 사상사로 엮지 않고 전부 하나하나의 단편 조각으로서만 언급하는 것이 불만이어서 이 책을 썼습니다. 그래서 이 책이 사상가들의 우정론을 비판적으로 보고, 그것들을 각 시대의 현실과 연관시키고, 나아가 그 모두를 비교 고찰하여 하나의 거대한 사상사로 엮었다는 점에서 독창적이라고 자부합니다.

우정이란 무엇인가?

우리는 우정이라고 하면 루이스처럼 애정이나 애착 등과 함께 친밀함의 일종으로 생각하지만, 사상사에서 우정은 반드시 그런 것이 아닙니다. 철학자들도 친구와의 우정에 높은 가치를 인정합니다.* 그러나 그들은 우정이 반드시 친밀한 분위기를 수반하는 것이 아니고, 친구가 반드시 친밀한 타인일 필요는 없다고 생각합니다. 친구는 친밀한 타인이고 우정을 친밀함의 일종으로 보는 루소 같은 철학자도 있지만, 그것은 우정의 사상사에서 예외적인 것입니다. 루소 철학 자체가 사상사에서 예외적이지요. 그러나 현대인의 일반적인 감각에서는 루소나 루이스의 '친밀함'의 우정이 더 가깝게 느껴질 수도 있습니다.

철학자들이 친구라는 존재에 어떤 가치가 있다고 한다면 그것은 '이상적인 대인관계를 성립시키는 상대'로서의 가치입니다. 따라서 친구란 '이상적인 대인관계를 성립시키는 상대'입니다. 그렇다면 친구는 그저 '아는 사람' '안면 있는 사이' '서로 인사하는 사이' '사무적인 관계' '같은 무리나 모임에 속한 사이' 등을 뜻하는 지인(知人, acquaintances)의 일종이 아닙니다. 즉 친구라고 부를 수 없는 다양한 지인과 같은 자격으로 지인이라는 집합을 형성하는 요소의 하나가

---

* 그러나 철학자들의 우정에 대한 논저를 찾아보기는 힘듭니다. 가령 한국에서 쓰인 가장 방대한 서양윤리사상사인 이석호의 『고대 중세 서양윤리사상사』와 『근세 현대 서양윤리사상사』에는 우정이 전혀 언급되지 않습니다.

아니라는 것입니다.

친구는 친구 외의 타인 사이에는 없는 특별한 것을 함께 갖는 사이입니다. 즉 친구란 대인관계의 이상을 반영하는 관계가 성립할 때 그 상대, 혹은 이상적인 대인관계를 성립시키기 위해 필요한 상대를 일컫는 말입니다. 친구와의 사이에 생기는 친밀한 분위기는 친구를 친구로 부르기 위한 필요조건이 아닙니다. 즉 친밀함이 우정의 본질은 아닙니다.

친구는 또 하나의 나?

철학자들은 이상적인 대인관계가 충족시키는 일반적인 조건을 '또 하나의 나'라고 봅니다. 앞에서 보았듯이 이 말을 처음 쓴 사람은 고대 그리스의 아리스토텔레스이지만, 그 말을 일반적으로 사용한 사람은 고대 로마의 키케로입니다. 키케로는 이익을 위해 친구를 사귀는 것이 아니라, 내가 나 자신에게 소중한 존재이듯이 친구도 '또 하나의 나'로서 소중한 존재이기에 사귄다고 말합니다. 내가 나 자신에게 소중한 존재인 것은, 내가 나 외의 어떤 목적에 봉사하는 수단이나 도구이기 때문이 아닙니다. 나의 가치는 나 자신이 나에게 목적이라는 점에서 비롯됩니다. 나는 나 자신으로서 목적이기 때문에 나에게 소중한 존재입니다. 마찬가지로 친구는 어떤 목적을 실현하기 위한 수단이나 도구가 아닙니다. 사귀는 것 자체에 가치가 있는 사귐이야말로 본래적이고 이상적인 대인관계입니다.

그런데 '친구는 또 하나의 나'라는 개념에는 친구와 자신의 관계를 강조하는 측면과 달리, 그러한 동일화가 친구인 타자를 이해하기

위한 전제인 거리 두기와 존중을 위반할 수 있다는 점에서 문제가
됩니다. 즉 타자로서 사랑하는 것이 아니라 자신에 대한 사랑을 재
현하는 나르시시즘에 빠지고, 나아가 자신과 같거나 비슷한 동종의
계급이나 범주에게만 향하는 경향성과 당파성으로 전락할 수 있다
는 것입니다. 이는 실제로 최상류 계층에 한정된 협소한 우정의 범
주를 낳았고(아리스토텔레스·키케로), 그것에 대한 반발로 18세기 이후
루소에서 비롯되는 '동정심과 연민의 계급적 우정'인 프롤레타리아
내지 제3계급의 우정이 출현하기도 했습니다. 그리고 그것이 20세
기에는 '동무'나 '동지'라는 이름의 우정으로 나타났습니다.

우정론의 전망 - 자유와 우정

앞에서 '자유'와 '친구'는 사랑을 의미하는 초기 인도유럽어의 동일
어근인 'fri-' 또는 'pri-'를 공유한다고 했습니다. 영어의 friend와 free
는 같은 인도-유럽어근에서 유래했는데, 이는 성장하는 '공유된 힘'
이라는 개념을 전달합니다. 자유롭다는 것과 인연을 맺는다는 것은
하나이자 같은 것이었습니다. 나보다 더 큰 현실과 연결되어 있기 때
문에 나는 자유롭다는 것입니다.

자유와 우정은 같은 의미입니다. 즉 친밀하고 상호 의존적인 관계
와 함께 세상을 마주하겠다는 헌신입니다. 근본적으로 관계의 자유
는 제한이 없다는 것이 아니라, 상호 연결과 애착을 위한 능력, 또는
상호 지원과 보살핌을 의미할 수 있습니다. 또는 불확실한 세상에
대한 감사와 개방성의 공유, 또는 다른 사람들과 함께 싸울 수 있는
새로운 능력입니다.

17세기 철학자 토마스 홉스는 자유를 고립되고 이기적인 개인이 소유하는 것이라고 주장했습니다. 홉스에 의하면, 자유로운 인간은 끊임없이 무장하고 경비를 섭니다. 『리바이어던』(1651) 18장 「인류의 자연 상태」에서 홉스는 사람들에 대해 "잠잘 때 그는 문을 잠근다. 집에 있을 때에도 그는 가슴을 잠그고 있다"고 합니다. 자유로운 개인은 두려움 속에서 살아가며, 자신과 자신의 소유물을 보호해주는 법과 경찰이 있음을 알 때만 안전함을 느낄 수 있다고 했습니다. 이 개인은 또한 가부장적 남성 우월주의와 그에 따른 정신/신체, 공격/복종, 합리성/감정 등의 분열에 기반을 두고 있습니다. 그의 자율성이란 타인에 대한 착취와 분리될 수 없습니다.

중세 이후 농민이 '자유롭게 되었다(해방되었다)'는 것은 그들이 자신의 토지와 생활 수단에서 쫓겨났음을 의미했으며, 공장에서 노동력을 팔거나 굶어 죽도록 '자유롭게' 남겨졌다는 것을 의미했습니다. 자유에 대한 이러한 유일한 개념이 유럽의 마녀재판, 공유지 폐쇄, 대서양 횡단 노예무역 증가, 아메리카 대륙의 식민지화 및 대량 학살과 동시에 등장한 것은 우연이 아닙니다. 자유가 우정과 분리됨과 동시에 사람과 장소 사이의 살아 있는 연결도 끊어진 것입니다.

그 뒤 땅과 육체가 구속됨과 동시에 사상도 구속되었습니다. 이성의 시대는 자연과 인간의 육체를 정복하고 통제할 수 있는 새로운 종류의 지식으로 특징지어 자본주의적 합리화와 노동 규율을 가능하게 했습니다. 시간과 공간은 측정 가능하고 안정적이며 고정되는 것이 되었습니다. 육체는 더 이상 신비로운 힘을 전달하는 통로가 아니라, 생산을 위해 활용되는 기계로 여겨졌습니다. 동식물과 기타

제2부 근대 이후의 우정론

인간이 아닌 생물은 더 이상 인간의 친척이 아니라 해부하고 소비해야 할 대상이 되었습니다.

유럽에서도 홉스의 자유에 대한 공포의 비전과 데카르트 사상이 부과한 분열에 모든 사람이 동의한 것은 아니었습니다. 데카르트와 동시대 사람인 바뤼흐 스피노자는 사람들이 본질적으로 자신들의 세계와 얽혀 있다는 철학을 주장했습니다. 그러나 스피노자는 자신의 가장 중요한 작품인 『윤리학』을 생전에 출판할 수 없었습니다. 자신의 관계적 세계관은 그 시대에 등장했던 일신교와 이원론적 철학을 모두 훼손하는 방식을 지니므로, 고문받고 처형당할 위험성이 있음을 알았기 때문입니다. 또한 스피노자는 수동적인 자연, 다른 한편으로는 능동적이고 초자연적인 신 대신, 신이 모든 것 안에 존재하고 모든 것이 능동적이고 역동적인 과정이라는 총체적 현실을 상상했습니다. 즉 모든 것이 살아 있고 연결되어 있으며, 마음과 몸, 인간과 비인간, 기쁨과 슬픔은 서로 얽혀 있다고 보았습니다.

여러 면에서 스피노자는 자신의 시대와 장소의 산물이었습니다. 즉 그는 기하학적 방법을 사용하여 자신의 철학적 주장에 대한 증거를 만들었고, 가부장적 분열을 극복할 수 없었으며, 안보를 위한 수단으로 국가와 계속 결합했다는 점에서 분명히 한계가 있었습니다. 그러나 그의 관계적 세계관은 철학·생태학·페미니즘·마르크스주의·아나키즘 등의 주변부 급진주의자들에게 영향을 주었습니다.

가장 중요한 것은 스피노자의 철학이 정동에 기초를 두고 있다는 점입니다. 사물은 그것이 무엇인지에 따라 정의되는 것이 아니라, 그것이 무엇을 하는지, 즉 세상의 힘에 어떻게 영향을 미치고 영향을 받는지에 따라 정의된다는 것입니다. 이런 식으로 역량은 항상 고정되어 있는 것이 아니라 끊임없이 변화합니다. 이는 '건강한' '성숙한' '유능한' 신체라는 표준과 관련하여 모든 신체를 측정하는, 본질적으로 장애인 및 연령을 차별하는 관점에서 벗어난 것입니다.

새로운 우정 공동체

오늘날 가장 시급한 과제는 인종과 국가, 성별 등 기타 모든 국경을 넘어 '친구를 만드는 것'입니다. 우정이나 친족관계를 통해 우리는 잠재적으로 급진적이고 위험한 방식으로 자신을 무너뜨리고 새로워질 수 있습니다. 이런 의미에서 우정은 자유의 뿌리가 될 수 있습니다.

그렇다면 우정은 새로운 정치가 탄생하는 토양이 될 수 있을 것입니다. 신자유주의하에서 우정은 사적 취향의 진부한 일이 되었습니다. 신자유주의하에서 우리는 함께 어울리고, 취미를 공유하고, 잡담을 나눕니다. 우리와 동질적인 사람들과 친구가 되고, 더욱 능력을 갖추기보다는 서로를 편안하게 유지합니다. 페이스북(Facebook)을 비롯한 소셜 네트워크의 알고리즘은 프로필을 개선하는 방향으로 우리를 안내하여 우정을 버튼 한 번 클릭하는 차원으로 축소시킵니다. "그냥 친구야"라는 말은 연인보다 훨씬 약하고 하찮은 유대관계를 의미합니다. 신자유주의적 우정 아래서 우리는 서로 등받이가 없고, 우리의 삶은 서로 얽히지 않습니다.

그러나 이러한 무미건조한 경향이 곧 우정이 무의미하다는 의미는 아닙니다. 장애인 정의 운동·청소년 해방운동·퀴어 운동·페미니즘·생태학·아나키즘·원주민 부활 운동·흑인 해방 운동의 교차적 흐름은 모두 강력한 관계 육성의 중요성을 강조해왔습니다. 이러한 다양한 해방 운동의 즐거운 전투는 결코 개인의 선택이 될 수 없습니다. 변화는 관계 안에서, 그리고 관계를 통해 일어나기 때문입니다.

체제에 의해 우정이 무너지는 반면, 부부관계와 핵가족은 다른 모든 형태의 친밀감을 담는 그릇이 될 수 있습니다. 반인종차별주의자·원주민·자율주의 페미니스트들이 보여주었듯이, 한 세대의 부모가 한 세대의 자녀와 함께 다른 모든 사람과 분리되어 사는 핵가족은 체제가 최근에 발명한 것입니다. 그것은 삶의 사유화와 봉쇄를 위한 중요한 제도였으며 현재도 그렇습니다. 이는 또한 이성애 가부장제와 백인 우월주의를 뒷받침하는 권위주의·학대·방치 문화를 유지하는 데에도 핵심이 됩니다. 이는 여성의 무급 노동을 통해 임금 노동을 하는 남성을 재생산하는 방식으로 발전했습니다. 가족 내 여성과 어린이에 대한 폭력은 문명화 과정의 일부로 용인되었으며, 이는 세대 간 폭력과 상속을 통해 백인의 부와 재산을 축적하는 통로가 되었습니다.

페미니스트 투쟁을 통해 핵가족의 가장 잔인하고 국가가 승인한 폭력(합법화된 강간 및 학대 등) 중 일부가 도전을 받았지만, 핵가족은 특히 어린이들에게 여전히 고립과 폭력의 장소로 남아 있습니다. 가장 잔인한 효과 중 하나는 우리 중 많은 사람이 다른 형태의 친밀감을 어렵게 여기거나 아예 생각할 수도 없게 만든다는 것입니다. 사유화된 존재를 위해 설계된 교외와 아파트를 통해 핵가족은 건축 환경에도 코드화됩니다.

동시에 사람들은 끊임없이 다른 종류의 소속감과 친밀감을 창조하고 회복하고 있습니다. 그들은 민영화와 분리를 무너뜨리는 방식으로 삶을 창의적으로 집단화하고 공유하며 소득, 음식, 주택을 공유합니다. 또한 우리는 혈연관계가 아닌 우정 관계에 기반을 둔 보다 확장된 유형의 가족으로 되돌아갑니다. 우리는 분명히 전환기와 실험기에 있습니다. 하지만 가족을 점점 더 고립시키고 집단적 방식으로 문제에 직면하는 것을 막는 벽을 허물고 가족을 더 넓은 공동체에 개방하는 것은, 질식하지 않고 착취에 대한 저항을 강화하기 위해 우리가 가야 할 길입니다. 가족의 비핵화는 저항 공동체를 건설하는 길입니다.

많은 원주민과 유색인종, 동성애자는 핵가족 구조에 초대된 적이 없으며 항상 다른 방식으로 친족을 형성해왔습니다. 퀴어 선택 가족은 친밀하고 세대 간 지원의 그물망을 만들었습니다. 이러한 급진적인 유대는 새로운 형태의 동질규범적 포획에도 불구하고 여전히 살아 있습니다.

퀴어 커뮤니티에서 우정은 정말 중대한 문제입니다. 많은 사람이 가족의 지원을 받지 못하지만, 대신 다른 퀴어들과 깊은 지지 구조를 구축합니다. 우리는 사람들이 한 쌍의 부부가 되고, 결혼하고, 아이를 낳고, 그 가족 구조 내에서 모든 필요를 충족시킬 것으로 기대되는 이성애 규범적인 가족 구조에 저항하는 데 관심이 있습니다. 우리 중 많은 이가 사람들을 공동체로부터 소외시키고 개성의 관점에서 생각하도록 훈련시키는 산업화 이후 후기 자본주의의 새로운 기술로서, 확대된 가족보다 핵가족의 더 작은 단위를 소중히 여기는 것을 건강에 해롭다 봅니다. 이에 반하는 흑인 공동체의 비공식 입양 전통이 있습니다. 그들은 공동체적으로 인정되었지만, 국가에서는 결코 승인하지 않은 방식으로 어린이를 입양하고 돌보았습니다.

가족과 우정

앞서 보았듯이 루이스에 의하면 가족은 애정이나 우정이 아니라 애착으로 이루어집니다. 한편 동양에서는 책선이 불가능한 천륜의 관계로도 여겨졌습니다. 그것을 단적으로 보여주는 것이 『논어』「자로」편에 나오는 섭공(葉公)과 공자의 대화입니다.

> **섭공이 공자에게 말했다. "우리 마을에 몸가짐이 곧은 사람이 있는데 그 아버지가 양을 훔치자 아들이 그를 고발했습니다." 공자가 말했다. "우리 마을의 곧은 사람은 그와 다릅니다. 아버지는 아들을 위해 숨기고, 아들은 아버지를 위해 숨깁니다. 바름은 그 속에 있습니다."***

공자 시대의 판단과 관계없이, 지금은 부모와 자녀가 서로의 잘못을 덮어주는 것이 옳은 시대가 아닙니다. 앞에서 보았듯이 공자 시대에도 친구 간에 잘못된 점을 꾸짖어서 착하게 하는 책선이 가능했습니다. 우리 시대에 가족 간에도 책선이 가능케 하려면 가족 관계

---

* 葉公語孔子曰 : 「吾黨有直躬者 , 其父攘羊而子證之」孔子曰 : 「吾黨之直者異於是 , 父爲子隱 , 子爲父隱 , 直在其中矣°

도 친구 관계가 되어야 합니다. 물론 반드시 그런 이유 때문에 가족 관계가 친구 관계여야 한다고 주장하는 것만은 아닙니다.

동서양을 막론하고 전통적인 가족 관계는 남녀와 부자의 불평등을 당연하게 여겼습니다. 근대에 와서 결혼은 자유롭고 평등한 계약 관계가 되었지만, 모든 계약이 그러하듯이 실질적으로는 반드시 자유롭고 평등하지 않았습니다. 동서양을 막론하고 남성이 여성을 지배했지요. 계약제와 함께 낭만적 사랑에 근거한 일부일처제가 확립되었으나, 그것도 반드시 남녀평등을 전제로 한 것은 아니었습니다.

전통적으로 가족에는 법이 작용할 수 없다고 보았습니다. 로크나 루소도 그렇게 보았고, 현대에 와서도 마이클 센델 같은 공동체주의자들은 그렇게 보고 있습니다. 그러나 항상 이상적이지 않은 가족에도 기본적인 정의가 필요합니다. 현대는 개인주의 시대입니다. 그것은 이기주의와는 다릅니다. 개인주의에서 말하는 개인은 자율적이고 주체적인 존재입니다. 그러한 개인들로 자유롭게 이루어지는 부부 관계는 수직적이지 않고 수평적으로 평등하며, 그들 사이에 태어나는 자녀도 마찬가지로 자유롭고 평등한 존재로 인정됩니다. 여기에는 소통을 통한 의사결정과 책임, 그리고 무엇보다도 폭력으로부터의 자유가 필요합니다. 부모는 미성년 자녀를 교육하고 보호할 권리와 의무를 주장할 수 있지만, 그것은 과거와 달리 개방적이고 민주적이어야 합니다. 가족의 사랑은 그러한 민주적 우정 관계 위에서 비로소 진정으로 가능해집니다.

나는 가족이 다른 집단과 달리 특별하다고 생각하지 않습니다. 부부의 사랑과 다른 사람들과의 사랑이 특별히 다르다고 생각하지도 않습니다. 내가 낳은 미성년 자녀와의 관계가 다른 미성년자와의 관계와 특별히 다르다고 생각하지 않습니다. 그런 점에서 나는 세상의 모든 미성년자에게 관심이 있고, 부모가 없는 미성년자를 입양하여 자신의 자녀로 키우는 것도 가능하고 필요한 일이라고 봅니다.

맺음말

"그러므로 나는 이제 이 세상에서 홀로다. 형제도, 이웃도, 친구도, 친지도 모두 떠나고 나 혼자다. 가장 사교적이고 우정 깊은 사람이 타인의 만장일치 속에서 추방된 것이다"라는 이상한(편집자나 국어 교사는 분명히 소위 '비문'이라고 하면서 줄을 그을 것입니다) 문장으로 시작하는 책이 있습니다. '그러므로'란 앞의 내용이 뒤에 오는 말의 이유나 원인, 근거가 될 때 사용하는 '그러니까' '그러하기 때문에' '고로'라는 뜻의 접속 부사인데, 그 앞의 내용이 없기 때문입니다. 어쩌면 앞뒤가 바뀌었는지도 모릅니다. '형제도, 이웃도, 친구도, 친지도 모두 떠나고 나 혼자다. 그러므로 나는 이제 이 세상에서 홀로다'라고 말입니다.

이는 루소가 64세에 쓰기 시작해 이 년 뒤 미완성으로 남기고 죽은 뒤 사 년이 지나 출판된 마지막 저서『고독한 산책자의 몽상』의 첫 문장입니다. 나는 그 비슷한 세월을 살면서 그 책보다 더 구슬프게 시작하는 책을 읽은 적이 없습니다. 어려서 처음 읽었을 때는 제대로 느끼지 못했지만, 나이 들고 보니 그 슬픔이 절실하게 다가왔습니다. 루소도 젊어서는 자신이 이 세상에 살았던 사람들 누구보다도 가장 좋은 '친구가 되기 위해 태어났다'느니, '우정을 위해 태

어났다'느니 하는 말을 수도 없이 했습니다. '우정의 작가'라 불렸을
정도로 우정을 중요하게 생각했던 사람이 이제는 '진정한 친구를 발
견하지 못했다'고 합니다. 243년 전인 1782년에 나온 책이지만, 지
난 반세기 이상 그 어떤 책보다도 자주 읽어왔으니 나에게는 '진정
한 친구' 같은 책입니다. 그런데 오늘, 그 책을 다시 읽으면서 지난
날에 읽었던 때와는 다른 감정을 느꼈습니다. 그 책이 아예 내가 쓴
책 같고 그 문장이 내가 쓴 문장 같습니다. 나야말로 '이제 이 세상
에서 홀로'라고 느낍니다. 우정론의 고전으로 꼽히는『니코마코스
윤리학』을 쓴 아리스토텔레스도 죽기 직전 "친구야, 친구란 없다"라
는 말을 남겼다는 낭설이 전해집니다.

최근 우정론에 대한 소개나 연구가 활발합니다. 그러나 모든 우정
론을 정확하게 검토하되 어디까지나 비판적이어야 합니다. 서양의
경우 소크라테스, 플라톤, 아리스토텔레스 이후 루소 이전의 우정론
은 대체로 '잘난 사람들의 우정론'이었으나, 루소는 '못난 사람들의
우정론'을 주장한 세계 최초의 혁명적인 우정 사상가로서 중요합니
다. 박지원도 담사동도 루소와 같은 평등의 우정론자로 볼 수 있습
니다. 그러나 루소의 '친구'는 프랑스혁명 과정에서 '동지'나 '동무'
로 왜곡되었습니다. 재차 그렇게 될 것을 우려한 탓인지 루소는 마
지막 책인『고독한 산책자의 몽상』에서 친구와의 우정이 어떻다거
나, 친구를 새로 사귀어야 한다거나, 어떻게 사귀는 것이 좋다거나
하는 이야기는 일체 하지 않고, 그저 '고독한 산책자의 몽상'에 젖어
듭니다. 그것은 고독과 명상과 몽상 속에서 자신 그리고 자연과의
대화를 선택하는 길입니다.

앞서 말했듯이 박지원도 사십 대 초반에 유일무이한 평생 친구인 홍대용에게 보낸 편지에 썼습니다.

소위 친구란 한 사람도 없습니다(所謂友者 蓋無一人焉).
(…) 지금 저는 풀숲 속에 숨어 살고 있습니다(今吾 自逃御蓬藋之間).

나는 그러한 고독이야말로 역설적으로 친구를 비롯한 모든 타인과의 '진정한 우정'에 이르는 길이라고 생각합니다. 루소는 그 책을 완성하지도 못하고 죽었지만 나에게 '진정한 우정'의 길을 가르쳐주었습니다. 그래서 역시 루소는 나의 '진정한 친구'입니다. 그러므로 나는 이제 이 세상에서 홀로가 아닙니다. 지금 친구가 없어도 슬퍼할 필요가 없습니다. 빨리 좋은 친구를 만나야 한다고 서두를 필요도 없습니다. 억지로 구하려 한다고 좋은 친구가 쉽게 구해지는 것도 아니니까요. 주변의 누구나, 그리고 자연까지도 자유·평등·자치의 친구로 대하는 것으로 충분합니다. 나는 이 책을 '고독한 산책자의 몽상'처럼 썼습니다.

그렇습니다. 몽상일지 모르지만 나는 우정의 가족, 우정의 이웃, 우정의 학교, 우정의 직장, 우정의 나라, 우정의 세계가 가능하다고 믿습니다. 어떤 인간관계도 상하 수직의 불평등이 아니라, 상하가 없는 좌우 수평의 평등이어야 하고, 그 관계는 따뜻한 우정이어야 한다고 믿습니다. 수평적인 관계에서 상호 배려하는 것이야말로 우정의 필수조건입니다. 우리는 모두 같은 인간이기에 서로에게 관심을 가지고 서로 사랑하며, 서로 감동해야 합니다. 서로 관심을 갖는

다는 것은 서로가 인간으로서의 존엄성과 가치를 가진다고 인정하는 것입니다. 여기에는 어떤 차원의 차별도 있을 수 없습니다. 있는 것이라면 서로 다르다는 구별일 뿐이고, 그 다름은 세상을 이루는 모든 것이 다양하기에 아름답다는 의미일 뿐입니다. 우리는 서로 다르기에 아름다운 우정을 꽃피울 수 있습니다.

우정은 환대를 전제로 합니다. 누구나 따뜻하게 맞아야 친구가 됩니다. 환대와 우정은 사람들이 함께 세상을 마주할 수 있는 능력에 대한 감각을 바탕으로 한 자유와 평등에 대한 신뢰의 감성을 의미합니다. 자유롭고 평등한 우정의 마음으로 서로 안기고 안아주면 사람들은 낯선 사람들에게 마음을 열 수 있게 됩니다. 단순히 '관용'하는 것이 아니라 개방적인 만남, 관대함, 호기심을 갖게 됩니다. 우정과 환대는 기쁨이나 유쾌함을 유지하기 위해 진화한 공통 개념을 통해 구성된 감각적이고 활기찬 세계에서 시작됩니다.

친구가 된다는 것은 자유와 평등의 세계를 만나고 그 세계로 초대받는 것을 의미합니다. 따라서 우정은 오로지 우리와 비슷한 사람들과 친구로 남아 있는 좁은 울타리 안에 갇혀 있어서는 안 됩니다. 특히 지연이니 학연이니 하는 공동체적 인연에서 비롯된 좁은 의미의 친구가 아니라, 세상 모든 사람과 더 넓은 사회 내에서 우정을 실천할 수 있도록 해야 합니다. 우정을 통해서 자유와 평등의 참된 의미를 배우고 가꾸어야 합니다. 그래서 이제는 더 이상 누구도 외로워서는 안 됩니다. 자신의 고유성과 자율성을 지키기 위한 고독은 필요하지만, 그것을 이유로 외로워져서는 안 됩니다. 고독한 사람들 사이의 우정이 참된 우정입니다. 우정은 살아 있는 자유이자 평등입니다. 우정이 없이는 민주주의도 없습니다.

우정은 억압과 공포가 지배하는 무서운 세상이 아니라, 서로가 서로에게 다정하고 친절한 인간다운 세상의 영혼입니다. 우정의 지혜 없이 자유롭고 정의로운 사회는 존재할 수 없습니다. 우정은 개인의 자유와 사회적 연대를 연결합니다. 따라서 우정은 친구와의 연대임은 물론, 다른 사람들과의 연대이기도 합니다. 우정은 우리가 어떤 억압이나 속박도 없이 자유롭게, 또한 어떤 계급이나 위계도 없이 평등하게 친구로 살아가기 위한 삶의 지혜입니다.